梅 强 赵观兵 主编

创业基地运营管理与案例分析

江苏大学出版社

镇 江

图书在版编目(CIP)数据

创业基地运营管理与案例分析/梅强,赵观兵主编
.一镇江:江苏大学出版社,2013.12
　ISBN 978-7-81130-663-7

　Ⅰ.①创… Ⅱ.①梅… ②赵… Ⅲ.①高技术产业—
创业投资—研究—中国 Ⅳ.①F279.244.4

　中国版本图书馆 CIP 数据核字(2013)第 315918 号

内容简介

　　本书在江苏省中小企业局的大力支持下,以江苏省为例,对创业基地运营管理机制进行了系统分析,通过定量研究,提出了优化创业基地运营管理和提高其服务绩效的举措。同时,本书分析了江苏大学创业辅导培训基地等十多家创业基地的发展特色和成功经验。本书具有三个特色:新颖性、系统性、实用性。

　　本书得到江苏高校哲学社会科学研究重点项目"江苏中小型企业发展战略、政策研究"(2010ZDIXM006)的资助。

创业基地运营管理与案例分析

CHUANGYE JIDI YUNYING GUANLI YU ANLI FENXI

主　　编/梅　强　赵观兵
责任编辑/顾正彤
出版发行/江苏大学出版社
地　　址/江苏省镇江市梦溪园巷 30 号(邮编:212003)
电　　话/0511-84446464(传真)
网　　址/http://press.ujs.edu.cn
排　　版/镇江文苑制版印刷有限责任公司
印　　刷/句容市排印厂
经　　销/江苏省新华书店
开　　本/718 mm×1 000 mm　1/16
印　　张/16
字　　数/265 千字
版　　次/2013 年 12 月第 1 版　2013 年 12 月第 1 次印刷
书　　号/ISBN 978-7-81130-663-7
定　　价/38.00 元

如有印装质量问题请与本社营销部联系(电话:0511-84440882)

前　言

　　创业以其特有的魅力改变着一个又一个国家或地区的经济发展轨迹,已成为这个时代的主旋律和最强音,英雄式的创业人物不断催人奋进。对多数人来说,创业是充满未知与挑战的险途,创业需要激情的涌动,也需要理性的思考。创业者仅靠"想创业、敢创业"的热情已经远远不能保证创业的成功。如何获得创业场地? 如何解决开办手续? 如何降低创业成本? 将新创企业入驻创业基地就成为许多创业者的理想选择。各地政府为了加强对中小企业创业的扶持,帮助中小企业抵御初创期的各种风险,促进其成功和成长,相继开展了创业基地的建设工作。

　　从实际情况来看,创业基地在扶持初创中小企业方面做出了突出贡献。创业基地是中小企业孕育和成长的摇篮,是培育企业家,有效降低创业者创业成本、创业风险,提高创业成功率的重要载体。加快创业基地建设是促进中小企业快速健康发展的重要举措之一,对践行科学发展观、构建和谐社会、缓解就业压力有着重要意义。但同时,由于创业基地自身运营模式的限制,也出现了许多问题,极大地影响了其绩效。研究创业基地的运营与发展,有利于从根本上改善创业基地的运营绩效,提高创业基地的培育能力,从而培育出更多具有强劲生命力和发展潜力的中小企业。

　　正是在这样的背景下,本书在江苏省中小企业局的大力支持下,以江苏省创业基地为对象,开展了创业基地运营管理研究与案例分析。经过调研、文献资料收集、方案设计、基本理论研究、模型构建与实证分析、政策研究、案例分析等 7 个步骤,我们编写了《创业基地运营管理与案例分析》这本书。

　　本书以"政府—外部社会环境—创业基地"为范式,探讨了创业基地建立模式、服务供给以及在微观和宏观层面上的功能;通过对江苏省创业基地发展历程的回顾和现状分析,指出创业基地存在服务重点错位、关键性服务措施不足等问题;基于此对江苏省创业基地孵化机制、融资机制、收益机制及毕业机制等进行系统研究。随后,通过对创业基地提供技术支持、商务支持、行政支持等服务的充分程度与入驻企业满意度之间关系的定量研究,提出从转变政府角色、实现创业基地企业化管理以及推进创业基地市场化运行三个方面入手,优化创业基地运营和提高其服务绩效的举措。最后,以江苏大学创业辅导培训基地、南京白下区创业基地、镇江环保电镀专业区、苏州博济科技创业园、连云港海州经济开发区创业园等十多家创业基地为对象,分析其发展特色和成功经验,并进行点评。

本书具有下列几方面的鲜明特色:第一,注重新颖性,全书引入了本团队较为丰硕的中小企业创业服务体系科研成果,便于读者了解创业基地理论的前沿动态,提高阅读的兴趣;第二,注重系统性,全书以创业基地的运营管理为主线编写,涵盖了创业基地理论知识和实证分析的核心内容;第三,注重实用性,团队从江苏省具体的创业环境出发,通过深入、全面地对数十家创业基地进行调查研究,撰写了一批原创性创业基地案例,将这些案例融入本书当中。

全书由梅强和赵观兵主编,其中:第1、4章由梅强、陈鹏撰写;第2、3、5、6章由梅强、赵观兵、陈鹏撰写;第15、18、21、24、25章由马国建撰写;第7章由毛翠云撰写;第8、12、13、14、19、23章由赵观兵撰写;第9、11、16、20章由谢振宇撰写;第10、17、22章由张书风撰写。

本书在编写和出版过程中,得到了江苏省中小企业局许多领导的帮助和支持,在此深表感谢。

本书的出版得到江苏高校哲学社会科学研究重点项目"江苏中小型企业发展战略、政策研究"(2010ZDIXM006)的资助,系该项目的研究成果。

编 者

目　录

下篇：江苏省创业基地案例分析

第7章 江苏大学创业辅导培训基地的运营与管理 075

第8章 丹阳市后巷镇中小企业创业园的运营与管理 085

上篇:江苏省创业基地理论研究

第1章 创业基地的内涵及其建设意义

1.1 创业基地的定义

创业基地，又称为"创业服务中心"或"创业辅导基地"，目前，国内对于创业基地的直接研究，多见于政府文件之中。例如，浙江省《关于开展小企业创业基地试点工作意见》中指出创业基地的定义是："以工业园区和工业区块为依托，采用市场化运作的方式，规划集中建造一批或利用一批规模较大的旧场地，或集中规划一个培育区块为小企业创业提供小额工业用地，通过低价厂房租赁和优惠土地价格及提供优良服务等，对小企业进行培育。"江苏省《关于印发〈关于加快全省小企业创业基地建设的意见〉的通知》中指出，中小企业创业基地是指："政府或社会投资兴建，为创业者或初创企业提供生产经营场所、配套公共设施和相关服务，具备培育企业功能的特定区域。"国家中小企业司《关于印发支持中小企业技术创新的若干政策的通知》中指出，创业基地对初创小企业支持服务包括"低成本的经营场地、创业辅导和融资服务"。

而学术界对创业基地的研究，更多地是将其纳入孵化器的体系中，有的甚至直接将其等同于孵化器。虽然创业基地和孵化器从创建目的、培育方式来讲具有很高程度的相似性，但是两者之间也存在着一些细微的差别：

第一，创建主体。创业基地一般由政府直接创建或者由政府和社会机构联合创建，政府在创业基地的创建过程中起主导作用。而孵化器的创建主体包括政府、企业、财团、大学和科研机构等，在孵化器的创建过程中，除政府直接创建的类型外，对于其余的类型，政府都只起到支持、辅助的作用。相对于孵化器而言，政府不仅仅是创业基地的主要创建者，其重要性更有了极大的提升。

第二，入驻企业。创业基地针对的企业包括高新技术企业和非高新技术企业。而孵化器,在学术界更多地被称为科技孵化器或高新技术孵化器,所针对的企业主要是一些高新技术企业。创业基地培育企业的类型比孵化器更加广泛。

第三,准入机制。由于孵化器针对的是高新技术企业,所以在这些企业入驻之前,孵化器都会通过专业的评价机构对企业本身和企业项目进行一定程度的考核,选择发展潜力大的企业和项目,剔除发展潜力小的企业和项目。虽然创业基地也会对进入的企业进行一定程度的筛选,但是一般来讲,由于创业基地并非针对高新技术企业,因此在筛选力度和评价标准上都较为宽松。

创业基地和孵化器在创建主体、入驻企业和准入机制方面存在一定的差异,因此,两者并不完全等同[见图 1.1(a)]。但是创业基地和孵化器的主要功能都是通过提供新创企业所需的各种服务措施来达到促进新创企业成长和成功的目的。因此,从整体上看,创业基地可以看作是一种政府主导型的孵化器[见图 1.1(b)]。创业基地和孵化器在功能方面的高度相似性为通过孵化器的相关理论去考核创业基地提供了理论依据,从而弥补了学术界对创业基地研究较少的缺陷。

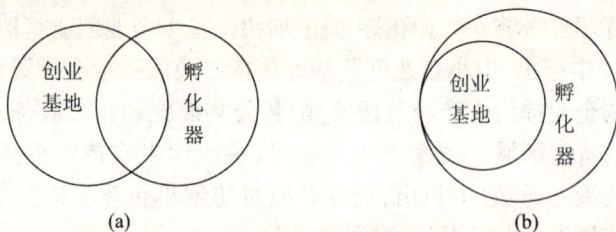

图 1.1　创业基地和孵化器的关系

根据上述理论研究,我们对创业基地定义如下:所谓创业基地,是指由政府统筹规划布局,政府或社会组织投资兴建,为初创的中小型企业提供价格优惠的生产经营场所、公共配套设施和相关公共服务,有效降低创业成本和创业门槛,提高创业成功率,集经营性和公益性于一体的综合服务平台。

1.2　创业基地的创建方式

目前,建立创业基地的方式主要有以下六种:

第一,由政府财政出资,一个或几个政府部门的事业单位作为法人,建立创业基地。这种方式的特点是政府通过财政出资，对创业基地采用事业单位的模式进行管理运作。这也是我国政府早期建立创业基地的主要方式。

第二，由政府出地，中小企业行政管理部门运作，组建一个事业单位进行筹资，建立创业基地。这种方式的特点是政府提供土地，设立专门的事业单位，对创业基地采取事业单位企业化的运营管理模式。目前，我国的创业基地大多采用此种方式建立。

第三，在政府的引导下，由民营企业出资，建立创业基地。这种方式的特点是通过政府的引导，将民营企业吸引到创业基地建设的事业中来，此时创业基地采取的是一种完全企业化的运营模式。

第四，在政府的引导下，由政府或民营企业出资，将破产企业的厂房稍加改造，分割出租，提供服务，扶持创业。这种方式的特点是破旧立新，在被市场淘汰的企业的机体上培育出一批新兴的中小企业。

第五，在政府的引导下，由政府或民营企业出资，将闲置的厂房、楼宇、仓库等进行改造，机型场地出租，开办创业企业。这种方式的特点是变废为宝，盘活闲置资产，取得闲置资产所有者与创业企业的双赢。

第六，由行业协会出面，在产业集群内建立创业基地，为入驻企业提供创业服务。这种方式的特点是通过行业协会的中介作用，集中区域内部的优势力量扶持新创的中小企业。

1.3　创业基地的服务举措

创业基地之所以能在国内得到各级政府的重视，主要在于它能够为入驻企业提供各种完善的服务，并且其所提供的各项服务措施正是扶持入驻企业成功的关键所在，也是它比其他培训机构更具竞争力的原因。入驻企业需要全面性的服务，如果创业基地只提供局部性或片段性的服务，不仅无法满足入驻企业的要求，而且也势必会影响创业基地的培育绩效。从这个角度来看，创业基地所提供服务措施的完善程度是决定创业基地能否达到帮助入驻企业创业成功这个最终目标的关键因素。国内外的专家学者对创业基地所应提供的服务措施进行了相关的研究，如表1.1所示。

虽然专家学者对创业基地所提供的服务措施见解有所不同，但对比其所提出服务措施的具体内容，不难发现，专家学者所提出的服务措施的具体内容是很相似的,只是从不同的角度归纳整理后,把原本相同的具体内容纳入不同的服务大类中。

表 1.1　创业基地的服务措施

专　家	分　类
袁建中(1994)	1. 实体设备服务;2. 一般的商业服务;3. 专业的商业服务;4. 管理的援助服务
NBIA(1995)	1. 空间服务;2. 一般管理顾问;3. 企业规划与执行;4. 财务获得;5. 营销协助;6. 财会服务;7. 技术咨询;8. 法律与知识财产权;9. 其他
Main(1996)	1. 实体设备;2. 管理支援;3. 技术支援协助;4. 财务支援;5. 法律支援;6. 网络关系;7. 大学的声誉
OECD(1997)	1. 实体设备的功能;2. 管理支援的功能;3. 技术支援的功能;4. 财务获得的功能;5. 法律协助的功能;6. 关系网络协助的功能
邱邵成、张清俊、吴邵帧(1988)	1. 一般的行政服务;2. 专业咨询服务;3. 资金管道、产品营销、经理人员的引介;4. 全面辅导、上市支持
施振荣(2003)	1. 财务;2. 人事薪酬管理;3. 法律;4. 市场;5. 税务;6. 资金募集;7. 经营管理;8. 营销;9. 投资;10. 关键技术
APEC(2003)	1. 空间与设备;2. 技术和人力资源;3. 商业管理;4. 财务支援;5. 资讯支援;6. 企业诊断与危机管理;7. 会计、法律等支援服务
潘俊辉(2004)	1. 技术研发服务;2. 财务咨询服务;3. 营销管理服务;4. 经营管理服务
魏晓红(2005)	1. 物业;2. 创业投资;3. 职业化学习;4. 管理咨询;5. 中介服务功能;6. 专业技术平台
段雪玉(2006)	1. 物业管理及设施;2. 企业培训及人力资源开发;3. 科技及融资、投资服务
张亚希(2007)	1. 场地;2. 后勤;3. 经营规划;4. 科研设备;5. 资金融通;6. 市场开发;7. 律师和会计;8. 培训;9. 人才;10. 鼓励创建中小企业的精神
李萧逸(2008)	1. 硬件服务;2. 软件服务;3. 政策支持;4. 资金支持

资料来源:本研究整理

在整理专家学者的相关意见后,结合国内创业基地的实际情况,我们认为,创业基地所应提供的服务措施应该包括以下五个大类:

第一,空间与设备服务。提供低于平均市价的场地租赁;提供生产机械及配套生产设备;提供包括会议室、展览室、办公室、电话、传真、宽带网络等办公设施;提供包括食堂、宿舍及相关休闲场所等生活设施。

第二，技术支持服务。协助企业进行技术引进与转移，帮助企业引进国内外的最新技术；协助企业进行新产品、新工艺的研发与设计；提供专业的技术顾问，为企业解决技术方面的困难；建立与研发单位的合作，协助企业取得与研发机构进行产研合作的机会。

第三，商务支持服务。提供经营管理方面相关知识的咨询服务；协助企业开展对员工的专业培训工作；协助企业进行营销推广、市场调研和分析；帮助企业取得投融资及贷款的渠道；协助企业进行财务评估及建立会计制度。

第四，信息资讯服务。提供政府的相关优惠政策信息并协助企业取得政府优惠政策的支持；提供同行业技术、市场等方面的信息；提供入驻企业间市场、营销、投融资渠道等内部合作信息网络；提供研究机构、工会、行业协会等各种外部机构的合作网络；掌握园区或工业区等有关信息资料与申请模式，协助企业解决在创业基地中毕业后的发展空间问题。

第五，行政支持服务。协助企业与工商部门、税务部门、银行、会计事务所之间的沟通以进行工商登记；指导企业编写商业计划书及营运计划书；协助企业进行专利申请与保护工作；指导企业进行对内、对外的协约签订；提供创业基地内部各软硬件设施的日常管理和维护服务。

1.4 创业基地的功能

1.4.1 微观方面的功能

对于创业者来讲，创业基地首先为他们提供了实现梦想的场地。创业者在创业初期，由于自身经济实力的原因，往往会出现有好项目却没有发展机会的情况。而创业基地的存在，为这些创业者提供了创业初期急需的场地和设备等物资，同时协助创业者进行启动资金的融通，使得创业者有机会将自己的理想变为现实。在创业者进入创业基地后，创业基地又提供了将创业者培训成企业家的机会。寻找和培训具有创业精神的企业家是创业基地的重要任务之一。在进入创业基地之后，创业者将得到系统的培训。首先，创业者可以通过创业基地强大的社会网络，广泛地联系社会各方人士和团体，不仅可以扩大知识面和增长见识，而且还可以利用这个网络提高创业者在局部环境中的地位，营造良好的社会关系，加强创业者与他人的沟通，提升创业者的"结构资本""关系资本""认知资本"，为创业和未来的发展打下基础。同时，由于各种入驻企业既存在竞争关系又存在合作关系,从而能够有效培养创业者的竞争与合作精神、创业精神和容错精神。其次,创业基地在培育企业的同时,不断给创业者提供管理、营销、市场等方面的技能和培训,能有效地帮助创业者快速成长为成熟、优秀的企业家。

新创企业在创业初期发展极为困难,根本原因是缺乏一个良好的成长环境。在新创企业的成长过程中,由于缺乏相应的经验,很容易遇到管理、资金、市场、技术方面的困境和难题,而单靠企业自身的能力,难以完全解决。对于新创企业来讲,创业基地恰恰是为他们提供一个良好的成长环境而成立的。首先,创业基地是一个开放的系统,各种资源纷纷汇集于此,技术、资金、人才、商业知识在创业基地这个平台上得到充分的整合,满足了新创企业成长的需要。其次,创业基地具有非常显著的集聚效应,它相当于一个“创业者之家”,在这种环境中,入驻企业之间能够进行有效的交流和沟通,从而形成浓郁的创业氛围和创业文化,加速新创企业的成长,提高新创企业的存活率和成功率。据统计,新创企业在创业基地中的创业成功率高达80%。同时,在企业创业成功后,一些入驻企业并不会选择立即毕业,而是留在创业基地中继续发展,因为创业基地所提供的各项服务措施能够继续对这些创业成功的企业提供支持,帮助他们做大、做强。

1.4.2 宏观方面的功能

就业问题一直是国家关心的重大问题。我国是人口大国,目前又进入了劳动年龄人口增长的高峰期,农村的富余劳动力、城市的下岗工人,再加上每年都需要安置的退伍军人、大专院校的毕业生,就业形势严峻,压力较大。建立创业基地,吸引新创企业入驻,企业在创业基地中进行生产的同时也提供了大量的就业机会。以江苏为例,截至2007年底,江苏省通过创业基地就创造了28万个工作岗位,在保证充分就业的同时,对地区经济增长、社会安定也起到了很大的推动作用。

在激烈的市场竞争中,区域经济要想立于不败之地,就必须有强劲的竞争力,不断优化区域产业结构,提升区域创新能力。而创业基地由于其特殊的服务功能,在促进区域产业结构调整中发挥着极其重要的作用。创业基地作为一个新创企业的服务机构,由于配备了良好的公共技术平台,并能利用政策上的支持为企业提供全方位的服务,因此它能吸引高层次的创业者和相关技术、资金的流入。而这些企业在创业基地的支持下发展壮大后，又会产生产业集聚效应，带动下游产品和技术企业的产生、发展，进而形成规模，成为产业。因此，创业基地有助于实现区域经济传统产业结构的调整和升级，提高区域的经济能力和竞争能力。

创业基地作为培育新创企业的集群组织，通过自身的社会化网络，能够有效地将企业、科研结构和政府三者连接在一起，形成区域创新网络，而区域创新网络又极大程度地促进了区域创新能力。首先，创业基地通过咨询、培训等手段，使得入驻企业这一创新活动的主体完善管理制度，规范自身行为，为其步入正确的发展轨道奠定基础。其次，创业基地作为连接科研机构与企业的纽带，将科研机构的科研成果有效地转移到企业中，完成了技术创新的主体从科研机构到企业的转变。在此基础上，创业基地为企业提供必要的资金、设备、培训，帮助入驻企业根据市场不断修改、完善和创新产品，促进科研成果的商品化，从而实现了从实验室到市场的升级，为促进科研成果转化为生产力起到了积极作用，加快了国家创新进程的步伐。

1.5 创业基地的建设意义

改革开放以来，中小企业在我国取得了迅猛的发展，其促进经济繁荣、保证社会稳定的作用也越来越被人们所重视。根据国家发改委 2008 年 1 月 11 日公布的《中小企业简报 2008 年第 1 期（五年来中小企业和非公有制经济工作情况与 2008 年工作重点)》中的数据统计，截至 2007 年 6 月底，我国中小企业数已达到 4 200 多万户，占全国企业总数的 99.8%，其中经工商部门注册的中小企业数量达到 460 多万户，个体经营户达到 3 800 多万户。中小企业创造的最终产品和服务的价值占国内生产总值的 60% 左右，上缴税收为国家税收总额的 53%，生产的商品占社会销售额的 58.9%，商品进出口额占 68% 左右。中小企业快速发展，形成了巨大劳动力需求，吸纳了绝大部分劳动力的增量和存量转移，极大地缓解了就业压力。中小企业提供了 75% 以上的城镇就业岗位，国有企业下岗人员 80% 在中小企业实现了再就业，农民工相当大一部分在中小企业就业，中小企业也开始成为一些高校毕业生和复转军人就业的重要渠道。同时，中小企业的研究开发投入不断加大，研究开发机构不断完善，新产品、新技术层出不穷。目前，经认定的省市级以上的企业技术中心，近 70% 是中小企业建立的，我国 66% 的发明专利、82% 以上的新产品开发，都是由中小企业完成的。从上面的资料分析可以得知，中小企业在调整经济结构、推进改革开放、建立市场体制、构建和谐社会、促进科技进步等方面有着举足轻重的地位，无愧于"国家基石"的称号。

但是，中小企业由于自身在资金、技术、管理等方面力量薄弱，导致其在全球化的市场竞争中处于相对弱势的地位，在企业的日常经营尤其是创业初期的发展过程中举步维艰，中小企业家仅靠"想创业、敢创业"的热情已经远远不能保证创业的成功。据 2007 年中国中小企业信息化春季交流会提供的一份调查数据显示，68% 的中小企业生命周期不超过 5 年，19% 的中小企业生命周期在 6～10 年之间，只有 13% 的中小企业存活长于 10 年。

创业是一个艰苦的过程。尤其是对初创的中小企业来讲，企业发展所需的资源与其实际控制的资源存在巨大的差距。新创企业拥有的知识技能是专有的，一般人很难理解其蕴含的价值，因此，新创企业很难独立形成具有号召力的企业形象和声望；其企业内部过程必须从无到有地确立，而企业内部过程的确立耗时耗力，其发展具有高度的不确定性。新创企业一方面具有一些突出的企业能力，这些能力使得创业者有足够的信心创立企业；另一方面，新创企业的企业能力往往不够全面，不足以保证企业持续生存和发展。新创企业固有的内在薄弱环节难以在企业建立初期通过自身的能力得到良好的解决，这为创业辅导产业提供了良好的市场。同时，钟卫东等人通过实证研究指出，外部支持环境通过影响创业自我效能感（即创业者对自己能够在何种水平上完成创业任务所具有的信念、判断或自我感受）对新创企业的绩效产生积极的影响。[①] 因此，构建一个良好的创业支持服务体系，不仅是保证新创企业创业成功的需要，也是提高新创企业绩效的需要。

由于中小企业在国民经济和社会发展中的作用日益显现，如何促进中小企业的发展，为中小企业的生存和发展提供一个良好的环境，降低风险、减少初创投入，已经成为我国政府、学术机构、社会力量研究的一个重要问题。国内的大量实践和研究表明，在中小企业成长、发展的过程中，创业基地起到了巨大的促进、推动作用，解决了中小企业创业过程中的场地、启动资金、管理支撑等多方面的问题，极大程度地降低了中小企业在

---

① 钟卫东，孙大海，施立华：《创业自我效能感、外部环境支持与初创科技企业绩效的研究——基于孵化器在孵企业的实证研究》，《南开管理评论》，2007 年第 5 期。

初创过程中遇到的困难,提高了企业的存活率和经营能力。

　　创业基地是通过提供一系列新创企业发展所需的各种支持和网络资源,帮助和促进新创企业成长和发展的社会经济组织。创业基地通过提供场地、共享设施、培训和咨询、融资和市场营销、资讯等方面的支持,降低新创企业的创业风险和创业成本,提高企业的成活率和成功率。

　　江苏省作为全国的经济大省,是以中小企业为主的省份,为了促进省内中小企业的健康发展,江苏省对中小企业创业基地的建设工作非常重视,同时创业基地的建设也取得了相当大的成效。但是,从江苏乃至全国范围的创业基地发展状况来看,一方面,创业基地在培育中小企业、促进区域经济方面作出了巨大的贡献,但另一方面,创业基地本身机制方面的缺陷也暴露无遗:在运营模式上,大部分还是政府主导下的事业单位,行政管理色彩浓厚,政企不分;在培育功能上,仅限于场地、物业等基础性的服务,制约入驻企业发展的投融资服务、信息资讯服务、技术支持服务等关键因素亟待加强;在盈利模式上,主要依靠租金收入的方式严重阻碍了创业基地自我"造血"的功能。

第 2 章　江苏省创业基地的现状与问题

2.1　创业基地的发展历程

我国创业基地的发展,最早可以追溯到 20 世纪 80 年代初期。1981年,党中央、国务院明确提出了"经济建设必须依靠科学技术、科学技术必须面向经济建设"的方针,掀起了科技人员创办科技企业的高潮。但是,由于当时条件的局限,许多新创企业无法解决资金、管理、经营、技术等方面的难题,直接导致了创业的失败。如何更好地帮助和扶持新创企业,提高它们的成功率和存活率,成为国家日益关注的问题。一方面是国家鼓励创业,另一方面是创业者频频遭遇创业失败,在客观上形成了对创业基地的需求。1984 年,科技部向国务院呈报一份关于迎接世界新技术革命挑战的对策性文件,提出请国务院有关部门研究制定科学园和创业服务中心的有关优惠政策的问题。1985 年,国家推出科技体制改革,为创业基地的诞生奠定了良好的政治基础。

1987 年,在联合国科技促进发展基金会主席罗斯顿·拉尔卡卡(Rustam Lalkaka)的推动下,中国科技促进发展研究中心开展了我国建立科技企业创业基地——高新技术创业服务中心的可行性课题研究,并在武汉、广州、深圳、西安、上海等地进行了相关调研。同年,国家科委下发了《关于开展科技创业中心的可行性研究的通知》。1987 年 6 月 7 日,中国第一个创业基地——"武汉东湖新技术创业者中心"成立,宣告了我国创业基地从理论研究到实际建设的飞跃。

1988 年,中国高技术产业发展计划——火炬计划开始实施,其中心任务是促进我国高新技术成果商品化,建设有中国特色的高新技术创业服务中心。1989 年,科技部在广州举办了首届创业服务中心主任培训班,在中国培训了第一批创业服务中心的管理人员。1990 年,国家科委在北京召开了第一次全国高新技术创业服务中心工作交流会,对创业服务中心的资金、场地、政策、评价等问题展开了讨论,提出了"服务为主,开发为辅"的创业服务中心工作方针。1991 年,国家科委在天津召开了第二次创业中心工作研讨会,探讨了创业服务中心的性质、任务、宗旨和功能,研究了创业服务中心在火炬计划中的地位和作用、自身建设、配套政策、人才培训、企业接纳和毕业等问题。1992 年,国家科委召开了第三次火炬计划工作会议,重点研讨了我国创业服务中心的发展。1993 年,科技部和教育部在成都联合召开科技成果转化和创业服务中心工作会议,对创业服务中心机制及内部管理进行了深入讨论。截至 1993 年,全国共建立创业服务中心近 60 家,创业基地在实际的摸索过程中得到了发展。

1994 年,国家科委在哈尔滨召开创业服务中心工作会议,提出了"关于对我国高新技术创业服务中心工作的原则意见",使各地创业基地的工作迅速走上规范化的道路。1996 年,国家科委颁布《国家高新技术创业服务中心认定办法》,规定创业服务中心分国家和地方两个管理层次。同年,国家科委在重庆召开全国高新技术创业服务中心工作会议,总结了"八五"期间全国创业服务中心的发展状况,并制定了"九五"计划和 2010 年发展规划,标志着国家已经把科技企业创业基地作为产业加以引导和规划。1997 年,国家科委在武汉举办创业服务中心发展 10 周年庆典,对创业服务中心 10 年来取得的良好成绩给予了高度的评价。1999 年,全国创业服务中心工作会议在上海召开,对创业服务中心的运营模式、赢利性质、质量保证等问题展开了探讨,为创业基地的大发展奠定了基础。

2001 年,国家科委颁布了《关于"十五"期间大力推进科技企业孵化器建设的意见》,在总结"九五"建设的基础上,指出"十五"期间创业服务中心应向综合性和专业性发展,增加数量、提高质量,不断探索新的组织形式和服务模式。2003 年,国家颁布了《中小企业促进法》,指出"政府有关部门应当积极创造条件,提供必要的、相应的信息和咨询服务,在城乡建设规划中根据中小企业发展的需要,合理安排必要的场地和设施支持创办中小企业"。2004 年,国家颁布了《中央补助地方中小企业平台式服务体系建设专项资金使用管理办法》,规定"中小企业服务体系建设补助资金采取拨款补助的方式,补助对象为中小企业服务机构"。2005 年,颁布的《国务院关于鼓励支持和引导个体私营等非公有制经济发展的若干意见》要求"各级政府要支持建立创业服务机构,鼓励为初创小企业提供各类创业服务和政策支持"。这些促进中小企业发展的政策和措施的出台,都在极大程度上推动了各地创业基地的发展,掀起了建设创业基地的高潮。自 2003 年以来,作为专门扶持初创中小企业的组织,创业基地受到各级政府越来越多的关注,"创业基地"作为一个固定的名词频繁出现在政府的相关文件中,迎来了其在国内的新发展。

2.2 全国创业基地的总体状况

从最初的高新技术创业服务中心、创业中心开始,创业基地在我国已经有了 20 多年的历史。在各级政府的大力支持下,从无到有、从小到大,实现了创业基地的超常规发展。特别是进入 21 世纪以来,创业基地的数量显著增加,培育能力明显增强。如表 2.1 所示,根据 45 个地方科技部门和 53 个国家高新区统计,截至 2005 年,全国的创业服务中心数量达到534 家,其中国家级的有 135 家。

表 2.1　2000 年—2005 年创业服务中心发展状况

	2000 年	2001 年	2002 年	2003 年	2004 年	2005 年
创业服务中心/家	131	280	378	431	464	534
场地面积/万平方米	272.1	509	632.6	1 358.9	1 515.1	1 969.9
入驻企业数/家	7 693	12 821	20 993	27 285	33 213	39 491
入驻企业人数/人	128 776	263 596	363 419	482 525	552 411	717 281
当年新入驻企业/家	2 389	5 048	7 635	8 792	8 933	9 714
累计毕业企业/家	2 770	3 994	6 207	8 981	11 718	15 815

资料来源:张冬弟,范伟军,吴寿仁,张炜,陈愚,邬晓燕:《中国科技企业孵化器问题研究报告》,厦门科技企业孵化器研究中心,2005 年。

截至 2005 年,在创业服务中心累计毕业的企业数达到 15 815 家,比上年增长 35.5%,新毕业企业的营业收入达 1 433.3 亿元,工业总产值1 261.8 亿元。创业服务中心从业人员 72 万人,其中研究生学历人员 4.3万人,本科学历人员 24.7 万人,大专学历人员 17.4 万人,具有大专学历以上人员占从业人数的 65%。在 135 家国家级创业服务中心中,现有培育面积 1 016.2 万平方米,占总量的 51.6%;入驻企业 23 343 家,占总量的59.1%;吸引就业人员 42.5 万人,占总量的 59.3%;累计毕业企业 11 406家,占总量的 72.1%。

虽然创业基地的建设发展较快，但是，从现状分析来看，目前我国创业基地的发展还处在初级阶段，其发挥的功能也非常有限。

2.3 江苏省创业基地的总体状况

上述创业基地的现状与问题具有普遍性，江苏省的创业基地也不例外，同时，江苏省的创业基地还具有一些独特性。为了掌握江苏省创业基地情况，推动创业载体建设，江苏省中小企业局组成了课题组，对全省的创业基地情况进行调研，并发放问卷，回收有效问卷 127 份。

2.3.1 基本情况

根据统计分析，全省各地已创建各类创业基地 100 多个（生产经营场所面积 1 万平方米以上列入本次统计），总资产 2 474 990.4 万元。

基地建设总投资为 3 242 482 万元，其中培育场地建设投资 1 687 542 万元，配套服务场地及设施投资 747 518.73 万元。

基地占地面积 183 023.1 亩，已建厂房面积 3 991.5 万平方米，其中利用旧厂房、旧场所面积 195.4 万平方米，新建厂房面积 1 331.3 万平方米，其他类型 2 465 万平方米。

基地已入驻企业 7 285 家，以制造业为主，少量企业为软件、设计、贸易等第三产业，其中规模以上企业 1 030 家。基地内企业平均用工 38 人/家，占地 3.1 亩/家，年产出 408 万元/家，安排富余劳动力、下岗职工、失地农民近 28 万人，实现营业收入 298 亿元。

各基地每平方米月租金相差较大，最高为 120 元/（平方米·月），最低为 0 元/（平方米·月），平均为 74 元/（平方米·月），其中标准厂房的建筑造价一般在 800～1 000 元/平方米，建成一年以上厂房出租率 90% 左右，投资回收周期 8～10 年。详见表 2.2。

调查问卷显示，设立基地时考虑的因素较多，最重要的是解决小企业创业空间问题和促进产业聚集的发展，频率都接近 1，表明这两个因素是设立基地时必须考虑的首要问题。促进新企业的创办、确立本地区的优势产业、引进外来企业等也都是考虑的重点，详见表 2.3。

表2.2　基地总体状况表

基地状况	总量	平均值
基地建设总投资/万元	3 242 482	25 531
培育场地建设投资/万元	1 687 542	13 287
配套服务场地及设施投资/万元	747 518.73	5 885
基地现有资产/万元	2 474 990.4	19 488
基地占地面积/亩	183 023.1	1 441
建筑总面积/平方米	39 914 539	314 287
新建面积/平方米	13 312 887	104 825
利用闲置楼房面积/平方米	1 954 174	15 387
每平方米月租金/元		74

表2.3　设立基地时考虑的主要因素表

设立基地时考虑的主要因素	解决小企业创业空间问题	促进产业聚集发展	促进新企业的创办	确立本地区的优势产业	引进外来企业
频率	0.889 763 8	0.889 764	0.732 283	0.716 535	0.700 787

设立基地时考虑的主要因素	解决当地的就业	迅速增加当地税收	促进区域科技创新	盘活闲置场地	其他
频率	0.677 165	0.629 921	0.582 677	0.464 567	0.062 992 1

2.3.2　性质和组织形式

在接受调查的 127 家创业基地中,基地性质多数属民营企业和政府直属单位,分别有 34 家和 25 家;其次为集体企业、股份有限公司和全额拨款事业单位,分别有 17 家、16 家和 12 家;另外,自收自支事业单位、国有企业、差额拨款事业单位和其他性质的创业基地,分别有 7 家、5 家、2 家和 9 家,详见表2.4。

表2.4　基地性质统计表

基地性质	数量/家	比例/%
民营企业	34	26.8
政府直属单位	25	19.7
集体企业	17	13.4
股份有限公司	16	12.6
全额拨款事业单位	12	9.4
自收自支事业单位	7	5.5
国有企业	5	3.9

续表

基地性质	数量/家	比例/%
差额拨款事业单位	2	1.6
其他	9	7.1

绝大多数基地采取企业化管理,共 74 家,占 59.2% ;其次分别为政府直接管理和事业单位管理,分别为 29 家和 19 家,占 23.2% 和 15.2% ,详见表 2.5。

表 2.5　基地的组织管理形式表

基地的组织管理形式	数量/家	比例/%
企业化管理	74	59.2
政府直接管理	29	23.2
事业单位管理	19	15.2
其他	3	2.4

2.3.3　基地管理

调查问卷表明,基地一般都制订过发展规划,比例为 90.6% 。制订了基地管理制度规范、统计过入驻企业数据和运营情况、发放过基地政策服务功能宣传手册的基地,比例分别为 80.3% 、79.6% 和 70.1% 。但是,在基地网站、基地宣传网页、定期或不定期宣传期刊和服务资源数据库方面,还有待加强。其中,有服务资源数据库的比例仅为 33.8% ,是薄弱环节,详见表 2.6。

表 2.6　基地管理表

基地管理项目	有基地发展规划	有基地管理制度规范	有入驻企业数据库和运营情况统计	有基地政策、服务功能的宣传手册
比例/%	90.6	80.3	79.6	70.1
基地管理项目	建立了基地网站	设立了基地宣传网页	有定期或不定期宣传期刊	有服务资源数据库
比例/%	48.8	47.2	41.7	33.8

调查问卷显示,创业基地一般都配有公共会议室、信息网络、咨询服务厅和复印、打印等商务服务设施,但没有哪个基地是配套齐全的,换句话说,多数创业基地的服务设施配套不到位。这表明,必须加强基地的服

务设施建设,尤其是图书资料室,拥有率仅29.1%,亟须改善,详情见表2.7。

表2.7 基地现有配套服务设施表

基地的配套服务设施	公共会议室	咨询服务厅	信息网络	复印、打印等商务服务设施	产品展示厅	公共仓储与运输
拥有率/%	81.9	72.5	72.4	70.1	45.7	45.6

基地的配套服务设施	公共食堂	银行网点、邮政网点等	公共技术研发设施	图书资料室	其他	
拥有率/%	43.3	42.5	40.2	29.1	15.7	

调查显示,大部分人认为,对创业基地发展影响显著的因素包括税费、租金等政策支持力度、入驻企业创业者的素质、基地创业育成服务能力和基地企业投融资情况,比例分别为70%、66%、57%和66%;近一半人认为,场地面积、基地区位条件和社会治安对创业基地发展也具有显著的影响;同样,也有近一半的人认为,场地面积、基地区位条件和社会治安对创业基地发展只是具有一般的影响;另外,大部分人认为外部服务资源对创业基地的发展影响一般,比例为61%,详见表2.8。

表2.8 各因素对创业基地发展的影响程度表

因素	影响程度		
	强/%	一般/%	弱/%
税费、租金等政策支持力度	70.0	23.0	3.0
基地企业投融资情况	66.0	29.0	2.0
入驻企业创业者的素质	66.0	28.0	4.0
基地创业育成服务能力	57.0	30.0	7.0
基地区位条件	49.0	46.0	3.0
场地面积(占地面积、建筑面积)	49.0	42.0	6.0
社会治安	46.0	41.0	10.0
外部服务资源	25.0	61.0	9.0

2.3.4 基地的土地和资金来源

基地的土地大部分来源于工业园区或功能区规划土地,共有89家,占71.8%。政府规划土地和乡镇集体土地比重明显偏低,分别有15家和14家,占12.1%和11.3%,详见表2.9。

表2.9　基地的土地来源表

基地的土地来源	基地总数/个	比例/%
工业园区或功能区规划土地	89	71.8
政府规划土地	15	12.1
乡镇集体土地	14	11.3
其他	6	4.8

调查问卷显示,基地的资金来源多为政府投资、民营企业投资和银行贷款,比例分别为62.9%、63.0%和53.5%;入驻企业筹资的比重也较大,比例为42.5%;基地的资金来源于乡镇集体投资的比例较低,为27.6%;社会捐赠的资金最少,为7.9%,详见表2.10。

表2.10　基地的主要资金来源表

基地的主要资金来源	政府投资	民营企业投资	银行贷款	入驻企业筹资
比例/%	62.9	63.0	53.5	42.5

基地的主要资金来源	乡镇集体投资	社会捐赠	其他
比例/%	27.6	7.9	22.8

2.3.5　基地入驻企业的基本情况

调查问卷表明,基地的入驻企业在各个方面都呈现逐年递增的良好态势。截至2006年底,入驻企业平均数为33家,至2007年底为52家,至2008年为65家。随着入驻企业的增加,入孵率、销售收入、税金总额、安排从业人员总数和毕业企业数量也都在不断上升。可喜的是,关闭企业的数量很少,每年只有1~2家,详见表2.11。

表2.11　基地入驻企业的基本情况表

基地入驻企业的基本情况	2006 年底 (平均值)	2007 年底 (平均值)	2008 年 (平均值)
入驻企业总数/家	33	52	65
规模以上企业数/家	6	11	15
入驻率/%	33	50	61
入驻企业销售收入总额/万元	31 694	52 628	49 945
实交税金总额/万元	1 333	2 426	3 178

基地入驻企业的基本情况	2006 年底 （平均值）	2007 年底 （平均值）	2008 年 （平均值）
安排从业人员总数/人	1 706	2 955	4 056
毕业企业数量/家	16	26	31
关闭企业数量/家	1	1	2

调查问卷表明,基地选择入驻企业时考虑的首要问题是产业发展前景,比例接近 100%。企业技术水平、产品竞争力、企业规模以及企业者素质和能力也都是考虑的重点,比例分别为 80%、80%、70% 和 70%。详见表 2.12。

表 2.12 基地选择入驻企业时考虑的主要因素表

基地选择入驻企业时 考虑的主要因素	产业发展 前景	企业技术 水平	产品 竞争力	企业 规模
比例/%	95.0	80.0	80.0	70.0
基地选择入驻企业时 考虑的主要因素	企业者素质和 能力	市场 需求情况	创业计划和 方案	其他
比例/%	70.0	58.0	43.0	12.0

调查显示,小企业入驻基地享受的优惠政策主要有规费减免、政策性资金资助、税收减免和融资支持,比例分别为 74%、74%、68% 和 54%。租金补贴的比例较小,为 34%,这表明只有不到一半的基地为入驻企业提供租金补贴。详见表 2.13。

表 2.13 小企业入驻基地享受的优惠政策表

小企业入驻基地 享受的优惠政策	政策性 资金资助	规费减免	税收减免	融资支持	租金补贴
比例/%	74.0	74.0	68.0	54.0	34.0

2.3.6 参与基地服务的主要社会资源

调查问卷显示,参与基地服务的社会资源中,政府部门及社会志愿服务人员、律师事务所、人才培训机构、信息服务机构、会计师事务所、管理咨询机构,都占有较大的比例,在 70% 左右,科研院所的比例稍低,为 50%。这表明,一半以上的基地都配有这几种社会资源。另外,各基地应加大与科研院所的合作。详见表 2.14。

表2.14　参与基地服务的主要社会资源表

参与基地服务的 主要社会资源	政府部门及社会 志愿服务人员	律师 事务所	人才 培训机构	信息 服务机构
比例/%	75.0	74.0	72.0	69.0

参与基地服务的 主要社会资源	管理 咨询机构	会计师 事务所	科研 院所
比例/%	66.0	66.0	50.0

　　调查问卷显示,基地运营机构与外部资源的合作形式主要是定期沟通交流,比例为70%。其他合作形式,包括资金合作、契约式以及战略联盟,比例在40%左右,还有待加强。最少的合作形式是成立虚拟企业,比例仅为3%,此种方式的合作存在很大的发展空间。详见表2.15。

表2.15　基地运营机构与外部资源的合作形式表

基地运营机构与 外部资源的合作形式	定期 沟通交流	资金合作	契约式	战略联盟	成立虚拟企业
比例/%	70.0	44.0	43.0	39.0	3.0

2.3.7　基地的服务情况分析

1. 入驻企业对各项服务的需求情况
（1）信息服务方面
入驻企业对信息服务的需求情况见表2.16所示。

表2.16　信息服务表

已开展的服务项目	服务需求量		
	多/%	一般/%	少/%
政府政策信息	64.0	35.0	1.0
信息咨询	58.0	37.0	5.0
管理咨询	48.0	47.0	5.0
创业辅导	43.0	51.0	6.0
市场营销	28.0	52.0	20.0

　　在信息提供方面,入驻企业对政府政策信息的需求最大,相比较而言,对市场营销的需求较小。
　　（2）资金服务方面
　　入驻企业对资金服务的需求情况见表2.17所示。

表2.17 资金服务表

已开展的服务项目	服务需求量		
	多/%	一般/%	少/%
投资融资	47.0	41.0	12.0
贷款担保	47.0	33.0	20.0
财务代理	24.0	59.0	17.0
产权交易	8.0	37.0	55.0

在资金服务方面,入驻企业对投资融资、贷款担保的需求最大,反映了小企业投融资困难、贷款难的问题。相对而言,产权交易的需求很小。

（3）技术提升服务方面

入驻企业对技术提升服务的需求情况见表2.18所示。

表2.18 技术提升服务表

已开展的服务项目	服务需求量		
	多/%	一般/%	少/%
人员培训	57.0	39.0	4.0
技术支持	43.0	46.0	11.0
人才引进	41.0	49.0	10.0

由表2.18可以看出,小企业对人员培训和技术支持方面的需求都很高,说明小企业已经意识到企业的技术水平和从业人员的素质及能力的重要性。

2. 服务收费情况

入驻企业的各项服务的详细收费情况见表2.19所示。

表2.19 各项服务的收费情况表

已开展的服务项目	服务收费情况			
	免费/%	一定时间内免费/%	低于成本收费/%	高于成本收费/%
协调与政府部门的关系	87.0	12.0	0.0	1.0
政府政策信息	84.0	13.0	3.0	0.0
信息咨询	74.0	18.0	6.0	2.0
管理咨询	70.0	22.0	7.0	1.0

续表

已开展的服务项目	服务收费情况			
	免费/%	一定时间内免费/%	低于成本收费/%	高于成本收费/%
人才引进	70.0	15.0	14.0	1.0
创业辅导	68.0	20.0	11.0	1.0
市场营销	65.0	22.0	9.0	4.0
人员培训	59.0	13.0	23.0	5.0
对外合作	59.0	21.0	13.0	7.0
投资融资	49.0	21.0	27.0	3.0
产权交易	48.0	19.0	28.0	5.0
技术支持	47.0	21.0	26.0	6.0
法律服务	46.0	19.0	29.0	6.0
贷款担保	45.0	22.0	28.0	5.0
展览展销	43.0	16.0	30.0	11.0
物业管理	33.0	18.0	44.0	5.0
财务代理	24.0	16.0	51.0	9.0

入驻企业各项服务在不同时间的收费情况如图 2.1 所示。

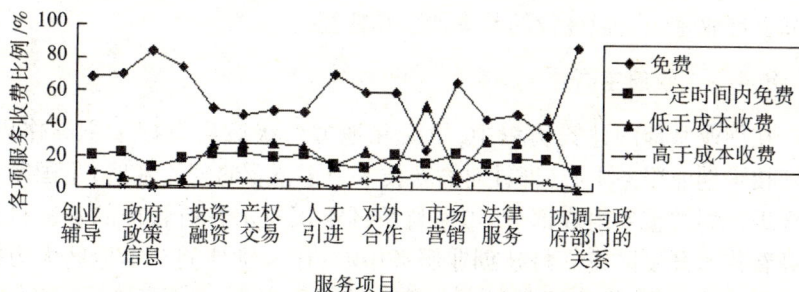

图 2.1　各项服务的收费情况图

由图 2.1 可看出,折线起伏较明显的是"免费"和"低于成本收费"两项,免费的比例都很高,大多数都在 50% 以上,其中"协调与政府部门的关系"一项就高达 87%,但据表 2.19 中所示,"财务代理"和"物业管理"免费的比例都很低,相对应地,这两项"低于成本收费"的比例较高。这些服务中"高于成本收费"的比例相当低,可看出创业基地的非营利性质,对入驻企业提供优惠政策。

3. 服务提供情况

创业基地服务提供情况见图 2.2 所示。

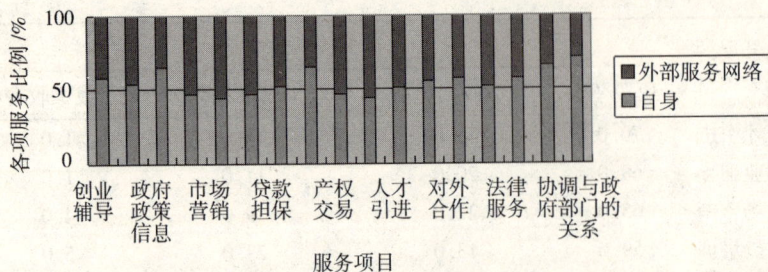

图 2.2　服务提供情况表

从图 2.2 中可以看出,这些服务的提供者并非只是创业基地本身,很大程度上需要外部服务网络的帮助。不同的服务,对外部服务网络的依赖程度也不同,"协调与政府部门的关系""政府政策信息"对外部服务网络的依赖较小,而"市场营销""产权交易"对外部服务网络的依赖较大。

2.4　江苏省创业基地的建设现状

基于上述对江苏省创业基地总体状况的分析结果,可以总结归纳出江苏省创业基地目前建设的基本情况和特征。

2.4.1　政府主导

在创业基地的建设历程中,中央和地方各级政府发挥了主导作用。高新技术创业服务中心(即针对高新技术中小企业的创业基地)是国家实施火炬计划的重要组成部分,国家科技部不仅要求其所管理的各级科委和高新技术开发区成立科技创业服务中心,还鼓励他们在本地区大力推广这项事业。同时,为了鼓励对新创中小企业的扶持,国家陆续颁布了《中小企业促进法》《中央补助地方中小企业平台式服务体系建设专项资金使用管理办法》《国务院关于鼓励支持和引导个体私营等非公有制经济发展的若干意见》等相关法律法规,从法律的角度为各地建立创业基地提供了有力的支持。在中央政府的推动下,江苏省及各级地方政府积极融入创业基地的建设工作,不仅直接投入资金建设创业基地的实体设施,更制定了相关的优惠政策,吸引新创企业入驻、扶持创业基地运作。在江苏省及各级地方政府行政力量的主导下,资金、政策、区域内部的人力、物力、财力都得到了有效的整合和集中,对江苏省创业基地的建设与发展起到了很大的推动作用。

2.4.2　运营模式

在政府主导体制下建立的创业基地实施的是一种事业单位企业化运营的模式,如图2.3所示。江苏省及各级地方政府为创业基地制定优惠政策的同时,还为创业基地提供初始建设的资金。等创业基地建设完毕后,江苏省及各级地方政府就会设立专门的职能部门负责创业基地的招商、管理、培育服务等日常运作活动。作为政府下属的事业单位,江苏省及各级地方政府负责创业基地的初始投资和行政事业经费,对其组织建设、人员安排、薪酬福利等进行统一的管理;创业基地在江苏省及各级地方政府的统一领导下开展经营活动,自负盈亏,其进一步发展所需的资金则由其自身解决。在这种模式下,江苏省及各级地方政府既是创业基地的所有者,也是创业基地的实际经营者。

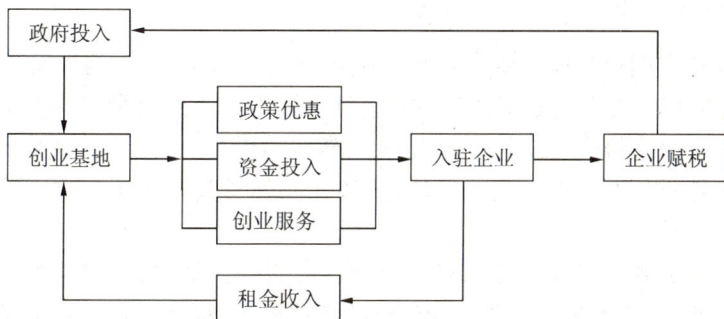

图2.3　江苏省创业基地事业单位企业化运营模式

2.4.3　资金来源

江苏省创业基地建设的资金来源主要有三个部分:

一是政府的资金。中央和江苏省各级地方政府的财政拨款、扶持创业基地的专项资金是创业基地资金来源的主要部分。

二是私营企业的资金。近几年来,在江苏省及各级地方政府的大力推动下,部分地区在建立创业基地时通过股权分配、参与管理、收益共享等方式向有能力的私营企业进行筹资,以弥补政府财政支出的不足。但是,相对于江苏省及各级地方政府的资金支出来说,私营企业对创业基地的资金投入还很少。

三是创业基地内部入驻企业的资金。以江苏省东台市牛山镇的创业基地为例,在该镇创业基地一期项目部进行培育的某企业经过数年的发展后,为适应自身发展的需要,向牛山镇缴纳了一定的资金购买自己厂房临近的土地进行扩建。该企业在扩大自身生产规模的同时,也扩大了创业基地的培育面积。

根据科技部 1998 年的统计,在全国 77 家创业服务中心中,省市科委主办的有 24 家,高新技术产业开发区主办的有 47 家,国有企业主办的有两家,还有两家由大学主办,1 家由省市科委和高新区合办,1 家由经济开发区主办。这样,几乎 100% 都是由政府投入。虽然近几年来,江苏省及各级地方政府也在不断探索、鼓励私人企业等社会资本投资创业基地的建设,但是,从目前的实际情况来看,创业基地的投资主体仍以政府为主,社会资本对创业基地的投资只是作为江苏省及各级地方政府投资的补充。

2.4.4　组织性质

江苏省创业基地主要是在政府主导下建立起来的,虽然也有部分社会资本对创业基地进行了投资,但是,社会资本投资的数量与江苏省及各级地方政府直接投资的数量相比,相对较少。因此,社会资本目前还无法成为江苏省创业基地的运营主体,只能在江苏省及各级地方政府的主导下协助管理创业基地。

在江苏省及各级地方政府主导下建设的创业基地,目的是为了扶持初创中小企业,帮助企业抵御初创期的各项风险,提高企业的存活率和成功率,因此,创业基地是一种公益性的社会组织。同时,作为江苏省及各级地方政府下属的事业单位,江苏省创业基地的行政经费都能定期得到政府的补助,创业基地员工的工资基本上也会纳入政府的财政支出范围,因此,创业基地也没必要以赢利为目的。将两者归纳起来,江苏省及各级地方政府主导所建立的创业基地可以看作是隶属于政府的、不以赢利为目的的、公益性的事业单位。

2.4.5　服务供给

目前,江苏省创业基地对新创企业所提供的服务主要还是集中在厂房、办公设施、优惠政策等比较基础的层面上,而较少涉及较高层次的服务,如管理咨询、技术咨询、投融资等服务。

李布对北京、山东、沈阳三地 6 家创业服务中心 196 家入驻企业进行调查,结果发现创业服务中心提供服务的百分比为:提供低于市场租金的为 100%,提供打字复印、会议室、工商税务服务的为 86.7%,提供政策咨询服务的为 86.2%,提供管理服务的为 52%,提供技术咨询服务的为 41.8%,提供投资服务的为 27.6%,提供融资服务的为 23.5%,提供中介融资服务的为 22.4%,提供中介投资服务的为 6.1%。[①]

从入驻企业的发展周期来看,基础性的服务在企业初创期能够帮助企业较快地进入稳定的运营状态,而高层次的服务是帮助企业取得进一步发展的关键因素,因此,江苏省创业基地所提供的服务要在保证基础性服务的前提下,进一步拓宽高层次服务内容,以促进新创企业更好、更快地发展。

2.4.6　收入来源

由于提供服务的能力有限,江苏省大多数创业基地的收入来源主要还是依靠出租厂房的租金以及政府的税收返还。租金收入非常稳定,但是,由于江苏省创业基地不以赢利为目的的公益性,厂房的租赁定价不会太高,租金收入也就非常有限。税收返还是根据创业基地内部入驻企业的纳税情况而决定的,由于创业基地内部的企业还处于初创期,本身的生产经营规模不大,向政府缴纳的税款不多,因而创业基地所得到的纳税返还也比较有限。收入的有限性不仅影响了江苏省创业基地日常运作的维持,也增加了政府建立创业基地的投资风险。据介绍,江苏省东台市牛山镇创业基地一期工程的投资回收期预计高达 10 年。

2.4.7　融资渠道

创业基地培育基金的来源主要还是江苏省及各级地方政府的资金投入。1999 年,国家设立科技型中小企业专项基金,采用无偿补助、贷款贴息、资本金投入三种方式对新创的科技型中小企业进行支持。无偿补助和贴息一般在人民币 100 万元以内,重大项目不超过 200 万元,资本金投入一般不超过企业注册资本的 20%。但是,由于政府财政能力的限制,再加上创业基地中需要资金资助的企业较多,分摊到每个企业的创业启动资金就显得较少。江苏省创业基地的收入有限,想依靠"自身造血"来满足入驻企业的需求目前难以实现。同时,担保体制的不完善和风险投资机制的缺失,新创企业难以从银行得到贷款,也难以求助风险基金的帮助。

陈伟民通过对江苏省部分创业服务中心的调研,指出政府资金在入驻企业的外部融资上起着主导作用,但是在提供信用担保及引入风险投

---

① 李布:《企业孵化器绩效分析》,中国人民大学 2002 年博士论文。

资方面,江苏省创业基地提供的相关服务难以满足入驻企业的要求。同时,在各类融资服务中,能够接受融资服务的入驻企业与有服务需求的入驻企业相比有一定的缺口,说明创业服务中心的融资服务尚不能满足入驻企业在资金融通方面的需求[1],如表2.20所示。

表2.20　创业服务中心融资服务

分类	培育基金直接投资/%	协助申请政府基金项目/%	提供信用担保/%	引入风险投资机构或其他社会投资者/%
提供服务的创业服务中心的比例	55.2	72.4	41.4	27.6
有服务需求的入驻企业的比例	65.5	58.1	45.9	25.7
已接受服务的入驻企业的比例	30.4	39.8	30.4	12.1

资料来源:陈伟民《科技企业孵化器孵化服务的实证分析——来自江苏的问卷调查》,《南京邮电大学学报》,2008年第4期。

2.5　江苏省创业基地建设中存在的问题

根据上述对问卷的分析,江苏省创业基地在中小企业创业创新中发挥了较大的作用,促进了江苏省中小企业的发展,取得了较好的社会效益和经济效益,但同时也暴露出运营管理中存在的一些问题。

2.5.1　政府主导下产生的问题

我国的创业基地是在政府的主导下建立起来的,有着准政府的性质,政府在创业基地的运作中发挥了重要的作用,然而,也不可避免地带来了一些问题。与一般的创业辅导机构相比,创业基地最突出的特点就是其隶属于江苏省及各级地方政府的事业单位。政府政策、资金的倾斜提升了江苏省创业基地的运营优势,但同时,政府主导的模式以及事业单位企业化运营的方式也给江苏省创业基地的运营发展造成了一些不利的影响,导致江苏省创业基地的服务重点错位,关键性的服务措施缺失或不足,难以满足入驻企业的培育要求。

---

[1] 陈伟民:《科技企业孵化器孵化服务的实证分析——来自江苏的问卷调查》,《南京邮电大学学报》,2008年第4期。

1. 行政色彩浓重,政策工具性强

由于江苏省政府及各级地方政府的重视,创业基地往往成为地方官员显政绩、展成绩的工具,进而为后者提供晋升的条件和优势。在这种观念的影响下,部分地区的创业基地过于追求硬件设施的建设,高投入导致高成本,却忽视了新创企业租用的承受能力。同时,作为一种政策性工具,江苏省创业基地往往还要承担一些政府安排的行政性任务,工作重点也常常随着上级要求的改变而变动。

2. 投资主体单一,运营资金不足

江苏省创业基地的投资者主要是江苏省及各级地方政府及其有关部门。在政府主导的情况下,江苏省创业基地被视为不以赢利为目的的公益性的事业单位,这样,必然会抑制其他投资者的投资热情,造成创业基地资金短缺。再加上目前创业基地的收入有限,严重影响了其日常运作。创业基地的经营管理人员不得不花费大量的时间去筹集资金,没有多少时间和精力用于培育新创企业,直接影响了创业基地的运营效率。

3. 地区间创业基地的发展不平衡

在政府主导的体制下,江苏省创业基地直接受江苏省政府及各级地方政府、科技部门或中小企业局的领导和支持。而各地政府及有关部门的观念、物力和财力等有很大的差异,对创业基地的支持力度也有很大的不同,从而造成江苏省不同地区创业基地的发展水平和运行效果差异很大。就目前的形式来看,经济较好的地区如苏州、无锡等地,创业基地的发展状况良好,对区域经济也起到了很好的促进作用。而经济状况较差的地区如宿迁、淮安等地,创业基地的发展状况相对要差些。

4. 创业基地的文化缺失

政府主导的创业基地在体制上仍然是政府机构,创业基地内部很难形成创新、创业的企业文化。创新文化的缺失,无法在江苏省创业基地内部形成一种积极向上、不怕失败的创新精神,也就无法推动入驻企业积极开展各种创新活动。面对变幻莫测的市场环境,一个企业尤其是新创企业,不创新就如同"逆水行舟,不进则退",最终的结果只会导致失败。创业文化的缺失,容易导致入驻企业产生对江苏省政府及各级地方政府支持的依赖性,从而失去自身发展的动力,成为依附于创业基地的"蛀虫"。同时,缺乏创新、创业的企业文化,江苏省创业基地的管理人员与服务人员就不会产生主动向入驻企业提供培育服务的意愿,而是在入驻企业的要求下被动地提供相应的服务措施,因而对江苏省创业基地的运营产生很大的负面影响。创新、创业企业文化的缺失极大地影响了江苏省创业基地功能的发挥。

5. 缺乏有效的管理团队

创业基地作为一种专业化的创业辅导机构，其成功运作需要一大批熟悉企业运营、懂得风险资本管理、了解市场贸易流程、熟知各种专业技术的相关人才。然而，在政府主导的体制下，江苏省创业基地的许多管理人员都来自江苏省及各级地方政府机关或事业单位，带有行政机关的作风，服务意识不强，普遍缺乏经营管理能力，没有管理企业或企业家的经验，也缺乏高水平的技术能力和技术依托。这样，就会直接影响对新创企业的培育，也就很难完成创业基地的预定目标——培育新创企业和企业家。

6. 缺乏有效的人力资源管理

在政府主导模式下，江苏省创业基地的人事任免、调度都由上级指定，使得创业基地工作人员的能力发挥受到了多方面的限制，不能按岗位、按个人能力来安置、调动工作人员，也不能因地制宜地任免工作人员。由于江苏省及各级地方政府行政的影响，在创业基地中往往会出现能力不强的员工身居要职，而有突出工作能力的人由于资历等条件的限制只能处于基层地位，无法得到肯定和提升。这种过于呆板的人事规定一方面遏制了创业基地工作人员的工作热情，不利于调动他们的工作积极性；另一方面也使得人力资源不能按市场有效配置，致使创业基地服务水平难以提高。

7. 创业基地服务积极性不足

创业基地作为政府下属的事业单位，其大政方针的确定、主要负责人的任免、员工的招聘和评定、职员的待遇等都要受到上级部门的限制。创业基地缺乏自主性管理，影响了基地管理人员和工作人员的工作积极性，不愿主动为入驻企业提供帮助，服务动力大打折扣。同时，即使创业基地的经营状况很好，在经济上也不能独立核算，这些都极大地影响了江苏省创业基地服务积极性的发挥。

2.5.2 运营模式下产生的问题

江苏省创业基地采取的是事业单位企业化运营的模式。由于事业与企业是两种不同性质的组织形态，有着不同的宗旨、制度、管理方式和运作方式，因而，创业基地存在着事业单位管理和企业化经营的矛盾，导致了创业基地在实际运行中出现很多问题。

1. 事业单位体制导致创业基地缺乏培育能力

创业基地事业单位的性质,决定了其运营的出发点和落脚点都不是企业。由于创业基地的建设资金和运营资金都能得到江苏省及各级地方政府的支持,自身没有生存发展的使命感,也就没有创造价值的紧迫感和相应能力。一个缺乏动力和能力的创业服务机构,是不可能向依靠灵活多变的环境以求发展的创业企业提供真正有价值的创业服务的。同时,由于创业基地的创建和运营得到了江苏省及各级地方政府资金的支持,其生存危机较小,工作人员容易形成对上级拨款的依赖,并不关心入驻企业的成败,因而也不关心培育质量的好坏和服务层次的高低。从长期来看,创业基地事业单位企业化管理的模式不利于其持续发展。

2. 法人治理结构不清,行政干预强度大

江苏省创业基地的培育场地、培育设备、培育资金大都由政府投入,所有权属于国家。而创业基地的管理者和经营者是行政任命,属于政府官员,有的甚至还在政府部门兼职。所有权与经营权相混合,缺乏一个科学的制度进行分离,导致创业基地法人治理结构不清,组织结构不严密,隶属关系复杂。江苏省及各级地方政府介入过多,行政干预强度大。这些问题如果不能得到很好的解决,江苏省创业基地就不能得到良好的运作,其有效扶持初创企业的初衷也就难以实现。

3. 非赢利的组织性质阻碍创业基地的发展

政府建立创业基地是为了扶持初创中小企业,并不以赢利为目的。但是,在实际运营中,大多数管理部门又要求创业基地通过提供有偿服务形成自收自支、自负盈亏、自我发展的良性循环,扩大自身的服务功能和水平。在创建初期,由于创业基地能从江苏省及各级地方政府、相关部门得到一定的先期投资和培育基金,其运行与发展的矛盾并不突出。但随着创业基地的进一步发展,不赢利的弊端就会逐渐显示出来,进而对其发展产生严重的制约。作为一个经济实体,不赢利就难以吸引人才,难以提高服务功能和水平;不赢利就没有额外的资金为入驻企业提供培育基金,难以实现创业基地的自收自支,也就难以形成创业基地自我发展的良性循环。

4. 缺乏有效的激励机制

缺乏有效的激励机制是我国各级地方政府中长期存在的一个问题。作为政府下属的事业单位,创业基地在激励机制设计、实施方面难度巨大。创业基地员工服务动力不足的内在原因是缺乏一个良好的机制,不能将创业基地的运营绩效与员工的利益联系起来,做好做坏一个样,自然也就无法让员工产生服务热情。同时,由于缺乏有效的激励机制,创业基地员工的收入有限,难以得到较大的提高,这样就难以吸引和留住高层次的人才,无法向新创企业提供个性化的高端服务,而只能停留在物业管理、政策咨询等基础性的服务上,从而影响了创业基地的培育效果。

5. 缺乏有效的进出制度

作为政府下属的事业单位,江苏省创业基地在接纳入驻企业时往往会受到江苏省及各级地方政府的影响,从而缺乏对入驻企业实行有效的筛选与毕业制度。一方面,江苏省及各级地方政府出于扶持当地企业的目的,往往要求创业基地优先向当地企业提供服务措施,培育当地企业促进其发展。在江苏省及各级地方政府行政命令的影响下,创业基地无法开展对入驻企业的筛选评价,而只能将其当作政府的行政任务接纳过来。另一方面,当创业基地中的企业发展到一定程度的时候,为了保证自身的财政收入和地方经济、就业的稳定和增长,政府会提供更多的优惠措施鼓励本应该离开创业基地的成熟企业继续留在创业基地接受培育,从而使得创业基地无法按照毕业标准对应该毕业的入驻企业施行毕业措施。

6. 创业基地身份不明,定位不清

一方面,创业基地作为江苏省及各级地方政府下属的事业单位,具有政府部门的某些功能,在机构设置、人员配置、工作作风等方面带有明显的行政色彩。另一方面,创业基地又必须面向社会,承担企业功能。创业基地事业单位企业化运营的模式导致其不能很好地适应任何一种身份的要求,进而对其培育的成效产生影响。

7. 企业化运作导致创业基地的工作重点错位

事业单位企业化运营的模式要求创业基地必须自主经营、自负盈亏,财务上不再依赖江苏省及各级地方政府的拨款和资助,政府只负责创业基地的初始投资和行政事业经费,创业基地进一步发展所需的资金由其自身解决。但是,由于目前融资环境欠缺,再加上自身经营不善,部分创业基地存在财源紧张、资金不足的困境。这种资金上的压力迫使创业基地的工作重点由培育新创企业逐渐转移到自身创收上来,创业基地工作人员的目标变成了如何创收以维持创业基地的运营发展,而不是如何为入驻企业提供各种服务以促进其成长,从而导致了部分创业基地的经营活动脱离了正常的培育功能。

第3章 江苏省创业基地运营机制的构建

　　一个创业基地要想得到良好的运作,在日常的经营管理中必须遵循一套规范的科学管理体系。这套管理体系应以入驻企业为核心,关注的焦点是创业基地所提供的服务如何更好地满足和保证企业的需求。从企业进入创业基地到培育完成的整个阶段,创业基地的运营机制应该包括筛选机制、融资机制、收益机制、激励机制、竞争机制以及毕业机制。而从江苏省创业基地建设的现状及存在问题来看,缺乏一套行之有效的运营机制正是阻碍江苏省创业基地提升培育水平、提高培育效率的关键。因此,在理论上对江苏省创业基地的运营机制进行整体的规划,十分有必要。

3.1 培育机制

　　分析江苏省创业基地的运营机制,首先要对江苏省创业基地的培育机制即培育流程进行设计。创业基地的培育机制是指企业从进入创业基地开始,在创业基地内部接受创业培育,到最后完成培育退出创业基地的整个过程,如图3.1所示。

　　如果把培育看成是一种帮助创业企业成长的运作机制,创业基地就是执行培育机制的社会组织。这种运作机制的初级形态是为入驻企业提供一些硬件设施和优惠政策,比如办公场地和办公设备等;中级形态是为入驻企业提供一些与创业者有关的中介、培训和管理服务,比如法律服务和管理咨询等;高级形态是形成创业基地自身的商业运作模式和企业文化,使得创业基地和入驻企业能够形成良性的互动成长。一般来讲,这三种形态是随着创业基地的实践发展过程而逐步出现的,并且高一级形态包含低一级形态的功能。

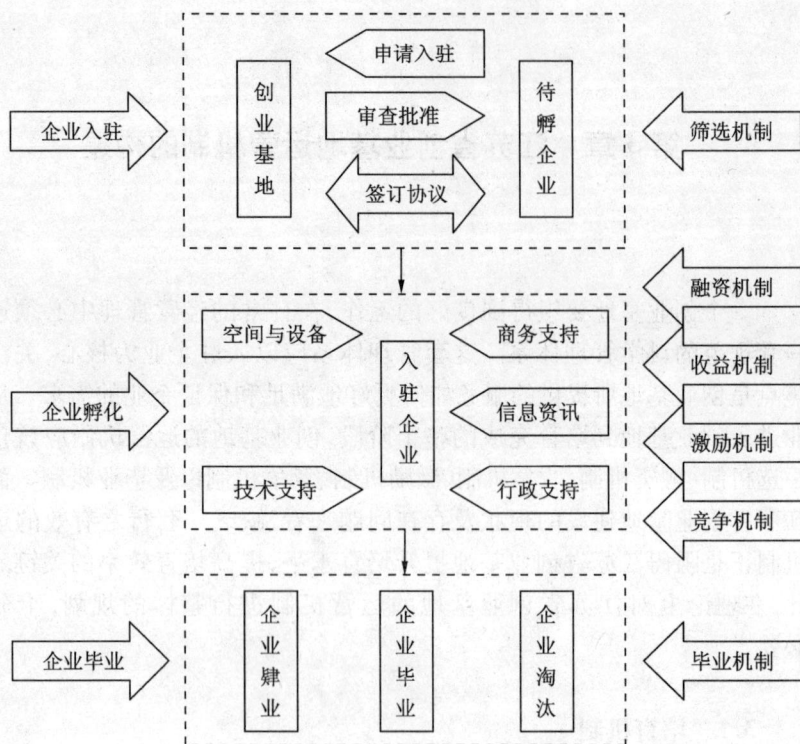

图 3.1　江苏省创业基地培育流程图

3.2　筛选机制

入驻是企业在创业基地中接受培育的第一步。但是由于新创企业往往具有很大的风险性,同时创业基地本身的容纳能力和培育能力有限,因此,创业基地必须对入驻企业进行严格的筛选,这不仅是保证培育质量的条件之一,也是保证资源有效使用的重要前提。创业基地的筛选机制,可以从筛选标准和筛选流程两个方面进行分析。

3.2.1　筛选标准

江苏省创业基地在选择入驻企业时,必须从政府、自身以及企业三个角度去设立筛选的标准:

1. 以政府的硬性规定为起点

江苏省各级政府作为创业基地的主导创建者,在对创业基地进行政策、税收以及专项资金支持的同时,必然会对创业基地的经营行为做出限制,以确保创业基地的发展符合国家、地方的大方向。因此,江苏省创业基地只能在政府规定的范围内选择相应的入驻企业进行培育。

2. 以创业基地自身的核心能力为基础

创业基地作为一个经营机构,首先要清楚自己能做什么,适合做什么,并由此确定自身的核心能力,在此基础上分析入驻企业的需要是否与自身能力相称。只有当创业基地自身的能力能够满足入驻企业的需要,两者之间的匹配程度较高时,创业基地的培育才能取得较好的效果。

3. 以入驻企业的综合素质为主导

入驻企业必须拥有自主知识产权和具有市场前景的技术或产品,拥有一支优秀的产品研发和经营管理团队,拥有可以赢利的商业模式,这些都是江苏省中小企业发展壮大不可或缺的要素,也是评价入驻企业发展前景的重要标准。

3.2.2 筛选流程

满足筛选标准的企业,才有资格进入创业基地接受培育。一般来讲,江苏省创业基地筛选入驻企业应该按照以下三个步骤进行:

1. 企业提出申请

创业基地应备有一套“进驻指南”,详细介绍创业基地的性质、任务、对入驻企业的要求、申请者应提交的文件、租金标准等,供企业查询。符合筛选标准的企业,按照“进驻指南”的要求,向创业基地提交一份入驻申请,内容包括企业的基本情况和技术水平、项目开发状况、市场前景、法人情况等,以及对创业基地的要求如用水、用电、办公设施以及其他软硬件服务要求。

2. 创业基地对企业进行评估

根据申请企业提交的材料,创业基地组织专家对申请入驻企业的下列内容进行评估:

技术评估:申请入驻企业的技术是否切实可行,是否符合国家制定的政策要求,科技成果不能有知识产权纠纷。

经济评估:资金评估,即申请入驻企业是否有适当的注册资金,是否有补充资金的渠道;财务评估,即评审申请入驻企业的财务规划、项目投产后的年产量以及利润计划;无形资产评估。

市场评估:评估申请入驻企业拟开发产品的市场需求、销售渠道以及价格情况等。

3. 签订培育协议

经过评估后,获准入驻的企业和创业基地签订协议。协议的文本应包括培育协议书、房屋租赁协议书、安全责任书等。双方签订协议后,入驻企业按照约定支付租金,创业基地将场地交付企业使用并提供相应的服务,入驻企业正式开始经营。

3.3 融资机制

对于成功通过筛选进入创业基地进行培育的入驻企业来讲,这只是迈开了万里长征的第一步,接下来更为重要的是借助创业基地的设施、人力、服务等资源实现自我成长。与传统企业不同的是,入驻企业最主要的资源是它所掌握的智力资源,其固定资产和流动资产的数量相对较少,处于初创期的入驻企业在技术和市场方面面临的风险都很大,主流融资渠道处于隔离状态,这是企业最需要资金却又最难得到资金的时期。因此,江苏省的各类创业基地应根据各企业的实际情况,为其灵活地提供资金的融通服务,帮助企业顺利渡过初创期进而得到发展壮大。

3.3.1 融资渠道

一般来讲,江苏省创业基地的融资渠道有四种:

1. 政府支持资金

江苏省各级政府作为创业基地的主导创建者,会对创业基地投入一定的科研经费和培育种子基金,并实行特殊的财政优惠政策和税收政策。虽然江苏省各级政府资金的数额不大,但对初创企业在资金紧缺时,能起到事半功倍的效果,对企业今后的发展壮大产生积极的推动作用。

2. 创业基地"自身造血"

对于大多数江苏省创业基地而言,在发展的初期,不具备直接投资的能力。但随着创业基地的发展壮大及其自身实力的增长,创业基地可以利用自身的资金积累从事入驻企业的融资活动。

3. 商业银行的贷款

随着国家和江苏省对创业基地的重视、对中小企业的关注,央行的信贷政策鼓励商业银行增加对中小企业的贷款。商业银行逐渐走进中小企业,推出针对中小企业的金融业务品种,对处于初创期的中小企业起到了很好的扶持作用。

4. 风险投资公司的投入

风险投资一般是由若干个投资者以集合的投资方式设立"母基金","母基金"委托专业性的创业投资公司进行管理和运作。创业投资公司会主动去寻找那些处于种子期或初创期的中小企业,或者负责审查主动联系的中小企业,对具有发展潜力的项目或企业提供权益性资本(指投资方能够参与公司管理,对经营决策有投票权的资本),并通过资本经营服务直接参与企业创业的过程。在创业基地进行培育的中小企业相对具有较好的发展前景,因而风险投资也是江苏省创业基地的一个重要融资渠道。

3.3.2　融资机制的完善

在创业基地的融资渠道中,来自江苏省及各级地方政府的资金和来自创业基地"自身造血"的资金,企业都可以通过直接向创业基地申请而得到,而来自商业银行和风险基金的资金,则必须借助创业基地的中介力量来完成。同时,为了应对目前担保机制不完善和风险机制缺失导致新创中小企业融资难的现状,江苏省创业基地应做好以下两方面的工作:

1. 建立良好的信用担保机制

商业银行的贷款必须有抵押担保,而在江苏省创业基地中进行培育的企业由于其特殊性,往往没有足够的有形资产做抵押,更多的是不能作为担保的无形资产,企业之间相互联保的实力不强,联保方式也不规范。有效担保的缺乏使得入驻企业很难得到商业银行的贷款支持。对此,创业基地可以组建包括评估专家在内的信用担保机构,对技术市场较好的企业提供担保,降低银行的贷款风险,为入驻企业赢得更多的资金投入。具体措施包括:

第一,无形资产抵押。这是一种创新的抵押贷款形式,对拥有专利技术或自主知识产权的企业,可以通过专利权、著作权等无形资产做抵押或质押,获取银行贷款。

第二,股权质押。对市场占有率高、品牌效应好的企业,可以出让一部分股权,通过股权质押的方式,实现反担保的设置。

第三,托管担保。对于一些江苏省初创阶段的企业,虽然土地和厂房都是租赁来的,也可以通过将租来的厂房和土地经社会资产评估,托管公司对企业的库存原料、成品库等进行评估、托管,以这些物资的价值为基础,为企业提供相应价值的担保而获得银行贷款。

第四,应收账款担保。对销售稳定增长、回款保证率高的企业,可以通过企业应收账款的反担保来防范和化解可能产生的风险。

第五,无反担保——联营性担保。对无法提供有效反担保措施的江苏省各种类型的企业,如果其有比较可靠的合同,且有较大把握的履约能力,也可为其提供贷款担保,但担保服务应按联营性质收取保费。

在争取银行信用担保贷款的过程中,江苏省创业基地要协调好入驻企业与银行以及担保机构之间的关系。创业基地首先要了解银行的贷款业务、条件、审批流程及不同商业银行之间的差异,并与信用担保机构建立联系。然后联系有贷款意向的企业,深入了解企业的项目状况、财务状况、生产经营状况等,进行综合分析,并初步判断企业是否符合银行和担保机构的基本条件。对于符合条件的江苏省中小企业,向银行和担保机构推荐,并跟踪至贷款完成。对于暂不符合条件的企业,进行诊断和咨询,提出建议,等其达到要求,再给予推荐。

为分析入驻企业信用担保路径演化规律,借助演化经济学这一研究工具,用数值仿真展示决策参数的不同取值和初始条件的改变对银行和担保公司交往的演化结果影响,并着重提出如下对策:一是改变现阶段银行群体与担保公司群体各种策略的相对支付,确保担保公司的基本收益;二是改变银行与信用担保机构对风险不合理分担现状;三是改变担保公司与银行不平等地位。

2. 加强与风险机构的联姻

创业基地和风险投资作为辅助新创企业成长的两大创业工具,两者的联姻可以实现双方在项目选择、经营管理、资金运作、政策法规上的互补,从而有利于保证创业基地更好地为入驻企业提供服务。

江苏省创业基地和风险投资的联姻有四种方式:一是风险资本以创业基地为依托进行风险投资,两者在组织上保持独立,只是在业务上发生联系,这种方式可以称之为两者的外部合作。二是创业基地引入风险资本进行内部合作,包括创业基地与风险投资机构合资组建新的创业基地或者在创业基地内部设立相对独立的下属投资机构。三是混合型合作,指创业基地和风险投资既进行外部合作也进行内部合作,合资双方根据投资对象的成长特点,在其不同发展阶段分别由合资的一方进行投资。四是创业基地自己筹集资金设立风险基金,进行风险投资活动。

3.4　收益机制

虽然江苏省创业基地在各级地方政府的主导下建立,是以扶持江苏省初创中小企业成长为目的的公益性组织,其本身的运营不以赢利为目的,但维持创业基地的日常运作需要大量资金,如办公费用、服务设施费用等,创业基地只有在保证自身生存和发展的前提下,才有可能培育出健康的、具有成长性的中小企业,才能实现其建立的目标。同时,通过经营实现赢利,能够激发江苏省创业基地管理者的积极性,从而增强培育功能、提高培育效率,实现创业基地的可持续发展。因此,江苏省创业基地必须建立合理的收益机制,其收入来源可以分为:基础服务收入、政府拨款收入、税收优惠及财政返还收入、投资收入和对外部企业的服务收入。

3.4.1　基础服务收入

基础服务收入是指创业基地通过向入驻企业提供基础性服务所获得的收入,包括租赁场地收入、网络服务收入、管理费收入、餐饮收入以及运输收入等。这类收入是江苏省创业基地建立初期的主要收入来源之一,但是由于基础服务的附加价值低、增长空间有限,同时出于扶持新创企业的目的,这类基础性服务的定价不可能太高,因此创业基地依靠基础服务所获得的收入非常有限。

3.4.2　政府拨款收入

由于江苏省创业基地是在江苏省各级政府的主导下建立的,在建设初期,能从各级政府得到一定的启动资金。同时,由于创业基地的公益性,也可以定期得到政府或上级单位的拨款和扶持基金,用于创业基地的日常运营和人员开销。政府拨款收入虽然来源稳定,但是由于政府的财政能力有限,不可能对创业基地进行持续的、大规模的资金支持。

3.4.3　税收优惠及财政返还收入

江苏省创业基地吸引企业入驻进行生产经营活动,从而增加了当地的财政收入。因此,为了鼓励创业基地,地方财政一般都会将入驻企业的纳税贡献按一定的比例返还给创业基地,同时创业基地也能享受到江苏省地方财政给予的自身房产税返还收入、自身所得税返还收入以及差额租金补贴等税收优惠政策。在创业基地建立的初期,由于入驻企业的不成熟,纳税规模有限,所以创业基地实际获得的税收优惠和财政返还收入有限。但是,如果入驻企业在创业基地的强力支持下迅速成长,其纳税规模会越来越大,创业基地所能得到的税收优惠及财政返还收入也就会越来越多。因此,此项收入是江苏省创业基地发展成熟后的重要收入来源。

3.4.4 投资收入

对于具有较大发展潜力且具有高成长性的技术项目或初创企业,江苏省创业基地可以以提供特殊的专项服务的方式取得企业的股份,或者直接出资购买企业的股份。随着企业的成长,创业基地既可以得到企业分派的红利收益,也可以通过出让股份取得资本收益。这种收入方式是创业基地的长期收益机制。

3.4.5 对外部企业的服务收入

江苏省创业基地所服务的对象不仅包括在其内部进行培育的企业,也应包括创业基地外部的企业。外部企业主要有两种:一种是不能进入创业基地进行培育的新创企业,这类企业由于受到某些因素的制约无法通过创业基地的筛选,但是创业基地扶持初创企业的各项措施却是其所需的,因此,创业基地可以向该类企业提供服务以获得一定的收入。另外一种是已经毕业了的企业,该类企业由于早期在创业基地内部形成的经营管理习惯,在毕业后也会经常需要创业基地提供技术、管理、营销、融资等方面的支持,从而为创业基地带来一定的收入。这种收入方式是创业基地的额外收益机制。

3.5 激励机制

人力资源是知识经济时代最重要的资源,对于江苏省创业基地来说,积极有效的人才激励和考核机制是吸引优秀人才和留住优秀人才投身创业基地事业的重要一环。

3.5.1 对员工的激励

江苏省创业基地对入驻企业的培育都是通过创业基地内部员工向入驻企业提供相关服务措施来实现的。对员工进行激励的目的是为了激发他们的工作热情,以便于向入驻企业提供更优质、更高水平的培育服务。同时,在创业基地的运营管理中,每个人承担着不同的任务,扮演着不同的角色,需求也不一样,所以对不同的员工应采取不同的激励方式。

1. 对关键员工的激励

关键员工包括创业基地的主管人员、部门主任等高级管理人员,以及技术专家、营销专家、法律专家等提供专业服务的技术性人才。前者的工作涉及创业基地的日常经营状况,后者的工作对创业基地提供给入驻企业的专业性服务水平有很大的影响。因此,对两者的激励,除了一般的加薪、升职、精神奖励之外,还可以给予一定的股权收益予以激励。如前文所析,创业基地占有入驻企业的股份而取得的投资收入是创业基地的长期收益机制,因此,对于高级管理人员和技术性人才的股权激励,既应包括创业基地的股权,也应包括入驻企业的股权。这样,就使得创业基地的高级管理人员和技术性人才的收入与创业基地的运营绩效以及入驻企业的培育绩效结合在一起。创业基地运营的效果好,入驻企业发展得顺利,他们就可以得到较高的收入,从而能够激发他们的工作激情和服务热情,在探索创业基地优化管理的同时,能够保证向入驻企业提供高质量的服务。

2. 对一般员工的激励

一般员工是指处于基层部门,从事维持创业基地日常运作的具体工作和向入驻企业提供非技术性的支持服务的创业基地的员工。对于一般员工的激励,应从以下几方面考虑:一是推行绩效管理,以员工的业绩作为加薪、晋升的标准;二是造就人尽其才的环境,给予员工充分的发展空间,激发他们的工作热情;三是营造温馨、融洽的人际氛围,激励员工的奉献精神。

3.5.2 对员工的考核

有激励机制就要设立相应的考核机制。对员工进行考核主要有两个目的:一是为了检查员工胜任工作的情况。如果员工达不到本岗位的考核标准,说明他不适合该岗位的工作,不能完成在该岗位上对新创企业的扶持任务,需将其换岗或辞退,让其他适合该岗位工作的员工接替。二是为了加强激励机制的实施效果。通过考核,对成绩好的员工通过精神奖励(晋升、嘉奖等)及物质奖励(加薪、股权等)的方式,加强激励措施,进一步促发其工作热情,更好地为入孵的新创企业提供创业扶持服务。

同时,对员工的考核要更加注重来自入驻企业的意见。江苏省创业基地建设的目的是为了扶持新创的中小企业,一切工作的中心都是围绕如何促进江苏省新创中小企业的发展和成功。创业基地的工作开展得好不好、有没有效果,关键就是看入驻企业能否在创业基地的扶持下取得好成绩。因此,对员工进行考核,除了内部评价的方式外,应提升入驻企业对员工的评价在考核体系中的比重。一位员工,即使他的日常工作做得再好,完成得再出色,只要入驻企业对他的评价是否定的,就说明他不胜任岗位工作。同样,即便日常工作的完成情况一般,但入驻企业对该员工的评价很高,就说明他能够完成该岗位对入驻企业的支持服务,能够胜任岗位的工作要求。

3.6 竞争机制

和其他社会组织一样,在江苏省创业基地中也存在着竞争,这种竞争不仅表现在创业基地与其他创业辅导机构之间,也表现在创业基地内的入驻企业之间。

3.6.1 创业基地与其他创业辅导机构之间的竞争

创业基地作为一种新型的创业辅导机构,要想在创业辅导市场立足并取得发展,必须要具有良好的市场前景和较强的市场竞争能力。良好的市场前景取决于企业对创业辅导的需求,而需求的产生和增大,又取决于创业辅导机构提供服务的费用和质量。只有费用最低且服务最优的创业辅导机构,才会有较强的市场竞争力,进而才会有长远的发展。

目前,江苏省内的创业辅导机构,除了创业基地之外,还有私人、企业开办的创业服务机构如咨询公司、担保公司、培训公司、律师事务所、会计事务所以及大学科技园区等。要想有效应对来自这些创业辅导机构的竞争,江苏省创业基地必须做好以下三方面的工作:

1. 打好政策优惠牌

创业基地是在江苏省各级政府的主导下建立起来的,因此,相对于其他类型的创业辅导机构来讲,江苏省各级政府会给予创业基地更多的资金支持和政策优惠。创业基地首先要善于用好政府的优惠政策,利用政府的政策来吸引新创企业入驻培育。

2. 打好区域优势牌

区域优势主要体现在两个方面:一是选址的优势。在江苏省及各级地方政府的主导下,江苏省创业基地的选址相对于其他类型的创业辅导机构来讲更具灵活性,创业基地可以借助政府的行政力量,选取地理位置较好的场地进行培育。二是利用资源的优势。创业基地在江苏省及各级地方政府的帮助下,可以对区域内部的人力、物力、财力资源进行整合,充分发挥资源集中的优势效应。同时,对于区域内部的自然资源的使用,相对于其他类型的创业辅导机构而言,创业基地也要显得更便利些。

3. 打好服务优质牌

江苏省及各级地方政府的优惠政策和区域优势是创业基地与生俱来的两个竞争优势,但是,仅仅发挥好这两点优势还是远远不够的。对于新创企业来讲,它们更需要的是在初创期从创业辅导机构得到的各种软硬件的服务。因此,江苏省创业基地还需要突出自身在服务方面的能力,拓宽服务渠道,提高服务质量,以优质的服务留住企业。

3.6.2　入驻企业之间的竞争

江苏省创业基地提供服务的能力有限,而入驻企业都想最大程度地得到创业基地的各种服务支持。应对这种“僧多粥少”的局面,创业基地有必要在入驻企业之间设立一定的评价标准,评价入驻企业的资源利用及收益情况,在企业之间开展竞争,以保证创业基地有限的服务资源能够向发展潜力较大的企业进行倾斜,以发挥其最大的功效。

3.7　毕业机制

江苏省创业基地的主要任务是对新创的中小企业进行扶持。当企业的生产、经营、开发步入正轨,有能力自立时,就应该离开创业基地去谋求更大的发展。这样不仅有利于后续的新创企业进入创业基地接受培育,也有利于创业基地通过股权回购或股权转让的形式实现其收益。

3.7.1　毕业标准

目前,对于企业培育成功的衡量,尚没有统一的标准,但可以从以下五个方面加以考核:

1. 培育时间

江苏省创业基地内企业的培育时间一般以 3 年左右为宜。一个企业组建之后,从具有科研成果到形成商品要有一个开发的过程,经过市场反馈后,产品要不断完善,企业内部管理也要不断完善,这一般最少需要两年左右的时间。在实际运作中,一般将培育期规定为不超过 5 年。当然,培育时间并不是一个固定的规定,创业基地可以根据自身和入驻企业的特点进行协商。

2. 成果商品化

在培育期内,入驻企业应该完成科技成果的转换,制成样机或样品。企业内部的技术人员和开发人员在完善产品的过程中对市场有了进一步的认识,有能力开发系列产品或其他新产品,使企业得以不断有新产品投入市场。

3. 相当稳定的市场

企业离开创业基地之前,应在某一行业或地区有了一定的知名度,其产品的销售有了比较固定的渠道,销售网络初步建立。

4. 管理完善

创业基地内的企业领导人对所从事技术、经营领域相关的法律法规比较熟悉,企业的各项制度,包括财务制度、用工制度等都建立起来,制订了切实可行的企业发展计划。

5. 资金充裕

经过几年的运转,创业基地内的企业的资金有了积累,可以扩大生产规模,或者有了一定数额的固定资产可用于抵押贷款,或是有了有效的筹资渠道,为规模发展准备了条件。

3.7.2 毕业企业的分类

并不是所有的入驻企业在离开创业基地的时候都能称之为毕业,有些只能称其为肄业或者淘汰。

1. 毕业企业

毕业企业,是指在规定的培育期内完成了既定的培育目标,并且通过了创业基地毕业标准考核的企业。严格来讲,只有这类企业才能称为创业基地的毕业企业。

2. 肄业企业

肄业企业,是指在创业基地内经过一段时间的培育,没有达到毕业企业的标准就离开创业基地的企业。企业肄业有两种情况,一是在培育期限内,入驻企业主动离开创业基地,经审核未达到毕业条件,根据双方入驻前的有关规定,办理离开手续。二是到达约定的培育期后,企业虽未达到毕业的标准,但双方都认为没有继续接受培育的必要,企业办理离开手续。

3. 淘汰企业

淘汰企业,是指企业由于自身在资金、开发、管理、信誉等方面的重大问题被创业基地依照有关规定,淘汰、清理出去的企业。淘汰的目的是为了腾出培育场地,优化创业基地的培育结构。

第4章 江苏省创业基地评价模型的构建

4.1 评价模型构建的基本思路

江苏省创业基地作为专业的创业辅导机构,其扶持方法是通过为江苏省新创企业提供各种创业支持服务来满足新创企业各方面的需求,保证新创企业的稳定成长与健康发展。因此,江苏省创业基地所能提供的服务以及服务的能力和水平是创业基地运营情况的一个重要评价指标。从目前学术界的研究来看,对创业基地服务措施的评价研究大多被纳入创业基地整体绩效考核体系之中,将其作为整体绩效评价模型的一个分量指标,而缺乏对其独立的考核。同时,通过前文的理论分析可知,在政府主导下建立起来的事业单位企业化运营的创业基地在日常的经营管理中存在诸多问题,而这些问题突出的表现就是创业基地的服务措施重点错位,关键服务措施缺失或不足,从而影响创业基地的培育绩效。鉴于此,本章拟从评价创业基地服务措施的角度去构建江苏省创业基地运营的考核模型,以弥补学术界对此研究的不足。考虑到江苏省创业基地提供服务直接针对的对象是入驻企业,因而对创业基地服务措施最直接、最有效的评价就是来自入驻企业的意见,所以引入入驻企业满意度的概念,通过分析创业基地所提供的空间与设备服务、技术支持服务、商务支持服务、信息资讯服务、行政支持服务的充分程度与入驻企业满意度之间的关系,探讨创业基地如何优化服务措施,提高运营效率。

4.2 指标体系的设计

根据上文的研究思路可知,本次研究是考察江苏省创业基地提供服务措施的充分程度对入驻企业满意度的影响,因而本次研究所涉及的变量有两个,即创业基地的服务措施、入驻企业的满意度。

4.2.1 服务措施指标体系的设计

我们将创业基地的服务措施分为五个大类,分别为空间与设备服务、技术支持服务、商务支持服务、信息资讯服务以及行政支持服务。

空间与设备服务是指创业基地为入驻企业提供的生产经营的场地和实体设备,包括场地租赁、生产设备、办公设施及生活设施;技术支持服务是指创业基地为入驻企业提供的技术方面的服务,包括技术转移服务、产品开发与辅助设计、技术咨询、建立与研发单位的合作;商务支持服务是指创业基地为入驻企业提供的有关经营管理方面的服务,包括经营咨询、人员培训、营销服务、资金服务、财会服务;信息资讯服务是指创业基地为入驻企业提供各有关方面的相关信息,包括政府信息、行业信息、内部合作网络、外部合作网络、毕业后的发展空间;行政支持服务是指创业基地为入驻企业提供的行政管理方面相关的服务措施,包括商业登记、编写经营计划书、申请专利、签订协约、对创业基地内部软硬件设施的管理与维护。

4.2.2 满意度指标体系的设计

根据第二章关于顾客满意度理论研究的结果,我们将入驻企业整体满意度划分为六个指标,分别为:对空间与设备的满意度、对技术支持的满意度、对商务支持的满意度、对信息资讯的满意度、对行政支持的满意度以及对整体服务措施的满意度。

4.3 问卷的设计

问卷的设计过程包括三个阶段:第一阶段,根据理论基础与文献探讨,决定所要采集的信息,确定所要调查的框架与项目,设计问卷内容与形式,完成问卷的初稿。第二阶段,研究人员进行探讨,针对问卷的内容及问句形式进行修改,完成问卷的修改工作。第三阶段,正式发放问卷。

整个问卷分为四个部分(见附录)。第一部分为卷首语。第二部分为问卷填写人的基本资料,包括填写人的性别、年龄、文化程度、在企业的工作时间以及担任的职务。第三部分为入驻企业的基本情况,包括被调查企业的行业类型、进入创业基地的时间以及企业的生产规模、经营规模。第四部分是问卷的主体,共有29个题目。其中1-4题为测试入驻企业对创业基地提供的空间与设备服务充分程度的认知情况,5-8题为测试入驻企业对创业基地提供的技术支持服务充分程度的认知情况,9－13 题为测试入驻企业对创业基地提供的商务支持服务充分程度的认知情况,14－18 题为测试入驻企业对创业基地提供的信息资讯服务充分程度的认知情况,19－23题为测试入驻企业对创业基地提供的行政支持服务充分程度的认知情况,24－29 题为测试入驻企业对创业基地所提供的服务措施整体满意度的情况。整个问卷采用利科特五级量表作为衡量尺度,其中 1－23 题从"非常不充分"到"非常充分"分为 5 个等级进行打分,24－29 题从"非常不满意"到"非常满意"分为 5 个等级进行打分。如表 4.1 所示。

表 4.1　问卷基本结构表

部分	变量		问卷语句
第一部分	卷首语		略
第二部分	填写人资料		填写人的性别、年龄、文化程度、在企业的工作时间以及担任的职务
第三部分	企业资料		企业的行业类型、进入创业基地的时间、生产规模以及经营规模
第四部分	服务措施	空间与设备服务	(1) 场地租赁(相对于市价而言,场地的租赁费用较低) (2) 生产设备(提供生产机械及配套设备) (3) 办公设施(提供会议室、研讨室、办公室、电话、宽带网络等) (4) 生活设施(提供食堂、宿舍及相关休闲场所)
		技术支持服务	(5) 技术转移(协助企业进行技术引进与转移,引进国内外的最新技术) (6) 产品开发与辅助设计(协助企业进行新产品、新工艺的研发工作) (7) 技术咨询(提供专业的技术顾问,为企业解决技术方面的困难) (8) 建立与研发单位的合作(协助企业取得产研合作的机会)
		商务支持服务	(9) 经营咨询(提供经营管理相关方面知识的咨询服务) (10) 人员培训(协助企业开展对员工的专业培训工作) (11) 营销服务(协助企业进行营销推广、市场调研和分析) (12) 资金服务(协助企业取得投融资及贷款的渠道) (13) 财会服务(协助企业进行财会账目的登记与检查)

续表

部分	变量		问卷语句
第四部分	服务措施	信息资讯服务	（14）政府信息（提供政府的相关优惠政策信息并协助企业取得政府优惠政策的支持） （15）行业信息（提供同行业技术、市场等方面的信息） （16）内部合作网络（提供入驻企业间市场、营销、投融资服务等内部合作的信息网络） （17）外部合作网络（提供研究机构、工会、行业协会等各种外部机构的合作网络） （18）毕业后的发展空间（掌握园区或工业区等有关信息资料与申请模式，协助企业解决从创业基地毕业后的发展空间问题）
		行政支持服务	（19）商业登记（协助企业与工商部门、税务部门、银行、会计事务所之间的沟通以进行工商登记） （20）编写商业计划书（指导企业编写商业计划书及营运计划书） （21）申请专利（协助企业进行专利申请与保护工作） （22）签订协约（指导企业进行对内、对外的协约签订） （23）软硬件设施维护（创业基地内部软硬件设施的日常管理和维护）
	入驻企业整体满意度		（24）对创业基地空间与设备服务的满意情况 （25）对创业基地技术支持服务的满意情况 （26）对创业基地商务支持服务的满意情况 （27）对创业基地信息咨询服务的满意情况 （28）对创业基地行政支持服务的满意情况 （29）对创业基地整体服务措施的满意情况

4.4　样本选择与资料分析方法

4.4.1　样本选择

我们从江苏省创业基地的主要服务对象——入驻企业入手，通过入驻企业对创业基地提供服务充分程度的评价，分析创业基地提供服务充分程度与入驻企业整体满意度的相关关系，因此将创业基地内部的入驻企业作为调研对象，以发放问卷的形式收集资料。

江苏省是全国经济大省，创业基地的建设工作走在全国前列，截至2007 年底，仅生产经营场所面积达 1 万平方米以上的各种类型的创业基地就有 109 个，累计培育企业 7 285 家，提供近 28 万个工作岗位，实现营业收入 298 亿元。因此,选择江苏省创业基地作为研究对象,对其他省份创业基地的建设具有非常重要的指导意义。但是,由于条件的限制,我们无法对江苏省内各典型创业基地一一进行调研,只能借助工作的便利性在苏南溧阳创业基地与苏北连云港创业基地选取部分企业发放问卷,进行基础资料的收集。

4.4.2 资料分析方法

根据研究目的和研究假设,我们拟采用 SPSS(14.0 版)统计分析软件包作为资料分析的工具,用到的统计方法如下:描述性统计分析、信度分析、效度分析、相关分析、回归分析。

第5章　江苏省创业基地实证分析

　　本次调研在江苏省溧阳创业基地内向部分入驻企业发放问卷 70 份,回收 48 份,回收率为 68.6%,其中有效问卷 42 份,有效回收率为 60%。在连云港创业基地内向部分入驻企业发放问卷 20 份,回收 20 份,回收率为 100%,其中有效问卷 20 份,有效回收率 100%。累计发放问卷 90 份,回收 68 份,回收率为 75.6%,其中有效问卷 62 份,有效回收率为 68.9%。

5.1　样本描述

5.1.1　样本统计变量分析

　　所收集到的 62 份有效问卷的样本统计变量如表 5.1 所示:

　　从问卷填写者的分布情况来看,男性填写者 53 人,明显多于女性填写者 9 人;年龄分布以 31～50 岁为主,有 46 人;填写者的文化程度较高,高中文化程度以上的有 59 人,其中本科以上的有 19 人,较高的文化程度保证了问卷填写的正确率和可信度;在企业工作 1 年以上的有 49 人,说明问卷填写人对企业的基本情况比较熟悉;所有的填写者都在企业担任管理层职务,中层管理者以上职务的填写者有 44 人。

　　从被调研的入驻企业来看,涉及光电、化工材料、生物医药、机械制造及轻工业 5 大种类,其中机械制造业最多,轻工业次之;企业在创业基地的入驻年限以 3 年以内为主;企业规模以 101～500 人为主;经营规模以 101 万元～1 000 万元为主。

表5.1 样本统计变量表

样本基本特征	资料类别	样本数/个	百分比/%
性别	男	53	85.5
	女	9	14.5
年龄	30岁以下	12	19.4
	31~40岁	29	46.8
	41~50岁	17	27.4
	50岁以上	4	6.4
文化程度	初中及以下	3	4.8
	高中	15	24.2
	大专	25	40.3
	本科及以上	19	30.7
工作年限	1年以内	13	21.0
	1~3年	14	22.6
	3~5年	25	40.3
	5年以上	10	16.1
职务类别	基层管理者	29	46.8
	中层管理者	18	29.0
	高层管理者	15	24.2
行业	光电	8	12.9
	化工材料	6	9.7
	生物医药	7	11.3
	机械制造	25	40.3
	轻工业	16	25.8
入驻年限	1年以内	8	12.9
	1~3年	31	50.0
	3~5年	18	29.0
	5年以上	5	8.1
生产规模	100人以下	7	11.3
	101~300人	30	48.4
	301~500人	18	29.0
	500人以上	7	11.3

样本基本特征	资料类别	样本数/个	百分比/%
	100 万元及以下	10	16.1
经营规模	101 万元~500 万元	26	41.9
	501 万元~1 000 万元	19	30.7
	1 000 万元以上	7	11.3

5.1.2 描述性统计分析

本研究各变量的问项,其选项以利科特 5 点量表分为 5 个等级,"1"代表程度最低,逐次增高到"5",表示最高,可以让填写者充分表达其认知情况。问项的平均分数越高则表示对此题的认同程度越高,标准差越大表示受访者对此题的看法越不一致。以下分别计算每一问项的平均数与标准差,并予以比较。

1. 入驻企业对创业基地提供服务充分程度的认知情况

如表 5.2 所示,整体服务措施充分程度的均值为 3.84,得分最高的前三项依次为场地租赁、办公设施以及商业登记,得分最低的后三项依次为毕业后的发展空间、产品开发与辅助设计、资金支持。按照我们对创业基地服务措施的分类,空间与设备服务充分程度的平均值为 4.11,技术支持服务充分程度的平均值为 3.75,商务支持服务充分程度的平均值为 3.80,信息资讯服务的平均值为 3.77,行政支持服务充分程度的平均值为 3.85。同时,各问项的标准差在 1 左右,说明入驻企业对创业基地服务措施充分程度的认知情况有一定的差异。

表5.2 入驻企业对创业基地服务措施充分程度的认知情况表

问 项	平均值	标准差	排序
1. 场地租赁	4.23	0.84	1
3. 办公设施	4.16	0.88	2
19. 商业登记	4.08	0.82	3
4. 生活设施	4.06	0.89	4
9. 经营咨询	4.04	0.93	5
10. 人员培训	3.98	0.86	6
2. 生产设施	3.97	1.01	7
23. 软硬件设施维护	3.87	0.93	8

续表

问　项	平均值	标准差	排序
14. 政府信息	3.85	0.95	9
20. 商业计划书	3.82	0.85	10
5. 技术转移	3.82	0.92	11
15. 行业信息	3.79	1.01	12
16. 内部合作网络	3.77	0.96	13
21. 专利申请	3.76	0.93	14
17. 外部合作网络	3.74	0.89	15
22. 签订协约	3.73	0.90	16
8. 建立与研发单位的合作	3.72	0.98	17
11. 营销服务	3.70	1.07	18
13. 财会服务	3.69	0.95	19
7. 技术咨询	3.69	1.07	20
18. 毕业后的发展空间	3.68	1.19	21
6. 产品开发与辅助设计	3.56	1.02	22
12. 资金支持	3.54	0.92	23
整　体	3.84	0.96	

2. 入驻企业整体满意度情况

如表5.3所示，入驻企业整体满意度的均值为3.79，其中入驻企业对创业基地空间与设备服务的满意度最高，对创业基地技术支持服务和整体服务措施的满意度最低。每个问项的标准差在1左右，说明入驻企业对创业基地服务措施满意度的认知情况有一定的差异。

表5.3　入驻企业对创业基地服务措施满意度的认知情况表

问　项	平均值	标准差	排序
24. 对创业基地空间与设备服务的满意情况	3.97	0.91	1
28. 对创业基地行政支持服务的满意情况	3.82	0.94	2
26. 对创业基地商务支持服务的满意情况	3.76	0.90	3
27. 对创业基地信息咨询服务的满意情况	3.74	0.97	4
29. 对创业基地整体服务措施的满意情况	3.73	0.96	5
25. 对创业基地技术支持服务的满意情况	3.73	1.03	6
整　体	3.79	0.95	

5.2　信度分析

一份实证研究的结果到底有没有效果,所得到的结果有没有说服力,首先要看的就是调查的程序是否合理、有效。这在很大程度上取决于问卷的设计和数据的获得是否有效。所以,在数据分析开始前,必须对调查问卷所得到的所有数据的信度进行检验,从而为后面的研究分析提供一个平台。我们采用 Cronbach's α 值来衡量问句的信度。Cronbach's α 值与信度的关系,如表5.4所示:

表5.4　Cronbach's α 值与信度的关系表

可信度	Cronbach's α 值
不可信	Cronbach's α 值 < 0.3
勉强可信	$0.3 \leqslant$ Cronbach's α 值 < 0.4
可信	$0.4 \leqslant$ Cronbach's α 值 < 0.5
很可信(最常见)	$0.5 \leqslant$ Cronbach's α 值 < 0.7
很可信(次常见)	$0.7 \leqslant$ Cronbach's α 值 < 0.9
十分可信	$0.9 \leqslant$ Cronbach's α 值

资料来源:衰克定《SPSS for Windows 数据统计分析工具应用教程》,北京师范大学出版社,2008 年。

如表5.5所示,问卷各部分的信度,除满意度的信度之外,都大于0.7,但满意度的信度为0.557,大于0.5,因此可以认为问卷设计具有良好的信度。

表5.5　数据信度分析表

变量	衡量指标	问句	Cronbach's α 值
服务措施	空间与设备	1~4	0.808
	技术支持	5~8	0.769
	商务支持	9~13	0.784
	信息资讯	14~18	0.721
	行政支持	19~23	0.897
满意度		24~29	0.557

5.3 效度分析

我们采用内容效度作为衡量问卷效度的工具。内容效度是指衡量工具能够涵盖研究主体的程度，即内容的代表性或母体抽样的适合性。在代表性方面，主观的判断为常用的准则，而在判断的过程中，文献的探讨与专家的研究都是必要的。如表 5.6 所示，就问卷的内容效度来看，对创业基地服务措施的分类，问卷各问句都引自以前学者的相关文献，并根据研究的实际需要而加以修改，所以说，它应该能够准确地包含变量的适当范围与内容。因此可以认为问卷具有良好的内容效度。

表 5.6 创业基地服务措施分类参考来源

服务措施	指标	资料来源
空间与设备服务	场地租赁、生产设备、办公设施、生活设施	袁建中（1994）；NBIA（1995）；APEC（2003）；魏晓红（2005）；段雪玉（2006）；张亚希（2007）；李萧逸（2008）
技术支持服务	技术转移、产品开发与辅助设计、技术咨询、建立与研发单位的合作	NBIA（1995）；Main（1996）；OECD（1997）；施振荣（2003）；APEC（2003）；潘俊辉（2004）；魏晓红（2005）
商务支持服务	经营咨询、人员培训、营销服务、资金服务、财会服务	袁建中（1994）；Main（1996）；OECD（1997）；邱邵成、张清俊、吴邵帧（1988）；施振荣（2003）；APEC（2003）；潘俊辉（2004）；魏晓红（2005）；段雪玉（2006）；张亚希（2007）；李萧逸（2008）
信息资讯服务	政府信息、行业信息、内部合作网络、外部合作网络、毕业后的发展空间	Main（1996）；OECD（1997）；APEC（2003）；魏晓红（2005）；李萧逸（2008）
行政支持服务	商业登记、编写商业计划书、申请专利、签订协约、软硬件设施维护	袁建中（1994）；NBIA（1995）；邱邵成、张清俊、吴邵帧（1988）；APEC（2003）；张亚希（2007）；李萧逸（2008）

5.4 相关分析

相关分析以分析变量间的线性关系为主，是研究变量之间线性相关密切程度的一种统计方法，通常采用系统默认的 Pearson 相关分析法，

Pearson 相关系数用于反映刻度级变量的相关程度。

创业基地提供服务措施的充分程度与入驻企业满意度之间的相关关系如表 5.7 所示。各项服务措施与入驻企业满意度之间相关关系的显著性水平都小于 0.05,因此可以认为创业基地的空间与设备服务、技术支持服务、商务支持服务、信息资讯服务、行政支持服务与入驻企业整体满意度两两成强正相关。其中商务支持服务的充分程度与入驻企业满意度之间的 Pearson 相关系数最大,而空间与设备服务与入驻企业满意度之间的 Pearson 相关系数最小。

表 5.7　创业基地提供服务的充分程度与入驻企业满意度之间的相关关系

服务措施与入驻企业满意度之间的相关关系	评价指标	指标值
空间与设备服务与入驻企业满意度之间的相关关系	Pearson 相关系数	0.277
	Sig 值(双尾)	0.029
技术支持服务与入驻企业满意度之间的相关关系	Pearson 相关系数	0.297
	Sig 值(双尾)	0.019
商务支持服务与入驻企业满意度之间的相关关系	Pearson 相关系数	0.403
	Sig 值(双尾)	0.000
信息咨询服务与入驻企业满意度之间的相关关系	Pearson 相关系数	0.306
	Sig 值(双尾)	0.016
行政支持服务与入驻企业满意度之间的相关关系	Pearson 相关系数	0.333
	Sig 值(双尾)	0.008

5.5　回归分析

相关分析仅仅判断了各因素间是否存在关系、紧密程度与方向,回归分析则可进一步指出关系的方向,并能进一步说明因素间是否存在因果关系。

从上文的相关分析可知,服务措施中的空间与设备服务、技术支持服务、商务支持服务、信息资讯服务、行政支持服务与入驻企业满意度之间存在显著的正相关关系,因此,本节中以被解释变量为入驻企业的满意度,解释变量为创业基地提供的五大项服务措施的充分程度,做多元逐步回归分析。

在进入水准 $\alpha = 0.05$，剔除水准 $\beta = 0.10$ 的条件下，经过四步多元回归，结果商务支持服务、行政支持服务、信息资讯服务和技术支持服务进入回归方程。如表5.8所示，第四步回归后调整判定系数 $R^2 = 0.569$，表明商务支持服务、行政支持服务、信息资讯服务、技术支持服务的充分程度可以解释入驻企业满意度总方差的 56.9%，$F = 21.164$，各回归系数的 T 检验值 Sig 都小于0.05，说明这四个自变量的作用是明显的。从回归分析中，我们可以得到非标准回归方程：

入驻企业满意度 = $-0.598 + 0.418 \times$ 商务支持服务 $+ 0.379 \times$ 行政支持服务 $+ 0.228 \times$ 信息资讯服务 $+ 0.130 \times$ 技术支持服务

因此，可以认为：对于入驻企业而言，创业基地所提供的商务支持服务、行政支持服务、信息咨询服务、技术支持服务的充分程度与入驻企业的满意程度存在因果关系，而空间与设备服务对入驻企业的满意程度没有直接的影响。

表5.8　服务措施对入驻企业满意度的回归分析

进入变量	非标准回归系数	误差	标准回归系数	T 值	Sig 值
常数项	-0.598	0.483		-1.240	0.022
商务支持	0.418	0.066	0.579	6.636 4	0.000
行政支持	0.379	0.056	0.652	6.794	0.000
信息资讯	0.228	0.069	0.304	3.296	0.002
技术支持	0.130	0.054	0.212	2.406	0.019

Adjusted $R^2 = 0.569$，$F = 21.164$，$Sig = 0.000$

5.6　结果讨论

5.6.1　创业基地服务措施的充分程度

从单项服务措施来看，创业基地的场地租赁、办公设施以及商业登记服务得分最高，说明创业基地该三项服务措施提供的充分程度较高，能较好地满足入驻企业在该方面的需求。而毕业后的发展空间、产品开发与辅助设计、资金支持服务得分最低，说明创业基地该三项服务措施提供的充分程度较低，与入驻企业的需求相比有一定的差距。从服务措施的分类来看，空间与设备服务得分最高，技术支持服务得分最低，说明创业基地空间与设备服务提供得最充分，而技术支持服务提供得最不充分。总体而言,创业基地目前的服务重点主要还是集中在诸如场地、商业登记等基础性的服务措施方面,基础性的服务基本上能够满足入驻企业的需求。而高层次的服务诸如投融资、技术支持等开展的程度不够,无法有效满足入驻企业在该方面的需求。

5.6.2 创业基地服务措施充分程度与入驻企业满意度的关系

创业基地所提供的商务支持服务、行政支持服务、信息资讯服务、技术支持服务的充分程度对入驻企业的满意度有直接的影响,而空间与设备服务的充分程度虽然最高,但对入驻企业的满意度却没有直接的影响。从赫兹伯格的双因素理论来看,创业基地所提供的空间与设备服务是入驻企业进入创业基地接受培育的最基本的条件,也是其愿意与创业基地进行合作的最基本原因,是入驻企业在创业基地中接受培育的环境和条件,因此可以将其归入保健因素的范畴。空间与设备服务提供得不好,会降低入驻企业的满意度;但是空间与设备服务提供得比较好,只能消除入驻企业的不满,却不能提高其满意度。因此,从提高入驻企业满意度的角度来看,创业基地必须在保证空间与设备服务充分程度的前提下,提高商务支持服务、行政支持服务、信息资讯服务、技术支持服务的水平。

第6章 江苏省创业基地运营与管理的对策研究

从前文的实证分析中可知，目前江苏省创业基地的基础性服务项目基本上能满足入驻企业的需求，但高层次的服务项目与入驻企业的需求相比还存在一定的差距。服务措施重点错位，关键性服务项目不足或缺失，其直接影响就是造成入驻企业对创业基地提供服务的不满意，间接影响就是导致创业基地的培育绩效不佳。因此，如何有效地转变服务方向、提高服务水平，在江苏省创业基地的运营管理中就显得异常重要。而导致创业基地服务措施重点错位、关键性服务项目不足或缺失的根源就是创业基地隶属于政府的事业单位的性质。在政府主导及事业单位企业化运营的模式下，创业基地的现状难以得到有效的改善。因此，提升江苏省创业基地的服务措施、优化运营水平，必须从转变政府角色、实行企业化管理、推进市场化运行三个方面入手。

6.1 转变政府角色

政府主导的体制下存在的种种弊端，导致创业基地的运营资金不足、文化缺失、服务积极性不高等，从而影响了创业基地服务措施的提升和运营的优化。而政府的最大优势在于其拥有庞大的区域网络和广泛的社会联系，能够以较低的成本向创业者提供大量非常有价值的信息和联系，为新创企业提供有力的支持。因此，江苏省各级政府在创业基地中的角色定位，应该是间接的引导、辅助，而不是直接主导、干预，政府的主要工作是创造一个良好的宏观环境，包括法律环境、制度环境、经济环境、文化环境等。

6.1.1 健全创业基地运作的法制环境

创业基地与入驻企业之间的培育关系是一种新型的法律关系，与一般的房屋租赁关系和中介服务关系不同，有其自身的特点，需要相应的法律予以规范,需要相应的制度作为保障。立法是创业基地产业发展的保证,江苏省各级政府对创业基地支持的关键就是建立和健全法规,使得创业基地的运作做到有法可依,以保证创业基地产业的健康、持续发展。创业基地作为支持江苏省新创中小企业发展的重要工具,不可能在混乱无序的状态下自发地释放其巨大的能量,必须依赖于有法可依的法制环境。同时,在法律制度的支持下,江苏省创业基地能够有效地开展基础设施的建设、投融资渠道的建设等工作,并促使自身的工作走向规范化,从而全面提高创业基地的服务水平,更好地适应新创企业对创业支持服务的需求。

6.1.2 出台相关优惠政策

政策是指引企业和投资者前行的明灯,是重新划分利益格局的有力手段。鉴于创业基地具有较突出的公益性,所以与之相关的投资回报或多或少会与预期的设想不符。江苏省及各级地方政府可以结合国家和地区的实际情况,制定投资创业基地的有关优惠政策,引导一定数量的创业投资向创业基地倾斜,以弥补江苏省创业基地运营资金不足和培育资金不足的缺陷,保证江苏省创业基地软硬件服务措施的改进。

同时,尽管国家、江苏省等相关政府机构出台了不少优惠政策,以促进江苏省创业基地的进一步发展,但关键还是要将这些政策落到实处。比如:第一,江苏省及各级地方政府要制定支持江苏省中小企业发展的优惠政策,因为中小企业是创业基地的市场和服务对象,只有中小企业的蓬勃发展,才有创业基地生存的空间;第二,确立税收减免政策,营造好创业基地运行的外部环境,鼓励私人机构等组织参与创业基地的建设工作;第三,创业基地的建设项目应该列入江苏省各地区的重点项目,使创业基地的基础设施建设纳入贷款贴息范围;第四,以创业基地内入驻企业创税地方留成部分的一定比例作为奖励额度,奖励给创业基地用于自身建设;第五,根据创业基地吸纳的就业人数,给予创业基地一定的政策奖励;第六,简化创业基地建设的审批程序和环节,缩短建设周期,加快项目建设速度,对创业基地建设中有关收费给予适当减免。

6.1.3 建立完善的中小企业服务体系

从发展的历史角度,创业基地提供的服务大致分为三个阶段:第一个阶段是初级服务,很多创业基地开始就是提供厂房、办公室等很简单的行政服务;第二个阶段是中级服务,包括技术、交流及市场服务,政策法规和法律服务等;第三个阶段是高级服务,包括金融服务、天使基金和风险投资等。但现阶段我国创业基地做到高级服务的不多。随着经济形势的变化和中小企业自身的发展,还会不断出现新的需求。

就现阶段而言,江苏省中小企业对社会化服务体系的需求主要集中在创业辅导、政策咨询、信息资讯、技术支持、资金融通、市场开拓、人才培训等方面。而从实证分析中可以看出,在技术支持、信息资讯、营销服务、资金服务、构建与内外部组织之间的联系等方面,江苏省创业基地的支持力度还不能有效满足入驻企业的需求,有待于进一步加强。但是由于江苏省各地方的财政能力有限,不可能将所有的服务都做得很好。而且江苏省区域发展差异大,服务体系建设也不可能短时间内全面推进、各地同步进行。因此,江苏省各地政府应实事求是,从江苏省中小企业的客观需求和财力能力出发,找准问题、突破重点,针对本地情况,选择入驻企业最需要的一项或几项具体服务内容进行试点,在培育特色服务的过程中,以点带面,逐步形成、建立和健全有江苏地方特色的社会化服务体系。

6.1.4 完善风险投资机制

风险投资是创业基地中新创中小企业进行资金融通的一个重要渠道。风险资金的加入,能有效解决创业基地的资金支持无法满足入驻企业需求的现状,从而有利于创业基地提升投融资服务的水平。同时,风险资金对创业基地的注入,可以弥补创业基地自身运营资金的不足,保证创业基地有充分的资金用来建设各项软硬件设施,提高服务水平,增强培育能力。

在创业基地和风险投资的合作中,江苏省各级政府发挥着不可替代的作用。首先,保障风险投资的健康发展需要建立完善的法律法规体系,如美国的《中小企业投资公司法》等,都是通过立法或制定政策的方式,对投资方向与相关运作做出规定。我国现行的有关法律与政策在许多方面不仅未能给风险投资给予必要的法律保障,反而构成法律与政策障碍。因此,为确保风险投资的发展,应当将风险投资的优惠政策、机构设立条件、中介组织机构的创设等问题,以法律或法规的形式加以明确,维护政策的稳定性和连续性,保证科技产品的提供者、风险投资家及企业的利益。其次,风险投资与创业基地合作的积极性与国家税务政策的支持力度也有非常大的关系。江苏省各级政府应以税收优惠和财务贴息为主要手段,建立起有效激励风险投资机制,尽量减少创业期的创业基地与风险投资的税务负担,促进两者的协作。

6.1.5　推进区域创业文化氛围的建设

创业基地是政府意志的体现,这种意志使创业基地获得了纳入政府机构框架的组织设计和超出政府框架的创新空间,制度化的创新机制使得创业基地在初级阶段获得了生存和发展的机遇,但若这种政府的意志一直长期存在,势必会导致创业主体推动力量的缺乏,结果必将给政府带来沉重的财政负担。因此,江苏省各级政府应将培育社会的创业推动力量即创业文化放在重要位置。江苏省创业基地急需在园区内外倡导以"鼓励创新、宽容失败、不断进取"为主要内容的创业文化。同时,建设区域创业文化氛围,有利于江苏省各地方内部各种创业支持辅导机构的发展和建立,增强来自创业基地外部对新创企业的创业支持服务,弥补创业基地自身服务能力不足或不全面的缺陷。

虽然区域创业文化氛围的形成是各种因素共同作用的结果,涉及区域内外各个行为主体,但政府的力量是关键性的因素。政府可以发挥在传媒上的优势,向全社会传播、渗透、推广创业文化,从而以创业文化带动创业及有关各种资源在全社会范围内的流动和整合,改善区域创业环境。

6.1.6　做好区域规划工作

区位优势理论认为,每一个地区具有生产某一种特定产品的绝对有利或相对有利的条件,即区位优势。区位优势由资源条件、社会经济条件和产业发展基础等部分因素组成,而且其特点和性质制约着工业化的发展。

创业基地的区位优势主要体现在工作和学习环境、资本的获得、与高校的合作及基础设施的保障等方面。创业基地的建立,需要在江苏省各级政府的支持下,选择区域优势相对较好的地区,这样才能保证新创企业在创业基地中接受培育时,能够依托区位优势,取得原材料、技术、生产成本和产品市场销售价格的优势,从而获得区域经济比较优势。同时,创业基地的区位优势越好,越有利于加强入驻企业与内外部各种相关组织之间的沟通交流,对于创业基地技术支持、信息资讯、商务支持服务的提高有很大的帮助。因此,政府在进行区域规划时,必须充分考虑到创业基地对区位优势的需求,从而规划出有利的地理区位以供创业基地的建设和发展之用。

6.2 实行企业化管理

企业化管理是指将企业的管理体制引用到创业基地中来,克服在行政管理体制下的缺陷,以提高创业基地的服务水平,保障创业基地的有效运行。创业基地本身不应该是一个准政府机构,而应该是一个新创企业,只不过创业基地的产品是健康发展的新创中小企业而已。

6.2.1 准确定位

1. 政府、中小企业和服务机构的沟通桥梁

在江苏省及各级地方政府的中小企业管理部门的指导下,创业基地是本地区政府、中小企业和服务机构三者之间相互沟通的桥梁,也是政府服务中小企业的意志和中小企业管理部门职能的充分体现及延伸。对政府而言,创业基地起到承上启下的作用,将政府的公务信息及政策措施传递给企业;对企业而言,创业基地起到连接纽带的作用,将有助于解决中小企业发展的突出问题,向政府提出建议,及时反映中小企业的呼声;对服务机构而言,创业基地起到组织引导作用,最大限度地发挥和利用社会化服务机构,组合专业服务能力强的机构为中小企业提供多门类、全方位的服务,并与其共建服务联盟,打造江苏中小企业服务品牌。

2. 提供中小企业公益性服务的地区平台

创业基地是为本地区中小企业提供综合服务的公益性服务机构,是江苏省及各级地方政府及其所属中小企业管理部门的助手,在服务体系中起到核心和指导作用,并接受江苏省及各级地方政府的委托,承担江苏省及各级地方政府的中小企业管理部门交办的任务,行使各级政府的中小企业管理部门赋予的为中小企业服务的职能。

3. 中小企业社会化服务机构的地区龙头

创业基地应该成为本地区中小企业社会化服务体系建设的龙头,具有整合社会化服务资源、引导社会化服务机构规范发展的职能,在为中小企业服务过程中,建立以公益性服务机构为主导、商业性服务机构为主体,省、市、县(区)三级联动、上下贯通的中小企业服务网络。

6.2.2 完善创业基地法人治理结构

创业基地在经营管理方面首先要建立严格的现代企业制度,确定合理的治理结构,产权清晰、政企分开、管理科学,使创业基地真正成为市场

的主体。而公司制是现代企业制度的一种有效组织形式,公司法人治理结构是公司制的核心。

首先,完善法人治理结构,实现出资者的所有权与经营权的分离,有利于政企分开、政资分开、政事分开,形成科学的决策机制、执行机制和监督机制,有效防范创业基地的经营风险。同时,完善法人治理结构,实现创业基地的自主经营,有利于创业基地减小政府行政对其的影响,按照现代企业制度建立有效的激励和考核等人员管理机制,提高创业基地服务人员的服务动力和服务积极性,从而全面提升创业基地的服务水平。此外,完善法人治理结构,还能强化融资功能。资金匮乏是创业基地和入驻企业自身运行面临的难题之一。虽然公司制具有强大的融资能力,但投资者只有在确定自己的利益能够得到保护的情况下才会向企业投资,因此,企业在资本市场上为获得资金而进行的竞争,实际上是公司治理水平的竞争。建立健全法人治理结构,提高法人治理水平,有利于创业基地得到投资者的信赖,从而获得较多的投资机会。

江苏省创业基地的法人治理结构主要包括以下几个方面:投资者作为创业基地的股东,通过股东大会选举董事会,董事会成为由股东大会授权的创业基地财产托管人,拥有重大决策权及对以总经理为首的经理人员的任免权和报酬决定权;以总经理为首的经理人员受聘于董事会,作为董事会的代理人,具体负责创业基地的日常经营管理事务;监事会对创业基地的财务、董事和经理进行监督,向股东大会负责。

6.2.3 建立职能清晰的组织部门

完善法人治理结构是创业基地进行企业化管理的前提,同时,创业基地的运行还必须建立良好的组织结构,设置相应的部门,完成相关职能。专业职能部门的设立,可以保证创业基地提供各项服务措施的专业性。专业性越强,提供的服务措施就越优秀,也就越能达到入驻企业的需求程度。一般来讲,创业基地的组织部门可以分为项目开发、项目服务部、公共关系部、自身拓展部以及平台功能部五个部门。

项目开发部的主要职责是负责招商租赁、通信网络建设、交通、餐饮、物业等基础服务,这些功能是创业基地最原始的功能。项目服务部的主要职责是为入驻企业提供人力资源服务、投融资服务、信息服务、咨询服务、技术服务等比较专业化的服务措施。公共关系部的主要职责是开拓、维护与金融界、地方政府、财务、税务、工商、银行、风险投资机构及其他各类中介组织的关系网络,以保证创业基地能够向入驻企业提供优质的相关服务。自身拓展部的主要职责是通过各种有效的方式,寻找新场地、开发新业务、创新服务模式,推动创业基地自身的发展。平台功能部的主要职责是对创业基地自身的财务、人事、行政、宣传等工作进行管理。

同时,对于上述组织部门的设置,更应该强调机制的实现,而不是仅仅机械地设置必须有的部门,即可以没有上述部门的实体设置,但必须有相关工作人员对上述的工作、服务负责。

6.2.4 建设职业化的管理团队

创业基地的中心任务是帮助企业家创办并发展他们的企业,追求人对人、量体裁衣式的个性化服务。建设一支专业化的创业基地管理团队是提高创业基地的服务质量,提升创业基地的服务功能,开创创业基地新局面的坚实保障。管理团队的专业化不仅是提升创业服务功能和水平、更好地培育新创企业的需要,也是创业基地自身发展、提升价值的需要。而管理团队专业化的核心在于聘请专业化的人才,实现专业化的管理,提供专业化的服务。

首先,江苏省创业基地可以根据自身的人才结构、知识结构、专业结构,有目的的从现有的人员中培养职业经理人和专业化的服务人员,提高创业基地的管理和服务能力。其次,江苏省创业基地可以加强与中介公司、高校、风险投资公司等的合作,引进后者在管理和专业知识方面的专家,实现两者的优势互补、强强联合。

6.2.5 建立全过程项目管理机制

创业基地需要建立从入孵中小企业服务需求的产生,到专业服务机构开始为入孵中小企业提供服务,至服务完成与评价的全过程项目管理机制,还需要积极探索建立创业基地与中小企业之间的利益共享、风险共担的管理机制;建立入孵中小企业和服务机构信息库,首先要登记地区内中小企业基本情况,研究企业服务需求情况,跟踪服务机构对于中小企业的服务情况,尝试构建一套成熟的服务中心绩效评价指标体系及评价办法,追踪服务完成之后企业对于服务的综合满意度和服务效果评价。

6.2.6 建设创业基地的企业文化

企业文化是企业成员广泛接受的价值观念,以及由其所决定的准则和行为方式,它是连接成员情感归属和凝聚向心力的最重要的精神纽带。

创业基地作为一种新型的组织形式,其入驻企业大多是一些新创的中小企业。因此,江苏省创业基地有必要在其内部营造一种创新、创业的企业文化。从创业基地来看,创新、创业的企业文化有利于创业基地提升创业服务的意识,从思想上更好地指导创业基地工作人员为入驻企业提供创业支持服务。从入驻企业来看,创新、创业的企业文化,有利于入驻企业更好地吸收各种创业支持服务,将有限资源的功效发挥到最大程度。

江苏省创业基地企业文化的形成依赖于创业基地和入驻企业对创新、创业的高度认识和参与。首先,应从江苏省创业基地的目标和发展战略出发,通过确立创业基地创新价值观、树立企业创新精神以及塑造新创企业形象,培育创业基地、入驻企业的创新、创业精神。其次,通过在江苏省创业基地内部提供追求卓越、勇于超越自我、淘汰自我的精神,诱发创新欲望、激励创新热忱、指导创新实践、实现创新目标、评价创新成果,增强创业基地与入驻企业的创新、创业意识。最后,营造创新、创业文化,最重要的是为入驻企业提供一个有利于创新、创业的环境,即开放、自由、宽松、向上的文化环境,同时为入驻企业的创新、创业活动提供各种有效的资源保障。

6.3 推进市场化运行

市场化运行是指创业基地作为市场经济的主体,在实际的运行过程中需要遵守市场的运行规则。创业基地为创业者创业提供所需要的管理支持、资源网络,帮助和促进新创企业成长,使新创企业能够在市场上生存和发展。因此创业基地必须面向市场,以市场为导向,利用市场机制配置新创企业所需要的资源,并在市场中求生存,进行市场化运作,随着入驻企业的发展而发展。

6.3.1 引入多元化的投资主体

政府主导的投资模式使得创业基地的政府色彩过于浓重,导致其没有创造价值的紧迫感和压力感,从而使得创业基地的培育动力不足,培育服务难以得到有效的提高。同时,由于江苏省各地方政府财力的限制,单一的资金来源不能保证创业基地维持自身运营发展的需要。因此,在市场化的运行中引入多元化的投资主体就显得非常必要。

首先,江苏省创业基地作为一个微观经济组织,理应由微观主体,如企业、大学、社团或其他投资者来运营。如果由政府直接设立创业基地，就不可避免地会重蹈计划体制下国有企业的种种弊端，如政企不分、行政干预等。其次，投资主体多元化可以减少政府过多的资金投入，在减轻政府财政压力的同时，增加了创业基地的运营资金和培育资金。最后，积极引导江苏省各高校、科研院所、国有企业、上市公司、民营企业、风险公司乃至个人等社会力量参与江苏省创业基地的建设，成为创业基地建设的投资主体，可以形成多元化的竞争，优化创业服务市场，从而保证创业服务质量和水平的有效提高。

6.3.2　建立合理的赢利模式

市场是商品交换的总和，创业基地作为市场经济的主体，虽然有着公益性的一面，但是在市场经济的条件下，创业基地本身及其提供的服务也应具有商品性质，属于一种商品。创业基地本身的存在以及为入驻企业提供服务的前提必须是能在近期或者将来有利可图，只有这样才能实现创业基地的可持续发展。同时，通过赢利实现创业基地收入的增加，一方面有利于增加创业基地的运营资金，提高对软硬件设施的建设和维护能力；另一方面有利于激发创业基地的服务热情，提高创业基地的服务水平和服务能力。

首先，江苏省创业基地必须转变自身的赢利观念。作为支持江苏省初创中小企业的公益性组织，创业基地不以赢利为目的，但是不以赢利为目的并不代表不赢利。创业基地要想在激烈的市场竞争中得到生存和发展的机会，为入驻企业提供更优质的服务，需要有一定的运营资金作为保证。因此，创业基地必须改变自身的赢利观念，不是不赢利，而应该是适当赢利。适当赢利，也就是说创业基地不能以利润为运营目的，其赢利收入只要能够保证创业基地的日常运营发展的需求即可。其次，创业基地要扩大收入来源，逐步扩大服务收入、对企业的投资收入、政府的税收返还收入的比率，减少对租金、政府投入的依赖性。

6.3.3　实现资源配置的市场化

江苏省创业基地的最基本功能就是向入驻企业提供基础性的创业支持服务。从实证分析中可以看出，创业基地的基础性服务措施提供的充分程度较好，但高层次的创业支持服务难以满足入驻企业的需求。产生这种现象的原因有两个：首先，创业基地在我国的发展历程较短，其建设的重点还是集中在基础性的服务设施方面，对高层次服务的建设投资较少。其次,由于能力、条件的限制,在日常的经营管理中,创业基地所关注的主要还是基础性服务,高层次的服务虽然有部分创业基地已经开始涉及,但是由于自身缺乏相应的专业水准,因而难以向入驻企业提供满意的专业性较强的服务措施。

江苏省创业基地高层次服务措施缺失或不足的缺陷,目前难以通过其自身在该方面的建设得到有效的改善。因此,引入专业的中介服务机构完善创业基地的薄弱服务措施就显得十分重要。专业的中介服务机构由于其目标工作的专一性和专业性,在向入驻企业提供相应的专业服务时,有着创业基地无法比拟的优势。通过与中介服务机构合作,创业基地可以在保证基础性服务的同时,弥补在高层次服务方面的不足,从而有效提高服务水平与入驻企业的满意度,提升创业基地的整体运营绩效。

江苏省创业基地要根据自身的特点和优势,将力量集中于具有比较优势的领域和市场,并且要根据市场和企业的变化及时调整服务内容,在保证满足入驻企业需求的同时,达到最大的市场效益和社会效益。

在企业进驻时,江苏省创业基地要根据企业在管理团队、产品、服务、市场和融资能力等方面的表现评估企业的成熟度和成长的能力与潜力,并据此将企业划分为不同的类型,对不同类型的企业采取不同的资源配置方式。对于成熟度和成长潜力都很高的企业,创业基地不需要提供很多服务,可以将这类企业当作招牌,借其提高自身声誉,从而吸引更多企业入驻。对于成熟度不高但成长潜力很大的企业,创业基地需提供最多的关注和支持。这类企业具有潜在的竞争优势,只是缺乏某种培育资源,只要创业基地能够为这类企业提供所需要的服务,它们将很容易得到发展。对于成熟度不高且成长潜力不明显的企业,创业基地只能提供有限的帮助,让它们学习创业基地中其他企业的经验,直到显示出成长潜力,再给予更大的关注,否则这类企业只有选择离开创业基地。对于成熟度很高,没什么成长潜力而主要是为其他三类新创企业提供各种服务的企业,其本身不是新创企业,这类企业可以为创业基地带来租金、税收返还等稳定收入,而不需创业基地为其提供实质性的帮助。创业基地为强化对基地内企业的服务,尤其要加强对各类服务资源的整合。

1. 融资担保服务的资源整合

创业基地应了解中小企业融资担保服务的内容,发展专业的金融服务机构,为创业基地内的中小企业提供创业投资、融资指导、信用征集与评价等多层次的金融服务,目的是为中小企业解决资金短缺的问题,积极推进中小企业融资平台建设,为广大中小企业开拓更多的融资渠道。

2. 管理咨询服务的资源整合

创业基地对基地内中小企业的管理咨询服务应以经营战略、组织设计、市场营销、财税管理、人力资源、企业文化、管理信息化、审计认证、企业内部控制等为重点。创业基地要发挥高校、科研院所、行业协会和社会咨询机构的优势,组织有关专家学者及企业高级管理人员,根据创业基地内中小企业服务需求的特点提供管理、市场、财税等方面的诊断、咨询,帮助创业基地内中小企业解决发展中的问题。

3. 技术创新服务的资源整合

创业基地要依靠技术开发、技术咨询、产品研发设计、试验测试等服务机构,为基地内中小企业的新产品研发和试制、试验、生产工艺改进、科技成果转化等创造条件,提高创业基地内中小企业技术水平与产品技术含量,促进创业基地内中小企业技术创新能力的提升。创业基地要立足本地实际,在本地产业集中度较高或具有一定产业优势的产业领域,建立一批为中小企业服务的公共技术服务平台。

4. 人才培训服务的资源整合

创业基地开展的人才培训内容主要以基地内中小企业的服务需求为导向,以提高企业经营管理水平、创新能力和创业能力为重点,加强对创业基地内中小企业经营管理人员的培训,提高中小企业经营管理人员队伍的综合素质与能力;广泛吸引一批高水平、热爱中小企业培训事业的专家、企业家参与培训工作,在这个基础上,鼓励和引导中小企业开展企业自主培训。

5. 法律援助服务的资源整合

创业基地整合法律援助的内容重点在于推介服务机构为基地内中小企业提供政策信息、法律咨询、法律援助服务,开展面向创业基地内中小企业的维权服务,帮助创业基地内中小企业建立健全企业法律顾问制度;联合中介法律机构,设立服务热线,建立网上咨询平台,为创业基地内中小企业提供政策和法律法规的咨询;挑选一批优质的法律援助服务机构帮助企业完善制度、合同和规范公司文件。

6. 信息支持服务的资源整合

创业基地整合信息支持服务要着重以为基地内中小企业提供政策、技术、市场、人才信息为重点,加快现有中小企业信息网络的改造和升级,提高网络的技术水平,拓展信息采集渠道,加大信息发布量,使之更加适应创业基地内中小企业发展的需要。各级创业基地要将建设功能齐全的中小企业信息支持服务平台作为整合信息支持服务的重点工作。创业基地的信息支持服务整合要帮助中小企业用好一切现代化网络手段,建立企业网站、开发网上信息、开展电子商务,并逐步提高网络信息的专业化内容,体现企业特色。

6.3.4 实现培育方向的专业化

专业化是指创业基地围绕某一特定领域,在培育对象、培育条件、服务内容和管理团队上实现专业化,培育和发展具有某种特长和优势的新创企业。专业化的培育方向具有以下优势:首先,从微观层面来看,专业化的创业基地有利于降低初创企业的成本。专业化的创业基地除了提供一般性的共享服务外,还能为新创企业提供专业化的技术平台、技术咨询、管理培训等,在很大程度上为初创企业在技术研发、生产运作、经营管理等方面节省了不少资本。专业化的创业基地还有利于提高入驻企业的创新能力。专业化的创业基地内部聚集的是一批以专业分工和协作为基础的同一产业或相关产业的中小企业集群,它们在空间上互相集中,信息上充分交流,强大的竞争压力转化为强烈的创新动力,逐渐形成一个创新群落,在创新中发挥了集群优势。其次,从中观层面来看,专业化的创业基地有利于提高创业基地专业服务水平。专业化的创业基地由于其在某一方面的专业优势,在向入驻企业提供培育服务时,能够利用专业优势提高相应专业服务的水平和层次,从而有效地保证入驻企业在该方面的专业需求服务能够得到较好的满足。再次,从宏观层面来看,专业化的创业基地有利于发挥本地区的比较优势。江苏省每个地区都有自己的特色资源,这些资源既包括自然资源,也包括社会资源。专业化创业基地的建立会考虑江苏省不同区域的产业状况和资源结构,并在此基础上选择适当的专业方向,这既能充分发挥江苏省不同地区的比较优势,也能更好地吸引相关产业各种优势力量的聚集,提升江苏省区域相关产业的竞争优势。

6.3.5 加强持续服务能力建设

1. 不断帮助中小企业发现和解决问题

中小企业在发展壮大的过程中,势必遇到各式各样的问题,创业基地了解到企业服务需要,对症下药,在企业不同时期,为企业提供创业辅导、融资担保、管理咨询和市场开拓等服务的中介机构,积极为中小企业解决各类问题,扫除企业发展中的障碍。

2. 针对企业问题不断地对接相应的专业服务机构

在企业不同的发展阶段,推介合适的专业服务机构为其服务,不断帮助企业发展和解决发展中的问题。创业基地在企业的创业阶段,采用创业辅导的方式对企业进行帮助扶持;在企业逐步进入发展壮大阶段,创业基地积极与企业保持联系,为其分析在发展中遇到的问题,对接相应的专业服务机构。

3. 以点带面推广企业解决问题的好方法

创业基地在解决企业问题过程中,要善于总结、推广经验,将一家企业解决问题的方法和过程,积极进行总结,向创业基地内同类企业或者有相似发展模式的企业进行推广,以点带面、持续服务,促使创业基地的持续服务能力得到有效提升。

下篇:江苏省创业基地案例分析

第7章　江苏大学创业辅导培训基地的运营与管理

江苏大学创业辅导培训基地(以下简称"基地")是全国最早开展中小企业研究的单位之一,也是江苏省最早重视创业及相关领域教育与教学工作的学校内部基地之一,从20世纪90年代开始,基地积极探索创业教学、科研与生产实践的一体化,注重中小企业发展研究与创业人才培养并重。

7.1　基地概况

1. 基本情况

基地是在我国第一家专门从事中小企业研究和培训的学院——江苏大学中小企业学院基础上发展起来的,是全国最早开展中小企业研究的单位之一,也是江苏省最早重视创业及相关领域教育与教学工作的学校内部基地之一。基地现拥有实验教学面积2 200平方米,资产总值600万元,电脑300多台,服务器10台,实验研究中心和实验室10余个,实验培训教学软件41套,入驻企业总数60多家。先后被原国家经贸委中小企业司确定为"中国中小企业项目研究和培训基地",被国家发改委中小企业司确定为"国家中小企业银河培训基地",被江苏省哲学社会科学规划领导小组授予"江苏省中小企业发展研究基地",并建设成为江苏大学中小企业管理类人才培养模式创新实验基地。

基地团队于2013年被评为"江苏高校哲学社会科学优秀创新团队",教改成果"'塔式'立体化中小企业创业人才培养模式研究与实践"获2013年江苏省高等教育教学成果奖,"创业管理"课程被评为国家精品课程和国家精品资源共享课,"创业人生"课程入选国家精品视频公开课。近几年来,基地致力于中小企业发展的理论研究,完成了江苏省创业辅导体系建设的研究等若干课题,并积极为各类中小企业开展各种层次的培训和咨询,培训人员达数千人,特别是连续多年承担国家中小企业司委托的面向中小企业经营者的"中小企业银河培训工程"和江苏省中小企业局委托的"民营中小企业 MBA 课程班""创业辅导师培训班"等。基地在近四届全国"挑战杯"大学生创业计划竞赛中,获金奖 4 项、银奖 1 项、铜奖 2 项,在由教育部主办的"中国—东盟创新大赛管理模拟"中,4 人获得一等奖,5 人获得二等奖,培训了一大批创业企业家和大学生创业者。基地创业辅导成果和工作成效得到国家中小企业司、江苏省中小企业局等政府部门充分肯定,并受到广大创业企业家和大学生创业者的认可和欢迎,取得了显著的社会效益,产生了广泛的社会影响。

2. 服务功能

基地核心工作围绕两部分展开:一是创业辅导,对正在创业的校内外创业人员(包括大学生创业者)进行创业指导,为创业人员在创办企业之初在资金、人才、管理、市场等方面提供综合服务,帮助企业提高竞争力。二是为准备创业和初创型企业的人员进行创业培训,提高准创业者创业胜任力,包括工商、税务、环保等法律法规培训、ISO14000 环境管理体系等培训,还开展了包括政策、专业技术、专利及知识产权保护、项目申报、企业投融资及上市等培训。具体创业辅导服务功能有:

(1)创业硬环境

基地拥有较强的创业辅导服务功能,能为大学生创业企业提供建筑面积为 135 000 平方米的智能化孵育大楼;为创业企业提供便捷的商务中心、网络信息中心、会议中心、演示报告厅、图书阅览室、快餐厅、友谊林公园等硬件设施和齐全的水、电、气、通讯、网络等配套服务设施,使入驻创业基地的创业企业专注于生产经营,解决入驻企业的后顾之忧。基地配备了专用教室,有统一挂牌的创业办公场所,是各个优秀团队进行创业实践的专门场地。基地还为每个团队提供办公室、电脑、电话以及其他办公设备。

(2)创业软环境

基地积极开展对大学生创业企业服务管理,确定了明确的培养目标,构建了大学生创业人才辅导培训模式,建设了一系列创业辅导培训课程,并建立了资金库、项目库、人才库,促进资金、项目、人才的优化组合,充分发挥大学生创业的培育功能。基地创业教育专项经费目前超过 120 万元,其中创业教育日常维持费 4.5 万元,扶持创业团队经费 22 万元,科研立项经费 20 万元，"挑战杯"等创新创业比赛经费 20 万元，经济困难学生的创业扶持经费 40 万元，社会实践经费 10 万元，创新创业名人讲座 4.5 万元。充足的经费保证了基地创业辅导工作的开展，基地还在企业挂牌时支持每个创业团队 5 000 元的创业启动资金。同时，基地为大学生和其他人员创业企业设立了一站式绿色服务通道，帮助入驻企业快速解决成立初期所需的工商、税务、法律等事务。基地内目前拥有信息科技创业中心、苏博汽车技术服务团队、智达创业有限公司、苏信技术服务有限公司、博言外文服务中心、润农排灌机械科技有限公司、四维设计工作室、创弈工作室等入驻企业。

7.2　基地发展特色和成功经验

1. 提出了大学生"100% +30% +5%"创业人才培养目标

基地以培养学生的创新创业素质、提高学生的创新创业能力为目的，根据我国国情和高等教育信息化、国际化的趋势，紧密联系地方经济发展需要，力求创业人才培养符合学生认识与实践逐步深化的规律，创造性地提出"100% +30% +5%"培养目标，基地着眼创业整体过程，以创业创新和新企业运行为主线，以创新思维、方法为基础，开展创业人才培养改革与研究活动。

"100% +30% +5%"培养目标是：塔座——100% 大学生接受创业创新素质教育，普及创业知识；塔身——30% 左右对创业有兴趣的大学生接受创业精英培训，提高创新创业能力；塔尖——力争 5% 左右的大学生在持续的创业实践指导下，实现自主创业，培养具有"宽知识、强实践、高素质"的符合社会经济发展需要的复合型创业人才。根据学生自愿和创业素质、知识测评，基地推荐 30% 的大学生参加基地举办的创业精英培训班和各类创业大赛，将 5% 的大学生安排到校外创业实训基地进行强化实习训练，或者在基地内进行自主创业的实训，基地为他们提供一间办公室、一台电脑、一部电话、5 000 元启动资金等条件，为每一个创业团队配备一名指导老师，指导他们选择创业项目，创办公司。基地内部分入驻企业情况见表 7.1。

表7.1　基地内部分入驻企业情况表

姓名	刘春生	李　刚	斑菁华	郑臣恒
创业项目或公司名称	镇江海特新能源科技有限公司	镇江龙达计算机有限责任公司	江苏明通信息科技有限公司	扬中卓凡信息咨询有限公司
姓名	刘霄,等	朱凯洋,等	徐占东,等	张志治,等
创业项目或公司名称	信息科技创业中心	苏博汽车技术服务团队	智达创业有限公司	苏信技术服务有限公司
姓名	李超,等	吕白玉,等	康琪,等	周岩,等
创业项目或公司名称	凌飞汽车科技公司	瑞驰翔宇科技有限公司	博言外文服务中心	创奕工作室
姓名	徐锋,等	黄国全,等	韩振宇,等	刘颖,等
创业项目或公司名称	四维设计工作室	阳光物语(水晶,玩具店)	江大手机销售NO.1店	流沙散食
姓名	仲伟冬,等	周振廉,等		
创业项目或公司名称	听雨轩家居饰品	SO YOUNG工作室		

2. 构建了立体化多维度创业人才培养体系

基地以"塔式"创业人才培养目标为指导思想,以培养大学生创新与创业精神和实践能力为重点,以夯实学科知识、提高学生综合素质为基础,构建了立体化、多维度创业人才培养体系(见图7.1),该体系包括:

横向——按照学生的创业知识、能力和素质三方面要求进行顶层结构设计,建立理论类课程、情景模拟训练等独立设置的实验类课程、市场调查和创业实习等实习类课程、创业计划设计与创业实战等设计类课程和毕业设计等内容的创业人才培养课程体系。其中,理论类课程中包括开设国内外知名创业专家和教授系列讲座、占课程一定比重的案例分析讨论课等。

纵向——建立创业人才培养"2+2+X"教学模式,即前两年(低年级)基础素质培养教育、后两年(高年级)创业能力培养和创业实践训练、毕业前后X年内创业辅导的三段模式,激发学生创业知识学习的自主性、创业能力培养和训练的积极性。

位置空间上——依托校内外创业实训基地和创业辅导基地,建立产、学、园、政多主体相结合的培养体系,其中,结合中小企业创业具体实践,有针对性地分散或集中创业调查实习,将创业实践中遇到的问题作为毕业设计选题进行跟踪研究。

　　时间空间上——依托网络课件、教材、参考案例等多种形式丰富教学资源,建立课内与课外、网上与网下、学期中与假期中等不同内容、手段和形式的创业知识、素质和技能培养体系。通过培养主体、培养时空、培养方法、培养手段和形式的多维多时空一体化培养,满足"塔式"培养目标要求。

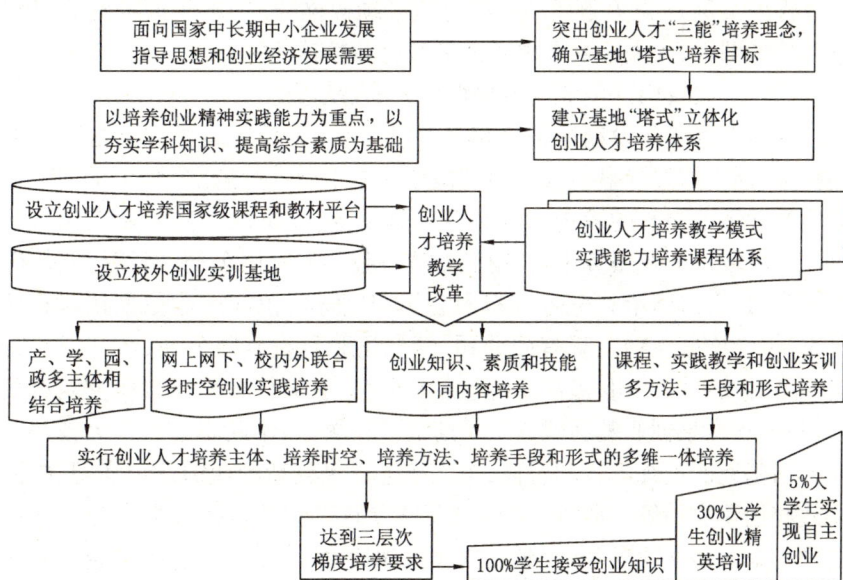

图 7.1　基地"塔式"立体化创业人才培养体系

3. 建立了坚实的创业辅导培训平台

（1）重视课程与教材建设

　　基地高度重视创业类课程建设,取得了卓越的成绩。我国教育部从2011 年开始,启动了视频公开课建设试点工作,精品视频公开课是以大学生为服务主体,同时面向社会大众免费开放的科学文化素质教育网络视频课程。基地团队成员在全国率先开发创业类精品视频公开课,梅强教授主讲的"创业人生"课程,2012 年被成功列为国家精品视频公开课,成为我国目前精品视频公开课中唯一的创业教育课程。梅强教授领衔的"创业管理"课程,2010 年被评为"国家精品课程",2013 年入选国家精品资源共享课。

　　基地团队成员同样很重视教材和教辅建设,跟踪国际现代创业管理理论和方法的最新发展,充分利用长期以来在中小企业发展研究和教学改革方面的成果,编写出版了《创业基础》《创业管理》等规划建设教材;通过深入、全面地对创业企业进行调查研究,编写出版了包括 23 个原创性案例的《创业案例集》作为配套教材;针对电子商务已经成为创业与创新的新舞台,尤其是当今大学生创业的良好平台的现状,出版了《追梦——草根商人淘宝创业记》《网海淘金——成功网商创业案例》《决胜网络——创业管理案例》《完美狼团队——打造高绩效网商》等电子商务创业案例系列教辅图书,大大丰富了电子商务教材和教辅的种类。

(2) 开展校内外创业辅导培训公共平台建设

基地多渠道建设创业辅导培训公共平台:一是建成了创业之星模拟实验室、创业模拟沙盘室等一整套模拟创业平台;二是充分利用了国家级实验教学示范中心的校内创新创业实训基地;三是以 3 家就业工作站和镇江高新技术创业服务中心、镇江万佳科技开发有限公司、镇江智诚软件有限公司、上海网星管理咨询有限公司、慧聪网、镇江优捷信息技术有限公司、镇江格瑞生物工程有限公司、镇江恒驰科技有限公司、镇江银河智能网络科技有限公司、镇江海特包装有限公司、镇江中欧材料研究院有限公司等 10 多家创业基地建立了长期的合作关系,不断丰富和扩大校外创业实训基地的训练内容和规模,为大学生提供创新创业的认识实习、技能实践和创业实训等。此外,基地协助地方政府建设包括大学毕业生在内的中小企业创业辅导基地,延展创业人才培养,协助江苏省中小企业局起草了《江苏省中小企业创业基地建设评估办法(草稿)》与《江苏省创业辅导专家管理办法(草稿)》,促进创业基地健康快速发展。

4. 实施了全方位、多层次培养实践

(1) 创业实训

基地建立了特定项目创业团队,项目由基地团队和学生提出,按照公司模式进行组织和运作,通过参加创业团队示范项目进行创业实训,从中选拔好的项目积极参加全国、江苏省组织的"挑战杯"大学生创业计划竞赛。2012 年获得第八届"挑战杯"中国大学生创业计划竞赛金奖 2 项,2010 年获得第七届"挑战杯"中国大学生创业计划竞赛金奖 2 项,2008 年获得第六届"挑战杯"中国大学生创业计划竞赛银奖、铜奖各 1 项,2006 年获得第五届"挑战杯"中国大学生创业计划竞赛铜奖 1 项,2008 年获得第六届"挑战杯"江苏省大学生创业计划竞赛特等奖、一等奖各 1 项,部分获奖项目见表7.2。

表7.2　创业计划大赛获奖情况

姓名	年级	时间/年份	所获奖项及等级	颁奖单位
花陈祥,等	2005	2008	第六届"挑战杯"中国大学生创业计划竞赛银奖	团中央
周尚飞,等	2002	2005	第五届"挑战杯"中国大学生创业计划竞赛铜奖	团中央
徐占东,等	2005	2008	第六届"挑战杯"中国大学生创业计划竞赛铜奖	团中央
徐占东,等	2005	2008	第五届江苏省大学生创业计划竞赛特等奖	团省委
花陈祥,等	2005	2008	第五届江苏省大学生创业计划竞赛一等奖	团省委

　　2006年以来,基地为我国尤其是长三角地区培养和输送了一批真正具有创新意识、创新思维和创新能力的创业人才,在许多行业涌现出一批杰出的中小企业管理者和自主创业者。例如,已经创成大业者有:江苏常发集团副董事长谈乃成;点才企业管理咨询公司杨璇波;创业营销机电产品的钱学略等。近些年来,毕业不久便创业成功者有:被人民网、《科技时报》等媒体誉为"发明大王"、2006年受到王兆国副委员长亲切接见的刘春生,荣获"中国青少年科技创新奖""江苏省青春创业风云人物",已在常州、扬州、徐州等地建立自己的科技成果转化企业;被称为开创"江苏大学大学生创业者的培育摇篮",创办了"涯遇江大",在南京成立海岳网络信息咨询公司的刘洋;创办了思航科技有限公司,初次创业年销售额就达到400余万元的周成林;成立了江苏贝斯特环保科技工程有限公司的颜学升;建立了新航质控科技股份有限公司的司松海;构建区域互联网商务社区的夏得峰;实现校园整合营销与社交性网站全面配合的路大卫;成立扬中卓凡信息咨询有限公司的刘飞等。目前在读且创业初见成效的江大学子有:荣获"第五届中国青少年科技创新奖"的张翼;吴多辉已申请39项专利、其中29项获批,独自撰写30万字《创新宝典》,办成创新学校;周尚飞创建江苏名通信息科技有限公司、悦虎科技信息服务有限公司,年销售额达1 000多万元;高天明建立江阴举世网络科技有限公司;刘庆立成立南京坤澜太和影视广告有限公司;卢靓成立镇江恒美生物工程有限公司等。这些创业成功的学生在校内引起了积极的创业影响力,引领了一大批学生走上创业之路。创业人数比例和创业的成功率都在创新型人才培

养模式和创业型校园文化氛围中得到稳步提升。

（2）校企联合

基地建立了镇江高新技术创业服务中心等十多家单位的"校外中小企业创业园实训基地"，学生参加中小企业创业训练基地开设的训练课程学习，通过创业辅导大师的创业辅导，直接参加中小企业创业训练基地实践工作。如在《市场调查》课程的创业教学实践中，针对企业营销问题进行市场调查，使学生对创业实践获得感性认识；在基地团队成员指导下，学生在淘宝网开店或创办公司，实现自主创业；基地与天目湖啤酒公司等企业合作推出"模拟经理人教学与社会实践模式"，教师由课堂上的导师变为模拟公司的"董事长"和"董事"，与天目湖啤酒公司有关领导组成董事会，对模拟公司的经营情况进行有效指导，学生通过自我推荐和民主推选产生总经理、副总经理、品牌活动推广组成员、物流配送组成员、后勤保障组成员、财务组和销售组成员等，在各岗位和部门协调配合下，开展了"精彩为我所动""服务到家"等推广、配送和销售等营销活动，通过实践，学生对创业知识和技能有所学、有所悟。

（3）专项辅导培训

基地承办了"国家中小企业银河培训工程"项目。"国家中小企业银河培训工程"项目是国家发改委为全面落实《中华人民共和国中小企业促进法》关于加快建立中小企业服务体系建设的有关规定，在全国大中城市实施的、对中小企业的经营管理者及创业者进行免费培训的项目。有关培训费用由国家发改委中小企业司下拨。来自江苏省内各类中小企业经营管理者通过接受基地组织的关于中小企业战略管理、中小企业财务管理、中小企业人力资源开发及管理、中小企业信息化管理、中小企业国际商务、中小企业市场调查与预测等方面的专业短期培训，提高中小企业经营者的经营管理水平，促进中小企业的发展。

基地还成功举办了多期江苏省创业辅导师培训班。江苏省创业辅导师培训班是根据江苏省中小企业局工作重点精神，为进一步推动全省创业辅导工作的开展，促进全省中小企业创立和健康、快速发展，对创业辅导专家进行的免费培训项目，有关培训费用由国家发改委中小企业司下拨，培训对象包括创业辅导大师、创业辅导师和创业辅导教练。学员们接受创业过程中对创业辅导需求的分析、创业辅导方法与技巧等方面的专业培训，创业辅导工作先进地区代表进行创业辅导工作的经验介绍，以及创业辅导工作交流、研讨和实地考察，目的是加强创业辅导专家队伍建设,切实提升创业辅导师的辅导服务水平。

7.3 培育成功的典型企业案例

周尚飞,30 岁,江苏大学机械工程学院研究生,先后成立了新能源科技有限公司和江苏名通信息科技有限公司。他现在拥有一家注册资金为500 万元的信息科技公司,6 年来的创业经历和收获,让许多同龄人羡慕不已。

2006 年 11 月,带着年轻人的创业激情,周尚飞和几名同学注册成立了一家新能源科技有限公司。创业之初,得到了有关部门和基地的大力支持,帮助企业进行工商注册、税务登记等,为企业提供厂房用地。但是,一无经验二无充裕资金的他们还是面临着极大的困难。整整一年,他们的秸秆气化炉产品一直处于研制定型阶段。本科毕业后,周尚飞考上江苏大学机械工程学院研究生。创业艰难,公司初创两年一直处于亏损状态,最严重的时候欠款达 27 万元。有的人受不了,有的人觉得没有希望了,有的人干脆直接退股走人了……周尚飞凭着执着的信念坚持了下来。

2008 年 10 月 24 日,新能源科技有限公司终于签下了第一笔业务。万事开头难,有了第一笔业务,公司经营慢慢走上了轨道。周尚飞和几名坚持下来的股东不仅收回了全部投资,还赚了不小的一笔。由于继续开发新能源需要大量的资金投入,加上自己的团队很难在技术上取得新的突破,周尚飞通过调查分析,决定将主要业务转为互联网营销。2009 年 3 月,周尚飞带领新能源科技有限公司成员和另外两名新加入的伙伴,一起成立了江苏名通信息科技有限公司,注册资本为 500 万元,主要从事网站优化、企业形象维护、合作分层等互联网业务,凭借经营新能源科技有限公司积累的经验,新公司很快就进入轨道。

在政府有关部门和基地的帮助下,周尚飞和他的创业伙伴们把新能源科技有限公司的业务外包给了丹阳一家民营企业。现在他们把全部精力投入到了互联网业务上,并陆续在北京、上海、昆山等地筹建分公司。

7.4 未来发展展望

1. 争取成为江苏省创业基地的培训服务中心
通过对我国及江苏省创业基地的发展现状,创业基地的功能、盈利模式、组织结构等方面的深入剖析,并辅以实证研究,从理论与实践两个角度,对创业基地的运营与管理提供有益指导和培训服务,指导创业基地的规范化建设。

2. 建设成为江苏省高校大学生创业培训教育示范中心

在前期创业辅导研究成果、创业培训工作基础上,通过江苏省"十一五"教育科学规划项目"面向中小企业高校管理类创业人才培养模式研究与实践"研究的展开,将江苏大学创业辅导培训基地建设成为江苏省高校大学生创业培训教育示范中心,推动创业辅导培训工作再上新台阶。

3. 建设成为江苏省高校大学生创业企业辅导示范中心

基地要进一步完善大学生创业的各种硬件环境、软件环境,提供更加规范的大学生创业政策,设立更多更完善的大学生创业培训项目,辅导出更加成熟的大学生创业企业,为拓宽大学生就业渠道、缓解大学生就业压力提供典型范例,力争成为省内领先、国内一流的江苏省高校大学生创业企业辅导示范中心。

7.5 点评

近年来,大学生就业形势严峻,同时也掀起了全民创业热潮,迫切要求高等院校重视创业辅导和创业培训工作。江苏大学创业辅导培训基地在20世纪90年代初就已经关注并研究中小企业的发展,累积了一大批中小企业发展的研究成果,在全国具有较高的影响力和知名度。在逐步创建、完善的基础上,及时针对中小企业创业者和大学生创业者确立了创业辅导和创业培训目标,建设了面向不同类型、不同层次创业者的创业辅导和创业培训体系,并积极为各类中小企业开展各种层次的培训和咨询,拓宽就业渠道,缓解就业压力,取得了一系列理论探索和实践创新的成果。

第8章 丹阳市后巷镇中小企业
创业园的运营与管理

8.1 创业园概况

1. 发展背景

后巷镇位于丹阳市东北部，处于上海都市圈和南京经济圈的交汇处，东接上海，西邻南京，北枕长江，南坐嘉山，面积63.9平方公里，户籍人口3.6万人。境内交通便捷，122省道由西向东横贯全镇，连接大运河的国家六级航道——九曲河从镇东擦边入江。后巷镇距沪宁高速公路丹阳入口处20公里，距长江第二大港口——镇江大港港口12公里，距南京禄口机场仅40分钟车程。

后巷镇素有"中国工具之乡"的美称，是世界最大的高速工具钢和工具麻花钻的生产基地，华东最大的接插件生产基地；全球最大的安全气囊生产基地、特种板材产业集群正在形成。目前，后巷镇已形成了五金工具、金属冶炼、包装印刷、电子通信、汽车配件等五大支柱产业板块。2000年起，后巷镇经济总量跃居镇江市第一位，2006年经济综合指标居镇江市第一位。近年来，后巷镇品牌效应已日益突显，拥有两个中国驰名商标和两个中国名牌，五家企业获得省高新技术企业称号，26项技术获得国家专利，两家企业的有关项目获得国家科技成果转化项目。"十一五"期间，后巷镇实施了"三个百亿工程"：2007年起，全镇工业销售突破百亿元；2010年，形成两家销售超百亿元的大型企业集团，培育一批年销售收入超百亿元的特色产业集群或工业集中区(工业园区)，同年建设创业园，更好地促进了区域经济的发展。在日新月异的后巷镇基础设施建设的基础上，已基本形成五纵八横的小城市交通体系，10平方公里建镇区面积已全面构建了集中居住区、产业集中区、商贸服务区、行政中心区、公共休闲区五大空间布局板块。这一系列的基础设施为创业园的发展奠定了良好的基石,创业园也被评为2009年江苏省重点培育小企业创业基地。

2. 创业园入驻企业现状

创业园主要的产业方向是五金工具、医疗器械、汽车零部件、合金、新材料等。虽然基地建设时间不长,但由于当地经济的良好发展势头和当地人民浓厚的创业意识,短短几年,入驻企业就已多达38家,其中上规模的主要有两家:利华国际股份有限公司和镇江耀华洁具有限公司。具体入驻企业详见表8.1所示。

表8.1 丹阳市后巷镇中小企业创业园入驻部分企业表

企业名称	入驻时间/年份	厂房建筑面积/平方米	职工人数	2009年经济指标/万元		
				营业收入	利税总额	实交税金
丹阳市沪丹电子有限公司	2006	4 100	60	3 074	68	21
江苏耀峰工具有限公司	2007	2 144	152	2 598	36	4
丹阳市东亚电子有限公司	2007	8 000	385	15 093	550	197
丹阳市华茂铜材有限公司	2007	3 500	18	2 687	53	155
丹阳市宏成五金工具有限公司	2007	2 000	112	1 682	47	45
丹阳天一通信有限公司	2007	6 200	430	10 040	231	92
丹阳市金蕾工具包装有限公司	2007	1 156	15	389	37	11
江苏新丰电子有限公司	2006	3 266	230	5 524	97	119
丹阳市福田工具有限公司	2007	2 105	40	1 511	22	32
丹阳市精工工具有限公司	2007	1 100	55	1 557	14	4
丹阳市鹏飞科技发展有限公司	2007	2 354	88	1 866	247	74
江苏科特电工有限公司	2007	1 541	25	543	21	8
丹阳市利达五金工具厂	2007	1 221	22	316	25	9
丹阳市和成铜材有限公司	2007	1 260	50	4 008	168	5
江苏胜利电工有限公司	2007	3 114	94	1 993	39	4
江苏天昌合金工具有限公司	2007	1 410	32	490	18	31
丹阳市华飞科技镀层有限公司	2007	1 526	70	3 003	173	28

续表

企业名称	入驻时间/年份	厂房建筑面积/平方米	职工人数	2009 年经济指标/万元		
				营业收入	利税总额	实交税金
江苏成城工具有限公司	2007	1 200	72	810	78	78
丹阳瑞迪凯斯电工有限公司	2007	3 590	52	4 241	164	34
丹阳市润增工具天线有限公司	2006	1 358	40	1 091	35	30
丹阳市后巷镇永祥五金厂	2006	980	18	285	25	8
丹阳市杰锐特种工具制造有限公司	2007	4 100	45	1 006	39	20
江苏耀华洁具有限公司	2008	12 980	123	3 305	84	79
丹阳市江南工具有限公司	2006	3 005	124	2 706	75	18
丹阳市明珠工具有限公司	2006	1 158	32	415	38	19
江苏海宏制药有限公司	2006	2 800	125	2 866	260	135
丹阳市征驭工具有限公司	2006	3 200	31	489	29	16
丹阳市神舟电子有限公司	2007	1 341	27	530	11	18
丹阳市后巷镇琪祥工具厂	2008	4 000	20	312	19	10
丹阳市丹威电工有限公司	2008	4 000	15	215	15	9
丹阳市鑫宇电器厂	2008	4 000	22	279	23	11
丹阳市鸿翎工具有限公司	2008	4 000	26	341	34	16
丹阳市金锁工具有限公司	2008	4 000	21	492	42	19
丹阳市后巷镇竣峰拉丝厂	2008	3 000	12	135	15	7
丹阳市后巷镇晨宇针织制衣厂	2008	3 000	23	296	26	12
丹阳市益成五金工具厂	2008	3 000	31	400	37	22
丹阳市新光镜片厂	2008	3 000	48	842	49	35
丹阳市豪星饰件有限公司	2008	3 000	19	215	14	8

3. 创业园组织结构

创业园组织结构包括办公室、科技招商部、企业发展部、劳资科、财务科。

办公室:负责主要领导与管委会分管领导的联络和协调工作;内部培训、考核;重大活动的策划、组织和协调工作;内部协调、上传下达、对外宣传、团队文化建设、党建管理、来宾接待、总务管理等。

科技招商部:科技项目引进、现代服务业申报、招商经费申报、项目统计上报。

企业发展部:企业投融资、产业化推进、园区企业管理、中介外包服务、项目申报组织、统计及档案、经济运行分析。

劳资科:资产物业管理;对园区服务配套企业日常协调、管理工作;员工劳资关系管理。

财务科:财务管理、资金调度、成本分析控制、银行融资等。

8.2 经营管理特色

1. 服务功能

创业园的核心工作围绕两个服务功能展开:一是对创业人员进行创业指导,帮助创业人员设立企业、完成项目;二是为成立三年以内的企业提供资金、人才、管理、市场等综合服务,帮助企业提高竞争力。具体的服务功能如下:

(1)完善的创业硬环境

创业园一是为创业者和入驻企业提供生产经营场所,使创业者和入驻企业不再为跑手续、征土地、盖厂房耗费大量时间、精力和资金,降低创业门槛。二是为创业者和入驻企业提供共享设施,如道路、通讯、供电、供水、排水、环保、消防以及仓库、会议室、产品展销厅等社会化服务,降低创业成本。

(2)先进的创业软环境

创业园利用自行研发的"科技企业培育综合信息系统"进行创业企业服务与管理,系统针对园区创业企业建立了不同发展阶段企业评价标准体系;通过"科技企业培育综合信息系统"建立资金库、项目库、人才库,促进资金、项目、人才的优化组合,充分发挥创业基地的培育功能。

(3)培训服务的引进

创业园积极组织有关单位为企业提供各类培训增值服务,为创业企业提供工商、税务、环保等法律法规培训,提供 ISO9000 质量管理体系、ISO14000 环境管理体系等培训,还开展了包括政策、专业技术、专利及知识产权保护、项目申报、企业投融资及上市等培训。

（4）中介支撑平台的建立

根据培育企业的实际运作要求和创业基地的实际管理要求,创业园将中介支撑平台划分为三个层次:

① 基础服务类:为创业企业提供法律咨询、知识产权保护、财务咨询、环境认证等。

② 延伸服务类:为创业企业提供管理咨询、质量认证、广告策划、语言培训等。

③ 核心服务类:为已经度过创业风险期的企业提供投融资咨询和运作管理、上市指导和运作咨询、科技申报咨询等。

2. 项目管理

（1）凡进入创业园的投资项目,必须符合国家产业政策,对技术和环保的门槛较高,高新技术产业以及其他国家鼓励类产业给予优先安排。

（2）进入创业园的投资项目的产业准入、用地面积、用地优惠价格等,由丹阳市后巷五金工具产业区建设有限公司(丹阳市后巷镇中小企业创业园运营实体单位)进行初审。

（3）经批准进入创业园的投资项目,由后巷镇政府与投资者签订合同;由丹阳市后巷五金工具产业区建设有限公司监督合同的执行。

（4）丹阳市后巷五金工具产业区建设有限公司为入驻企业提供一系列的创业服务;与各种中介服务单位进行合作,包括担保公司和风险投资公司,为新创企业提供全程的、健全的服务和保姆式管理。

8.3 培育成功的典型企业案例——利华国际股份有限公司

1. 企业介绍

利华国际股份有限公司(以下简称"利华国际")成立于1999年,主要生产各种无氧铜杆、低氧铜杆、铜漆包线、铜包铝漆包线、铝漆包线、铜包铝线、铜包铝镀锡线、裸铝丝、裸铜丝、镀锡铜丝、铜包钢线等各种电线电缆配套的线材。在10年的奋进中,它由一家生产接插件连接线的小型企业发展成为拥有丹阳利华电子有限公司、丹阳利华铜业有限公司、丹阳华英物资再生利用有限公司三家子公司的高新技术企业。特别是该公司的铜包铝技术实现了金属材料制造的创新,也把利华国际推向了一个快速成长期。

利华国际认为,随着经济全球化步伐的加快,经济和产业的竞争已经从"隔海相望"演变成"短兵相接"。要在国际竞争中立于不败之地,就必须以全球的视野、世界的眼光来审视、考量自己。2009 年 3 月,利华国际与美国彼岸公司签订了上市协议,6 月又成功组织了 60 多场上市路演,10 月底首批融资 1 500 万美元,12 月在美国证监会顺利注册。公司总股本 2 391.8 万股,每股发行价 4.0 美元。铜业一期工程具有年产 6 万吨光亮铜杆的生产能力,二期工程具有年产 10 万吨光亮铜杆的生产能力。子公司丹阳利华电子有限公司的延伸产品铜漆包线于 2010 年底设备全部到位,公司具有 4 500 吨/月的生产能力。在已经具备良好发展基础的情况下,利华国际提出了"拼百亿目标、博百年利华"的战略构想,利用 3~5 年时间冲刺销售百亿关,使企业在行业内取得领先地位,打造常青树企业。去年,利华国际被列入镇江市政府"百亿工程"行列。从原先生产下游产品,到现在既生产原材料又自己做产品,并具备了资源循环利用的功能,利华国际实现了又一次"蜕变"。

2. 创业园区作用

(1) 创业园为利华国际节省了创业和运营成本

创业园为利华国际提供了一个良好的发展条件,营造了有利于公司健康成长的发展环境,同时创业园区还建立了废品回收再利用(钢渣回收等),形成产业经济的循环体系,节约了利华国际的运营成本。

(2) 创业园为利华国际提供了良好的产业基础

创业园促进了产业链的形成、延伸以及产业构成多元化,多数企业入驻创业基地后,既分工,又合作,有力地促进和延伸了上下游产业链。产业多元化不仅涉及高速工具港、中板,还将发展造纸业、不锈钢产业,这使得创业园的产业优势得到有机组合,集聚效应得到充分显现。利华国际依托园区的特色产业集聚优势,实现了快速发展。

8.4 存在的问题

创业园提供最多的服务就是标准化厂房出租,资金扶持、政策制定、与中介机构合作等方面还相对偏少,这与乡镇政府财力有限以及相关政策不够完善等因素有关。

目前影响创业园建设的主要因素是资金缺乏。创业园也缺乏专业性的、能够为相关行业领域企业提供共性技术服务的平台,公共服务平台的建设需要大量的资金投入。

8.5 未来发展展望

通过对项目的培育、合理追求产业化,最终将创业园打造成拥有产业集团、培育基地、风险投资、商务服务等多种功能的企业集团,达到创业园发展的高级形态。从创业园的发展轨迹来看,可将其发展过程分为初创期、发展期、实业经营和资本运作期三个阶段,其中第一、第二阶段是目前几乎所有创业基地所处的阶段,第三阶段目标的实现尚有相当长的路要走,其中必然涉及是否允许创业园从事实业经营和资本运作的制度框架和创业基地自身资本积累、人才积累、社会资源积累以及国内多层次资本市场的建设问题。

毫无疑问,创业园除了实现项目培育的公益功能以外,还具有资源筛选和优化配置的功能,在市场经济的环境中,"看不见的手"总会不自觉地引导创业园向兼营实业经营和资本运作的高级形态发展。

8.6 点评

创业园在经营管理方面首先是建立了严格的现代企业制度,确定了合理的治理结构,实行了产权清晰、政企分开、管理科学的现代企业制度,使创业基地真正成为市场的主体。中小企业在发展壮大的过程中,势必遇到各式各样的问题,创业园了解到企业服务需要,对症下药,在企业的不同时期,为企业提供创业辅导、融资担保、管理咨询和市场开拓等服务的中介机构,积极为中小企业解决各类问题,扫除企业发展中的障碍。

第9章 盐城亭湖高新技术创业园的运营与管理

创业基地通过为创业者提供良好的创业平台和发展环境,对实现科技创新创业项目的成功、促进科技成果产业化起到了极大的推动作用。亭湖高新技术创业园(以下简称"创业园")作为省级创业基地,以其合理的总体布局、齐全的服务功能、全面的政策支持、创新的模式机制,为创业者和新创企业提供了咨询、法律、财务、政策、投融资以及市场推广等全方位的服务和支持,成功地培育了大量处于创业阶段的科技型中小企业,为促进亭湖经济的发展提供了有力的支撑。

9.1 创业园概况

创业园创建于 2006 年,位于新洋经济区都市工业园盐湾村境内,前身为盐湾产业园,由市高新技术创业园、亭湖区科技局和新洋街道盐湾高新技术创业园联合创办,具有独立法人资格,注册资本 100 万元,阜星集团对创业园增资 400 万元,区财政局及阜星集团先后投入 5 000 万元,用于创业园建设和改造。创业园规划占地 120 亩,建筑面积 68 000 平方米,其中用于企业培育的面积达 52 500 平方米。

创业园根据主城区特点,采用"一中心多园区"模式运行,其主要功能是通过提供政策优惠、免费物理空间、项目扶持、资金担保等各类有效的支持和服务,降低创业者的创业风险和创业成本,鼓励和吸引归国留学生、优秀科技人才,以及大专院校、科研院所、科技企业入园创业,以加快企业科技创新水平的提高和高科技成果的转化,加快企业自主创新能力的提升,加快企业科技创新的速度,促进产业由劳动密集型向科技密集型转变,进一步推动亭湖区高新技术产业的发展。创业园的建设目标是逐步建设成为具有地区特色的高新技术专业创业基地,建成亭湖区的高科技产业项目源集聚地、高新技术创业培育基地,最后形成以研发为主,集生产、商务等多功能为一体的现代化综合型科技创业园。2008 年 12 月,创业园被盐城市科技局认定为市级高新技术服务中心;2009 年 3 月,创业园被省科技厅审核认定为省级科技企业孵化器。

创业园先后入驻企业 22 家,主要涉及机械、电子、光机电一体化、航天器材、精密仪器仪表、生物技术、科技信息和软件电子商务等产业。创业园吸纳了一批国内技术权威及创业创新的优秀人才,入驻企业共有在职人员 412 人,其中大专以上科技人员 169 人,占人员总数的 41%,入驻企业都建有企业内部的研发机构,入驻企业先后申请专利 30 多件。2008 年,入驻企业实现销售收入 12 000 万元,利税 2 360 万元。

9.2　政策支持及园区建设

1. 地方政府及有关部门对创业园建设的支持

亭湖区委、区政府十分重视创业园的发展,制订了一系列政策扶持创业园的建设和入驻企业的发展,2007 年 1 月,亭湖区人民政府印发《亭湖区关于促进科技创新创业激励办法》,《办法》主要包括以下具体措施:建设区级经费投入保障,改善对中小企业科技创新的金融服务,为企业创业创新提供融资担保服务;建立科技资金使用的绩效考评机制,加大对企业自主创业投入的所得税抵扣力度;支持企业研发机构的建设,鼓励开展技术类服务,大力扶持高新技术企业发展,鼓励企业发展软件产业,鼓励企业自主研发,承担各级各类科技计划项目;积极推进高新技术产业基地建设、企业工程技术中心建设、科技服务平台建设;建立产学研合作基金,联合国内外院校和科研院所建立技术创新载体,鼓励专利申请,建立知识产权示范工程;建立高层次人才引进机制,鼓励企事业单位引进高层次人才和海外留学创新创业人员;明确对经过认定的创业基地、公共技术服务平台给予相关的支持和奖励。省财政厅、省中小企业局及区科技局 2008 年分别对创业园进行立项,并给予 45 万元的专项经费用于园区的发展。

为进一步做好招商和资金服务工作,规范种子资金管理和投资行为,区政府制订了《亭湖高新技术创业园种子基金及管理办法》,安排首期种子资金 30 万元,按照科技计划项目管理要求,对园区内申报种子资金的项目进行评估和立项。同时与区重点企业联系,建立联合投资担保有限公司,并与之建立长期合作关系,为入驻企业提供服务。

2. 园区主要建设工作

（1）创业园基础设施建设

创业园规划占地 120 亩,建筑面积 68 000 平方米,其中用于企业培育面积 52 500 平方米。园区已建成综合管理办公区和高新企业办公区。综合管理办公区设有园区规划模型大厅、园区管理办机构、一站式服务大厅、商务中心、接待室、入园企业形象及产品展示大厅。园区其他服务配套设施齐备,拥有 50 平方米信息网络机房、80 平方米的共用会议室和 50 平方米的多媒体会议室以及宾馆和软件楼等。

（2）创业园管理机构建设

创业园成立了以亭湖区委员、副区长唐国跃为组长,科技局局长孙海武和新洋街道党工委书记沈政为副组长,科技、财政、建设、环保、劳动、人事、外经等部门负责人组成的管理委员会,定期召开会议,讨论、研究、解决中心建设和发展的重大问题。

创业园将市场化运作与政府培育有机结合,亭湖区科技局和阜星集团专门抽调了 15 名具有大专以上学历人员,组成亭湖高新技术创业园管理机构人员,为入驻企业提供工商注册、税务登记、银行开户、机构代码审批等一站式服务,同时提供科技计划项目申报、评估、专利申请代理等服务,协助企业申报新产品、新项目及国家、省、市、区各级科技基金。创业园也为入驻企业提供商务、中介、项目跟踪、网络、专题培训、信息交流等服务。

（3）创业园管理制度建设

为实现创业园的科学管理,保障其正常运行,推动其快速发展,在学习其他创业基地先进经验的基础上,该园区结合自身的特点,制订了创业园管理制度。亭湖区人民政府 2007 年出台了《亭湖区关于促进科技创新创业激励办法》,园区先后制订了《创业园入孵企业跟踪评估制度》《亭湖高新技术创业园有限公司部门职责》《亭湖高新技术创业园入孵企业管理办法》等制度。

9.3 服务特色

1. 充分利用现代企业管理模式,提升园区服务质量

创业园设立了 5 个部门。主任室负责统筹管理园区事务。招商办负责招商引资、项目筛选。物管办负责物业管理,为入驻企业提供复印、打

印、传真、装订及日常办公用品导购服务。办公室负责行政管理和日常事务,提供企业工商注册、税务登记等一站式服务。财务办负责财务的结算和各入驻企业的财务报表统计,提供财务管理咨询、培训、财务规划、税务申报代理、工商年检代理、社会保险代理等服务。

创业园吸引归国和在外留学人员带技术、人才、资金、市场到亭湖来创新、创业,实现科技成果产业化。

2. 对创业基地进行定位,重点培育特色高新技术产业项目源

鼓励和吸引归国留学生等优秀科技人才以及大专院校、科研院所、科技企业入园创业,以加快企业科技创新水平的提高和高科技成果的转化,加快企业自主创新能力的提升,加快企业科技创新的速度,促进产业由劳动密集型向科技密集型转变,进一步推动亭湖区高新技术产业的发展。创业园的建设目标是逐步建设成为具有地区特色的高新技术专业创业基地,建成亭湖区的高科技产业项目源集聚地和高新技术企业创业基地,最后形成以研发为主,集生产、商务等多功能为一体的现代化综合型科技创业基地。

3. 加强与高校合作,高起点建设创业园

坚持高起点、高标准、高水平建设一流科技创业园的宗旨。该园区多次去北京、上海、南京、西安等地参观学习科技创业基地建设的先进经验,先后与清华大学、东华大学、东南大学、南京信息工程大学、盐城工学院等高校签订共建中心协议,定期进行交流,聘请高校的专家担任创业园顾问,与他们在高新技术领域及人才培养、管理咨询等方面进行全面的合作。

4. 建立高端人才数据库,充分利用海归派的聪明才智

以搜集、整理亭湖海外留学人员信息资料,介绍留学人员研究专业项目、科技成果为主体,建立亭湖留学人员数据库,向园内企业积极推荐,同时向留学人员介绍亭湖科技创新创业环境等,牵线搭桥,组织留学人员与企业对接沟通。

5. 发挥科技信息服务平台作用,促进科技成果转化

为了更好地开展高校科技成果产业化工作,2008年创业园投资20多万元建立科技信息服务平台,在企业、高校、科研院所、中介和金融机构间搭建信息交流和产学研合作的平台,积极开展信息发布、项目推荐、研讨培训等公共服务工作,促进科技成果转化,提高入驻企业整体科技创新能力,并组织企业与上海、南京、西安等地高校开展10多次交流活动。

9.4 存在的问题

1. 专业人才的配备和培养需加强

创业园现有人员是由政府抽调的,具有一定的行政管理工作经验,但缺少专业管理经验,需引进专业管理人才,对现有人员进行专业管理技能培训,以提高管理能力和水平。

2. 专业技术平台建设需重视

创业园已建立了信息平台、中介服务平台等公共服务平台,为入驻企业提供了良好的服务,但在专业技术研发平台的建设方面处于滞后状态,需要进一步加强。

3. 入驻企业的资金扶持力度需加大

创业园入驻企业总体上发展态势较好,研发能力较强,但由于企业小,自有资金有限,影响研发工作的进展,需政府和社会用更多的资金给予扶持。

4. 科技成果产业化转化需加快

入驻企业经过几年的研发工作,取得了一些科技成果,但产业化程度不高,要着重解决产业化过程中的人才、资金、土地等问题,加快科技成果产业化。

9.5 未来发展展望

1. 发展思路

创业园未来的发展思路主要是:全面深入实施建设创新型创业园发展战略,以增强创业园持续创新创业能力为宗旨,以优化园区创新创业环境为重点,按照优化布局、突出重点创新机制的要求,推进园区向区域特色化、服务专业化、机制多样化、体系网络化、平台标准化发展,把园区建设成为省内一流的高产创业基地。

2. 对策措施

(1) 完善服务平台,推进服务提升

继承社会资源建设好四大平台:一是为入驻企业提供培育资金(种子资金)、风险投资、金融信贷、融资担保、产权交易、企业上市筹融资的资金服务平台。二是为入驻企业提供国内外最新科技和产业信息、人力资源和市场信息、国家政策和法规信息、科技成果和专利信息等信息服务平台。三是为入驻企业提供财务管理、资产评估、投资咨询、企业诊断、财务审计、法律咨询、管理咨询、税务咨询、专利代理、会展服务、人员培训等中介服务平台。四是为入驻企业提供符合行业特点的集专业化技术实验、测试、研发、试制功能的技术服务平台。

（2）完善机制，推进效率提升

一是优化入驻企业引进培育政策机制，抓住国家加快沿海开发战略的机遇，进一步制订并完善创业基地科技招商政策，吸引国内外高新技术项目和优秀科技人才入驻创业基地。二是进一步完善投融资政策，建成多元化的科技企业投融资机制，为入驻企业创新创业提供良好的资金服务。三是制订入驻企业毕业落户政策，完善毕业企业产业化政策，确保创业基地毕业企业在本地落户并产业化。四是建立培育服务人才的引进培育和激励机制。大力引进和培养优秀的服务人才，坚持以人为本，建设一支具有创新精神、服务理念、学习型、职业化的创业服务队伍。鼓励优秀服务人才参股创业基地和培育企业，吸引更多的专业人才从事培育服务行业，提高培育服务人员对培育企业的服务质量和责任感。

9.6　点评

对政府而言，创业园起到承上启下的作用，将政府的公务信息及政策措施传递给企业；对企业而言，创业园起到连接纽带的作用，将有助于解决中小企业发展的突出问题，向政府相关部门提出建议，及时反映中小企业的呼声；对服务机构而言，创业园起到组织引导作用，最大限度地发挥和利用社会化服务机构，组合专业服务能力强的机构为中小企业提供多门类、全方位的服务。

第 10 章　南京市白下区高新技术
产业园的运营与管理

南京白下高新技术产业园(以下简称"产业园")位于南京市东部风景秀丽的紫金山脚下,毗邻南京理工大学。产业园自 2001 年成立以来,先后被批准为国家大学科技园、国家专利产业化试点基地、省级开发区、南京军民两用科技示范园、硅谷(南京)创新创业基地,成为"一区多园"的综合性园区。

10.1　产业园概况

1. 发展历程
产业园的发展历程大致可划分为两个阶段:
(1) 第一阶段(2001—2006 年):起步探索阶段
该阶段为发展打下基础,主要工作是创建大学科技园、规划选址、产业定位及办理土地转让的前期准备工作。期间经历了国家土地政策的调控、大学科技园的复审以及国家宏观政策的调整和开发园区的清理整顿,使园区在发展的速度上受到很大影响。

2005 年是加快园区发展的一年,基本思路是:进一步贯彻区委九届党代会精神,以园区建设为中心,以重大项目招商和服务体系完善为重点,按照"统一规划、统一拆迁、分期开发、分步实施"的原则,推进各项工作,确保 2005 年国家大学科技园复审顺利通过。

一是落实土地农用地指标。取得产业园电子信息、光机电一体化、环保节能新材料三块生产基地建设项目市级立项批复。市规划局批准了三个基地的选址红线和用地红线;完成用地预审、缴款等各项工作,办理了用地手续的报批,落实了创业园农用地指标 500 亩,为园区今后的发展奠定了基础;创新园、服务园的 7 个项目取得了市级立项批文,并获得了培育大楼的土地证;与江苏省中勋投资管理有限责任公司签订了唐家底研发大楼地块(20 亩)土地转让协议。

二是建设产业用房。5 000 平方米的示范厂房顺利完工并完成了招商,企业已入驻投产。1.1 万平方米培育大楼提前 45 天完成主体工程。产业园 1 号地块 400 亩土地建设全面启动,11 月施工队已进场施工;园区内基础设施详细规划开始制订,产业园排水方案通过市政部门审查,园区内 1 号、2 号、6 号路规划方案获得建委、规划、市政、交管部门的批准,撇洪沟、永丰河等基础设施取得了市建委等相关部门的支持。

三是整合现有资源,创造条件进行招商。产业园作为江苏省唯一一家国家级大学科技园,进入了由科技部、教育部牵头,中央电视台组织拍摄的专题系列片"中国大学科技园"。此外,新增培育毕业项目 10 个,落实千万元以上产业化项目 7 个。园区企业投资达千万元以上项目共计 14 家。其中,博能、莱斯、捷优等投资规模达亿元以上。2006 年,在国家宏观政策的影响下,园区企业通过不断开发新产品,提高服务质量等新措施,减少政策的负面影响。规模以上企业产值达 2.67 亿元,园区企业实现税收 2 100 万元。

四是开展公共服务。为帮助企业做大做强,结合大学科技园复审和建立园区企业信息化平台等目标,聘请有关专家为园区企业进行"高新技术产品及高新技术企业申报""科技创新基金申报""知识产权保护"等内容的辅导。2006 年共组织了 10 家企业申报省市高新技术企业,8 家企业申报国家创新基金,协助 1 家重点项目完成产业化融资,启动并建设了科技园网站和园区企业"信息化平台"。2006 年 8 月,园区被省政府批准为省级经济技术开发区,即南京白下高新技术产业园区。

(2)第二阶段(2007—2010 年):建设发展阶段

该阶段是实施"十一五"规划的关键阶段。主要以争创省级开发区、调整规划引导科学发展、筹集资金完成整体拆迁,产业园基础设施、绿化景观及创业载体工程的建设,引入项目培育产业集聚为工作重点,各项工作实现了新的跨越。

产业园在区委、区政府的领导下,认真贯彻和落实区委、区政府的工作部署和战略决策,紧紧围绕各项目标任务,突出发展加快、提速、升级这一主题,继续坚持以项目建设为核心,以创新投资环境和招商引资为重点,努力克服资金、土地等方面的困难,抢抓机遇、克难奋进,高新区经济和各项事业走上了快速、健康的发展轨道。

一是项目建设得到快速推进。园区土地权证办理顺利,扎实推进拆迁复建房用地的落实,超常规完成规划编制,全面启动产业园整体拆迁。

二是健全招商机制,招商引资工作取得实质性进展。按照园区高科技、高新技术产业规划和定位为招商引资和产业发展为重点,园区实现了招商引资向招商审资并逐步向招商选资的转变。

三是融资能力进一步增强。园区主要采取金融机构融资、合作企业投资、自筹同步实施的方式解决资金上的困难。

四是为企业服务工作进一步加强。园区主动提升服务理念,积极引入担保公司,帮助有较好发展前景的科技创新型企业实现融资共 400 万元;积极争取省市企业扶持资金,19 家企业的 44 个优秀项目被市列入开发项目计划。2008 年,园区被江苏省中小企业局评为省重点培育小企业创业基地,2009 年被省中小企业局评为省小企业创业示范基地。

2. 创新载体

产业园由创新园、创业园、服务园组成,其中,创新园占地 150 亩,创业园占地 2 852 亩,服务园占地 150 亩。园区的规划建设按照"布局集中、用地集约、产业集聚"的战略发展要求和特色,以"高起点、高标准建设,集数字化、智能化、人文化于一体的现代生态环保型高科技园区"为标准,着力强化创新载体建设。

(1)创新园

创新园占地 150 亩,为海内外创新人才提供一流的研发、培育平台,从而打造国际型高新技术的培育基地。创新园东部的培育大楼,建筑面积 1.1 万平方米,总投资 1 500 万元,于 2006 年建成并投入使用。位于创新园西部的研发培育综合楼 A 栋、B 栋,建筑总面积达 3 万 7 千多平方米,总投资超亿元。南京理工大学教学科研培育楼于 2010 年建成,主要用于引入国内外知名大型企业的研究机构和教研成果的转化。

(2)创业园

创业园位于绕城公路东侧、紫金山与青龙山生态廊道之间,占地面积 2 852 亩,绿化率达 40% 以上,平均容积率达 2.0 以上,将建成生态环境优美、建筑风格独特、配套功能完善的高端产业研发区、总部经济和生产型服务业集聚区。创业园分为三个区:北部以科技创新为先导的高端制造业片区,占地约 600 亩,主要形成以电子信息、环保节能新材料、商务服务为主体的产业链。中部为总部经济及科技研发片区,规划用地约 1 000 亩,以引进自主创新技术企业和国际知名企业为主。南部为商务办公、配套服务片区。创业园内基础设施建设已初具规模。企业院士工作站、金蝶软件、天安数码城、莱斯研发生产基地等重点项目也已陆续入驻园区并启动建设。

（3）服务园

服务园位于绕城公路以内的光华路南侧,占地 150 亩,是具有创意特色的为入园企业打造的配套服务区。服务园东部,集科技研发、商务办公为一体的德兰研发大厦,建设面积 2.6 万平方米。位于服务园中部的必得科技研发中心,建设面积 5 万平方米,2010 年建成使用,建成后作为科研开发、综合培训、办公休闲、电子商务、商务办公、配套服务于一体的综合性项目。位于服务园西部,建设面积 3.4 万平方米的星展科技大厦,以科技研发、生产为产业定位,2010 年建成并投入使用。

3.产业定位

园区以高新技术为先导,努力发展研发中心、高端制造业、生产型服务业和总部经济,将园区建设成为生态环境优美、建筑风格独特、数字化、人文化的高端先进制造业、生产型现代服务业和总部经济高度集聚的都市型产业园区。

园区产业重点发展方向为:

一是高端产业研发培育——电子信息、新能源与节能技术、新材料与环保技术。

二是总部经济——特有的优势资源吸引企业总部集群布局,形成总部集聚效应。"总部——制造基地"功能链条辐射带动生产制造基地产业发展。

三是生产型服务业——从事金融衍生服务、物流采购、工业设计、商务服务、信息咨询、外包业务等生产型服务业。

4.组织结构

目前园区设有综合部、招商服务部、规划建设部、前期部、财务部及南京白下高新技术产业投资发展有限责任公司,共有工作人员 46 名,其中,公务员 23 名,公司聘用 23 名(其中返聘人员 4 名),人员岗位采取混岗混编的运作模式。

5.入驻企业

截至 2008 年底,园区引入培育企业 174 家。其中,注册资本超亿元的企业 3 家,1 000 万元以上的企业 7 家;产值超亿元的企业 2 家,产值达1 000万元以上的规模企业 13 家;11 家企业被认定为省、市高新技术企业。

10.2 发展优势

产业园是南京市主城区内唯一的省级开发区,优势较为突出。

1. 区位优势

园区毗邻绕城公路,5 分钟内直达宁杭、宁沪高速,距离市中心、机场、港口、火车站约 20～30 分钟的车程。周边龙潭港、王家湾物流中心、城东污水处理厂、火车南站等项目的建成,进一步提升了园区周边的交通能力,区域交通非常便捷。作为南京市中心城区的白下区,距离市中心新街口 8 公里,商务商贸极为发达。"中国著名十大商业街"之一的新街口,其发达的金融、商务商贸等现代服务业,为园区发展成为高科技和现代服务业的集聚地提供支撑和保障。

2. 科研优势

园区与南京理工大学、南京航空航天大学、南京农业大学等数十家教学科研机构相连,有利于专家、教授"边教学、边科研、边创业",是建设高新技术研发、培育及成果转化基地的理想场所。

3. 品牌优势

园区先后被批准为国家大学科技园、国家专利产业化试点基地、省级开发区、南京军民两用科技示范园、硅谷(南京)创新创业基地,成为"一区多园"的综合性园区,是南京主城区唯一的省级开发区。

4. 综合服务平台优势

(1)中介服务平台

建立园区行政服务中心,实行一站式服务。创造良好的服务环境,为园区企业提供商务、会议、餐饮等各项配套综合性服务。园区内引进律师事务所、会计事务所、投资管理公司等中介服务机构,为企业提供商务、餐饮、物业等综合服务;引进"高新技术成果转化项目"认定申报的代办服务,"高新技术企业"认定、"软件企业"认定的咨询服务;办理进出口设备减免相关事宜。

(2)筹融资平台

对具有发展潜力和产业化前景的科技企业,协助申报国家、省、市各类科技发展资金,提供科技贷款担保基金和科技创业基金的申请,成立园区融资担保机构。

（3）人才服务平台

建立重点实验室、图书馆、工程研究中心高科技设施等资源库，为企业提供技术服务；加强科技人才合作与交流，组织专业人才培训，建立各类专家数据库，为企业自主创新提供技术和人才支持。

（4）数字服务平台

建立白下高新技术产业园区网站，为企业推介产品，拓展市场渠道，提高企业知名度。

（5）技术服务平台

组织企业进行各类科技计划立项申报，高新技术企业和高新技术产品的认定申报；初创企业申办采取"保姆式"服务，为其注册登记提供快捷通道；软件企业和软件产品的认定申报；专利与非专利的技术合同认定登记，技术成果鉴定、科技奖励的申报等工作；开展园区企业技术转让、技术开发、技术咨询、技术服务、技术贸易等"五技"服务。

10.3 发展特色

1. 创建引智新载体，建立企业高端人才库

2009 年，有 8 家企业 20 名高端人才进入产业园企业人才库。通过建立重点企业人才库，及时掌握各类优秀人才的最新动态，进一步密切与他们的联系，不断拓宽人才进言献策的渠道，为企业发展提供强有力的人才智力服务。

2. 建立"海外留学人员创新创业基地"

产业园建立了"海外留学人员创新创业基地"平台，利用区、校双方共同提供的创新创业环境和协会资源，积极吸纳美国硅谷留学人员回国创新创业，直接为企业引进所需的高端人才，实现智力柔性流动，为园区经济发展、科技创新注入新活力。

3. 建立企业与院校、科研院所的合作

产业园不断加快建立企业与院校、科研院所的合作，探索好院士工作站与企业对接的新模式，创新产学研合作平台，不断增强园区内企业的创新能力，提升企业产品的技术含量，帮助企业做大做强。2010 年上半年，南京航空航天大学赵淳生院士的超声电机科研成果产业化项目落户园区，并成立园区首家"企业院士工作站"，使园区经济在科技引领上迈上了一个崭新的台阶。

4. 建设"硅谷（南京）创新创业基地"

产业园加快建设"硅谷（南京）创新创业基地"，借助优势资源，引领企业走科技创新道路，为园区经济发展、科技创新注入新活力，提升企业发展空间。

5. 成立园区担保公司

产业园小额贷款公司正在着手推进，选择"有市场、有效益、有信用、缺资金"的"三有一难"企业，进行政府担保或者直接提供小额贷款。目前共为园区两家企业提供融资担保贷款610万元（南京巨胜科技有限公司250万元、南京通用电器有限公司360万元）。2010年，针对中小企业抵御风险能力较低的问题，园区举办了两次银企对接会，帮助企业多渠道解决融资难的问题。

6. 整合科技与产业政策，优化企业发展环境

产业园以申报"省级现代服务业集聚区"为契机，力求整合国家和省市的科技与产业政策，创造优秀的企业发展环境和政策资源，探索将"硅谷（南京）创新创业基地""省级现代服务业集聚区"等打造成为集政策创新、机制创新、科技创新为一体的优质平台，提升园区服务水平和建设水平。

10.4 培育成功的典型企业案例——南京艾驰电子科技有限公司

1. 企业概况

南京艾驰电子科技有限公司是由数位中国磁敏传感器资深专家共同投资，于2003年5月创建的一家高科技民营企业。公司位于江苏省南京市白下区高新技术产业园（南京理工大学国家大学科技园）内，专业从事于磁敏传感器的研发、生产、和销售，主要产品有霍尔集成电路和零功耗磁敏传感器两大类产品。产品广泛用于机电一体化、自动控制、IT和通讯设备、汽车电子、家用电器、电动自行车、家用智能化水表、热能表、油气化工计量流量表等诸多应用领域。

2. 企业发展历程

公司大体经历了两个发展阶段：

（1）初创阶段（2003—2005年）

2003年，公司成立时注册资金50万元。当时公司主要依托自有的技术力量和从业经验，着重进行霍尔电路的产品开发和市场开发。2003年，

成立当年取得销售收入 184 万元的好成绩,总资产达到 128 万元,当年实现盈亏平衡。2005 年,销售收入增加到 796 万元,总资产增加到 342 万元,当年略有盈余。三年中销售收入和总资产分别增加 3.3 倍和 1.7 倍。虽然公司总体经济规模仍然很小,但经济指标成倍增长,为公司的进一步发展打下了良好基础。

(2)稳步快速发展阶段(2006—2009 年):

① 公司经济规模扩大

2006 年,公司注册资金增加到 500 万元,企业经济实力得到增强。

② 加强公司自身建设

公司组织机构和规章制度逐渐完善,经营活动走上正常发展轨道。2007 年,公司通过了 ISO9001 国际质量体系认证,同年还先后通过了南京市和江苏省高新技术企业认定。

③ 科技项目和新产品开发取得丰硕成果

2006 年以来,公司加大了对科技研发项目的投入,取得较好效果。2006—2008 年的三年间,共投入 350 万元用于科技项目和新产品开发,占销售收入总额的 7.2%。截至 2010 年,已开发出数字型和模拟型等三大系列 40 多个品种的霍尔电路,同时开发出一种不需要使用电源的新型电子器件零功耗磁敏传感器。3 个产品被认定为江苏省和南京市高新技术产品,1 项科技开发项目通过南京市验收。2006—2010 年共申报国内外专利 12 项,集成电路布图设计登记 4 项。获得授权国家发明专利 1 项,实用新型专利 6 项,外观专利 2 项,集成电路布图设计登记证书 4 项,另有 1 项国家发明专利和 1 项美国专利已进入实质性审查阶段,1 项实用新型专利已受理。

④ 企业各项经济指标快速增长

2006—2008 年三年间,各项经济指标均以每年 30% 以上幅度增长(见表 10.1)。2008 年虽然曾一度受到国际金融危机的影响,但由于受惠于国家采取的扩大内需的宏观经济政策,加上公司自身采取许多有力措施,公司 2008 年仍然有较大的发展。2009 年销售收入达 2 600 万元,同比增长 30% 左右。2010 年,公司生产能力为:霍尔电路达到 1 亿只/年,零功耗磁敏传感器达到 100 万只/年。公司的产品品种、生产能力和市场占有率均居全国同行业首位。

表 10.1　南京艾驰电子科技有限公司 2006—2009 年主要发展指标

年份	员工总数/人	总资产/万元	销售收入/万元	上缴税费/万元	净利润/万元
2006	22	1 074	1 165	32	29
2007	28	1 239	1 609	49	37
2008	32	1 777	2 014	76	75
2009	40	2 423	2 508	85	99

3. 企业文化和发展理念

（1）公司坚持"以创新促发展"的企业发展理念,始终如一地走自主知识产权发展的道路。为促进企业技术创新和科技成果转化工作,公司制订了一系列管理制度和奖励办法,设立了由总经理直接主管的技术开发部门,设置了专职的知识产权管理部门。几年来,公司承担了多项国家、省、市、区各级科技发展计划项目,自主开展 10 多项新产品、新工艺研制工作。科技创新有力地促进了企业的发展。

（2）坚持"以人为本"的经营理念和"与客户共同发展"的服务方针。在企业内部,公司为每一位员工提供最适宜的工作岗位和劳动报酬,创造一个和谐的工作氛围,鼓励员工的创新精神;对于客户,公司将完善的、人性化的技术服务融入每一个客户产品应用的每一个环节,为客户的产品设计、生产、应用、反馈的各个环节提供系列化、专业化、快速化的技术支持和服务。

（3）建立广泛的战略合作伙伴关系。公司除了依托自有先进的技术力量、雄厚的行业从业经验、准确的市场前瞻力外,还同美国、我国台湾地区以及国内顶级的集成电路设计、制造、封装、测试等专业厂商建立广泛的战略合作伙伴关系,始终运用最先进的设计和生产技术,确保产品和技术的领先,最大限度地确保产品的一致性、可靠性和稳定性,同时也极大地提高了市场供货能力。

（4）坚持以发展民族的传感器品牌为己任。目前在我国的机电一体化、自动控制、IT 和通讯设备、汽车电子、家用电器、纺织机械、电动汽车、电动自行车、智能化水表、热能表、工业计量流量表等行业,艾驰电子科技的产品都是第一个被广泛应用的国内磁敏传感器品牌,霍尔集成电路和零功耗磁敏传感器市场占有率均居全国首位。"做民族的,也是世界的传感器品牌"是艾驰人的目标。

4. 政府和创业基地的作用

（1）资金支持

2007—2010年,国家、省、市、区各级政府科技部门向南京艾驰电子科技有限公司无偿拨款共计100多万元,用于资助公司开展科技项目和新产品研发。

（2）创业辅导

园区主要领导多次到南京艾驰电子科技有限公司进行调研,听取汇报,协助解决公司创业过程中碰到的一些管理、技术、人才、市场等方面的难题。

（3）组织培训学习

园区邀请专家进行知识产权讲座,组织公司参加市产学研合作洽谈会、参观园区内典型成功企业。这些活动对于提高南京艾驰电子科技有限公司的管理水平,增进其与院校之间的合作起到非常重要的作用。

（4）支持科研立项

在南京艾驰电子科技有限公司申报省科技型中小企业创新资金项目时,园区相关领导亲自协助公司办理项目申报的各项手续。

10.5 存在的问题

园区发展趋势良好,但在发展过程中还存在以下几个方面的问题。

1. 宏观管理体制不健全

因多种原因,园区无法按社会内在分工要求对中小企业发展进行合理规划、扶持、监督和协调,并且在实际工作中,对中小企业的宏观管理较为分散,口径不一致。

2. 融资相当困难

资金短缺,生产能力不能充分有效地发挥,已成为制约园区内中小企业发展的主要问题之一。

3. 法律保障体系不完善

目前,对中小企业有较强针对性的法律法规主要有《城镇集体所有制企业条例》《中小企业促进法》,但在金融信贷、税收、技术开发、人才培养以及限制行业垄断等方面,缺乏专门针对中小企业的扶持、保护法规,致使中小企业的生存和发展受到诸多方面的制约。

4. 企业的管理水平不高

园区内不少中小企业基本上是家族式管理,不利于企业的发展,缺少高层次的管理人才。

10.6 未来发展展望

按照园区的整体布局,要加快地块与楼宇的招商。载体建设上,园区要加快推动引进项目建设与自建楼宇相结合,使园区早出效益。园区发展成为集生态环境优美,建筑风格独特,数字化、智能化、人文化于一体的高新技术研发创业基地和高端制造业、现代服务业及总部经济的集聚区。

10.7 点评

产业园建立了从入孵中小企业服务需求的产生,到专业服务机构开始为入孵中小企业提供服务,至服务完成与评价的全过程项目管理机制,还积极探索建立了产业园与中小企业之间的利益共享、风险共担的管理机制;建立了入孵中小企业和服务机构信息库。产业园还面向市场,以市场为导向,利用市场机制配置新创企业所需要的资源,并在市场中求生存,进行市场化运作,与入驻企业共同发展。

第 11 章　阜宁县阜城镇中小企业
创业园的运营与管理

创业基地通过构建创业平台、优化创业环境，提升了国家和地区的整体创新能力，加快了高新技术产业化的步伐，是实现国家长治久安的重要举措。阜城镇中小企业创业园（以下简称"创业园"）名列江苏省创业基地前 20 强，为创业者和新创企业提供了创业支持、融资与担保、物业管理等全方位的服务和支持，成功地培育了大量处于创业阶段的中小企业，成为阜宁乃至盐城一个民间投资活跃的区域和经济高速发展的区域。

11.1　创业园概况

创业园创建于 2003 年，位于阜宁县城西郊阜羊路两侧，隶属于阜宁县阜城镇人民政府，注册资本 5 000 万元。截至 2008 年底，共募集投资资金 70 000 万元，其中政府投资 5 000 万元，社会投资 20 000 万元，自筹资金 30 000 万元，贷款 15 000 万元，用于创业园的建设和改造。创业园已建场地面积 181 000 平方米，其中办公用房 30 000 平方米，企业用房 131 000 平方米，服务用房 5 000 平方米，其他用房 15 000 平方米，待建场地用房 50 000 平方米。

创业园目前已建成"三区一园"，分为 A、B、C 三个区和一个中小企业创业园。创业园的主要目的是通过搭建创业载体平台、创业融资平台、创业培训平台、创业服务平台，从而降低创业者的创业成本和创业风险，推进全民创业，建设产业集群，以加快企业科技创新水平的提高和高科技成果的转化，加快企业自主创新能力的提升，最后形成以招商引资为主的现代化综合型创业园，并将阜宁建设成为一个民间投资活跃和经济高速发展的区域。

创业园内已落户企业 118 家，其中千万元以上企业 50 家，已投产企业 80 家，初步建成工业用布、机电阀门、电子电气三大产业集群，并吸纳了一批国内技术权威及创业创新的优秀人才,入驻企业共有在职人员3 500人,其中大专以上科技人员占全部人员的14%。入驻企业共研发产品11个,其中自主研发产品5个,专利授权数4个,发明专利授权数2个,另外还有14个研发项目。2008年,入驻企业共实现销售收入8 200万元,其中净利润为850万元,上缴利税570万元。创业园创建了东方信用担保有限公司,部分解决了中小企业融资难的问题;累计开办培训班20多次,共培训3 000多名工人,培养了大批的技术骨干。

11.2　政策支持及园区建设

1. 地方政府的政策支持

为了推进创业园的深入发展,江苏省阜宁县劳动和社会保障局根据县委、县政府的部署,把着力点放在念好"培、扶、引"的三字经上。

在"培"方面,阜宁县不仅仔细组织好人力资源和社会保障部的专业培训师来创业园授课,还多次派出骨干培训师赴外地参加业务培训和学习交流,定期安排教学研讨和观摩活动,不断提升创业培训师资的整体水平。同时,还聘请17人组成县创业服务专家志愿咨询团,在创业园内开展创业咨询、创业指导、项目推广、企业生产经管等服务。经创业培训的人员达675人,其中成功实现创业290人,新创造就业岗位541个。

在"扶"方面,一是先后出台了《阜宁县小额贷款担保基金管理实施办法》《关于做好当前经济形势下就业工作的意见》等文件。二是为自主创业、灵活就业的城乡劳动力提供税费减免、小额贷款、社保补贴等优惠政策,并推出创业培训指导、项目推广、后期生产经营跟踪等"保姆式"创业服务,鼓励和促进劳动者在创业园内创业。

在"引"方面,阜宁县以内外双引为主旨,通过在创业园内举办"创业促就业推进月"、市县联动"小本创业项目推介暨创业成果展"、20例县内外成功创业典型展、60个小型创业项目推介会等系列活动,先后发出了扶持创业优惠政策宣传资料两万余份,接受群众咨询4 000多人次。同时,还连续三年赴上海、无锡召开返乡创业人员恳谈会,引导有资金、技术、管理经验、市场信息的70多名外出务工经商人员,在创业园内创办各类企业13家,增加就业岗位600多个。

2. 园区主要建设工作

创业园将市场化运作与政府培育有机结合,为入驻企业提供工商注册、税务登记、银行开户、机构代码审批等一站式服务,同时提供科技计划项目申报、评估、专利申请代理等服务,协助企业申报新产品、新项目及国家、省、市、区各级科技基金。创业园也为入驻企业提供商务、中介、项目跟踪、网络、专题培训、信息交流等服务。创业园共有管理人员 125 人,其中硕士研究生学历 2 人,本科学历 35 人,大专学历 56 人。

11.3　服务特色

阜城镇在成立创业园后,一直将其作为镇重点工作积极推进,为其搭建载体、融资、培训、服务四大平台,助推全民创业的发展。

1. 搭建创业载体平台

在推进创业园建设中,阜城镇党委政府坚持高标准、高起点规划,确保搭好创业载体平台。

一是规划统一,有序推进。该园区建设主干道三横多纵,相互垂直。大规划三横已经基本竣工,多纵实施方法是建设到哪里拆迁让地到哪里,这种建设方式符合实际情况,不浪费,不重复投资。

二是六通一平,基础先行。园区建设每一期工程首先进行道路、绿化、给排水、通讯、电力的建设,基础设施累计投入 1.2 亿元。

三是随时进企,套作进行。2004 年底,A 区 10 家企业主体厂房竣工时,阜城镇已经实施 B 区主干道和"六通一平"建设,2005 年初又入园 10 家企业进 B 区,年底 B 区 10 家企业主厂房竣工时,C 区"六通一平"已经全面启动。

四是施工建设,靠前指挥。2003 年 8 月,阜城镇成立园区建设指挥部及服务中心,镇党委书记、镇长和工业一条线领导,城郊村支部书记每天都到园区办公,处理、解决园区建设中出现的问题、矛盾等。同时,园区服务中心常年在园区设立办事机构,将日常施工建设中遇到的问题、矛盾解决在萌芽状态,解决在建设施工一线,解决在第一时间。

截至 2009 年 3 月,创业园内已落户企业 118 家,其中千万元以上企业 50 家,已投产企业 80 家,现有从业人员 3 500 人,初步建成工业用布、机电阀门、电子电气三大产业集群。

2. 搭建创业融资平台

"融资难、担保难、贷款难"一直是困扰中小企业发展的顽症,阜城镇不少中小企业也存在缺少资金的问题,想技改没能力,想发展没实力。如何拓宽中小企业融资渠道,降低融资成本,为中小企业提供优质高效的融资服务是摆在阜城党委、政府面前的首要问题。经过认真调研、考察论证,阜城镇在积极帮助企业向各大银行争取贷款的基础上,于2008年5月份自筹资金创办阜宁县东方信用担保有限公司,该公司注册资本2 000万元,设于创业园内,由镇财政所一名副所长担任总经理,主要为中小企业提供"保姆式"的资金服务。凡阜城镇中小企业一旦资金短缺,担保公司便会上门热忱服务,保证资金一天到账。东方信用担保公司成立以来,仅2008年度,已为30多家急需流动资金的中小企业提供了2 000万元融资担保,为企业解了燃眉之急,企业主普遍叫好。

由于资金有了保障,园区内中小企业发展有活力,项目建设速度快,保持了财政收入的高速增长,镇财政收入首次突破亿元大关。创业园内有36家投产企业,2008年就实现入库税收2 800多万元,江苏明晶布业有限公司、盐城鼎盛布业有限公司、江苏苏高阀门有限公司等多家企业首次突破100万元。

3. 搭建创业培训平台

创业园结合实际情况,开办了数控车工、电动缝纫机、工业用布、机械维修、电焊等培训班。截至2009年,累计开班20多次,组织创业培训一线工人、下岗工人、农村闲散劳动力和中专以下学校毕业生3 000多人。

通过创业培训的学员,大多在岗位上成为技术骨干,成为创业园内企业的主要技术力量。创业园内的江苏苏高阀门有限公司,组织开展了数控车床培训,累计培训200多人次;盐城东方布业有限公司,组织开展了工业用布培训,累计培训300多人。目前这些学员已成为一线技术骨干,带出了一批徒弟。

创业园的创业培训不仅培育出技术骨干,也促使一部分人开始了自主创业之旅,如阜宁四联阀门董事长邹其健说,创业培训给他带来了创业的信心和勇气。他参加创业培训后,联合3人创办了股份制的四联阀门,累计投入2 000万元,去年实现销售400多万元,创利税20多万元。

4. 搭建创业服务平台

企业是发展之基,财富之源,引进来更要留得住,政府的服务是留住企业的重要砝码。在服务企业中,阜城镇中小企业创业园狠抓"三个到位"。一是人员派到位。镇机关中层以上干部每人挂蹲一个技改企业、一个重大技改项目、一个入园创业项目,经贸服务中心的全体人员全部对接到企业,确保年纳税额在10万元以上的企业家家有人服务。二是服务做到位。挂蹲干部在掌握企业正常运转情况的基础上,及时帮助企业解决问题,协调处理有关矛盾,努力为企业办实事、做好事、解难题。三是考核、检查到位。所有挂蹲人员每月汇报一次服务工作实绩,每个季度召开一次厂长(经理)座谈会,征求对服务工作的满意度,并纳入岗位责任制,实行定期考核。

2008 年下半年的金融风暴给阜城镇中小企业带来了一定的影响,为帮助企业平安度过经济寒冬,2009 年年初阜城镇明确规定镇党委书记、镇长在园区服务中心驻点办公,随时协调解决企业发展中遇到的重大难题。镇政府组织 44 名公务员全部一对一挂钩服务 44 家定报企业。另外从镇机关抽用 60 名工作人员,常年服务创业园 60 家企业。挂钩人员每周深入企业了解企业发展需求,与企业共同分析形势,帮助企业解决难题。

截至 2008 年,阜城镇已先后帮助园区内的盐城市富海毛纺有限公司、阜宁县祥和毛绒厂、阜宁县华龙服装有限公司等企业招工 3 200 人,帮助阜宁县理想阀门有限公司、阜宁县冷藏设备厂等企业融资 4 000 多万元,帮助盐城秋桦机械有限公司、阜宁嘉达阀门有限公司、阜宁世通化工有限公司等企业调解各种矛盾 27 起。

11.4 薄弱环节和需要解决的问题

1. 管理人员的专业化有待加强

需要对创业园现有管理人员进行专业的管理技能培训,同时引进专门的管理人才,进行规范化管理,提高管理能力和水平,完善管理制度、管理方式和经营观念。

2. 运作的市场化机制不完善

创业园因为是在政府的支持下发展起来的,所以具有浓厚的行政色彩,还运行着事业单位的管理模式。在新的历史条件下,园区应该更多地选择市场化的运作方式。另外,政府直接参与运作,减免税收和房租等行为,有可能培育出一些不计成本、依赖政府的企业,不利于企业市场竞争力的提高和长远发展。

3. 政策扶持不足

虽然创业园通过构建载体、融资、培训、服务四大创业平台,推动了创业企业的发展,但关于促进创业的相关政策出台滞后,落后于发展的实际需要。

11.5 未来发展展望

1. 建立科学的经营管理体系

创业园在完善服务功能的同时,要不断提高运营管理水平。一是建立科学的管理机制,制订和完善管理规章制度,使各项工作有章可循,有据可依,严格按照制度行事;二是建立公平的绩效考核奖惩机制,奖优罚劣,奖勤罚懒;三是建立一套完善的约束机制,以此来约束员工的行为规范,并逐步使员工由他律走向自律。

2. 拓宽和健全融资渠道

资金短缺是很多企业在发展中面临的突出问题,因此,要将创业园建设成为融资的"媒介"。园区虽然已经有了东方信用担保公司,但是,更重要的是应该在吸引外部资金方面起到媒介的作用。创业园要针对企业的发展状况,指导企业有效利用各种融资渠道,为投资者提供客观的咨询意见,促进和提高融资的成功率。

3. 建立和完善公共技术服务平台

创业企业由于资金有限,一般不具备购置大中型仪器设备和开发工具的能力。创业园要逐步建立包括公共实验室、大型通用仪器和通用测试平台在内的技术创新和培育条件,并且通过强化产学研合作机制,通过与周围的大学、研究院等科研单位建立广泛的联系,帮助被培育企业解决技术问题,同时结合本地区的产业和技术资源优势,提供专业化技术服务设施和条件。

11.6 点评

创业园在解决企业问题过程中,善于总结、推广经验,将一家企业解决问题的方法和过程,积极进行总结,向创业园内同类企业或者有相似发展模式的企业进行推广,以点带面、持续服务,促使创业园的持续服务能力得到有效的提升。创业园根据自身的特点和优势,将力量集中于具有比较优势的领域和市场,并且根据市场和企业的变化及时调整服务内容,在保证满足入驻企业服务需求的同时,达到最大的市场效益和社会效益。

第 12 章　镇江环保电镀专业区的运营与管理

目前电镀行业已成为我国最大的工业污染源之一,但电镀污染治理的长效机制始终没有建立起来,因此,发展电镀企业聚集区就显得很有必要;同时,电镀新标颁布和金融危机又给电镀行业的发展带来不好的影响。以上这些现状在给镇江环保电镀专业区(以下简称"专业区")带来挑战的同时也提供了难得的历史机遇。

12.1　专业区建设背景

面对资源日趋短缺、环境污染日趋严重的严峻状况,各行各业都在极力寻求合理、有效的方法改变长期以来粗放的经济增长模式,从根本上优化产业结构、改善环境质量。根据循环经济理念和系统创新理论,统一规划、集中治理、资源共享的电镀园区应运而生。目前,我国已建有 90 多个电镀园区,主要集中在沿海经济发达地区。通过近几年的实践,园区模式已逐步显现出较好的经济、环境和社会效益,园区建设已成为推动电镀行业可持续发展的有效途径。大力推进清洁生产和工业园区的生态化建设和改造,是建设符合新型工业化要求的生态工业体系的方向。

电镀工业是一个重污染和高能耗的行业。因此,在现阶段良好的社会经济形势下,必须不断开拓新思路、挖掘新途径,彻底改变目前电镀工业污染严重、管理松散的局面,加大环境保护力度,切实保护好自然生态环境,认真解决影响经济社会发展特别是危害人民身体健康的环境问题。

根据相关部门的不完全统计显示,镇江工业产业结构中与表面精饰行业相关联的企业众多,在镇江地区注册登记的电镀企业约有 120 余家,从事电镀生产的个体企业 100 余户,另有企业自备电镀生产线 100 条。长期以来,由于缺乏整体合理布局,行业内企业市场和技术管理工作薄弱,生产技术落后,信息封闭,行业整体水平不高,且企业成本构成不合理,从而形成了行业内企业发展水平参差不齐、数量多、规模小、点多面广、经营分散的不利局面。除国有企业之外,镇江电镀企业一般为民营企业、乡镇企业,大部分是一些无证照的家庭作坊式小厂。这些企业工艺落后、设备陈旧,资源消耗较大,产品质量粗劣;多数企业没有污水处理设施,个别企业虽有治污能力和设施,但由于不平等竞争,在现场监督缺失的情况下难以正常运行,污水偷排现象比较普遍,造成含重金属废水随意排放,有的甚至直接排入水系或进入水管网,严重污染环境,违反了环境保护的法律法规。有毒废水乱排,使地下水、地表水受到污染,不仅破坏了生态环境,而且危害社会,危及群众的身体健康。

以上情况,一方面导致了一些产业下游企业舍近求远,到表面精饰行业技术发达地区寻求合作,无形之中增加了产品成本,降低了市场竞争力。另一方面,新建工业项目的投资者,看到镇江表面精饰行业的现状而放弃或压缩投资。这些都严重制约着镇江表面精饰行业的发展和整体市场形象。政府有关部门已经三令五申要求关闭没有环境治理措施的小厂,并取得了一定的成效。但是由于种种原因,仍有部分环境治理未达标的企业仍在违规生产,这严重影响了镇江市的投资环境和招商引资工作,对社会经济的发展远景极为不利。

根据建设清洁型生产、节约型社会的重要标准,专业区需要提高运营与管理水平,即以生态学和生态经济学理论为基础,以经济和环境协调发展的思想为指导,合理、充分、节约利用资源,形成经济和生态双循环的一种新兴的电镀工业可持续发展模式,以治理电镀工业污染、减少资源浪费,实现专业区的可持续发展。

12.2 基本概况

专业区是由镇江华科生态电镀科技发展有限公司 2008 年投资建设的。镇江华科生态电镀科技发展有限公司是香港外资独资企业,成立于 2007 年 9 月,公司注册资本 3 100 万美元,总投资 4 950 万美元。

专业区位于镇江新区国际化学工业园区内,占地 273 亩,总建筑面积近 15 万平方米,由办公服务区、生产区、污水污泥处理区三个部分组成。办公服务区主要包括办公楼、物流仓储、配电房、景观绿化等生产辅助建筑,位于专业区西侧;专业区东侧为污水污泥处理区;生产区位于办公服务区和污水处理区之间。专业区的组织架构如图 12.1 所示。

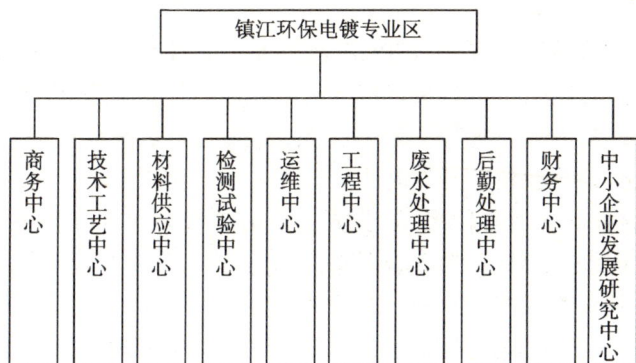

图 12.1   镇江环保电镀专业区组织架构图

专业区可容纳锌、铬、银、金、铜、锡、镍、ABS 和磷化等 9 个镀种,80 条电镀生产线,60 余家电镀企业,总投资约 9 800 万美元。预计所有电镀生产企业每年的总产值约为 18 000 万美元,利税约为 2 700 万美元。专业区建有一座处理能力 10 000 吨/天的电镀废水处理及 6 500 吨/天的中水回用装置,并配有一套年回收处置电镀污泥 10 000 吨、废液 2 000 吨的生产装置,此外还配有供水、供电、供热等公共配套设施。

专业区坚持可持续发展的原则,以清洁生产为主题,以创建生态工业园为目标,因地制宜建设,突出特点开发,努力实现人与人、人与自然、自然与社会和谐发展的理想境界。

12.3   运营管理模式

1."保姆式"服务管理模式

专业区本着"优势互补、经济双赢、共同发展"的原则,从传统的单一收费管理向综合服务化转变,充分利用专业区的资源集成、资源共享等优势,为入区企业提供高效、便捷的"保姆式"综合服务,为区内企业提供一个舒心、放心、安心的经营环境,增强企业的综合竞争力,实现可持续发展。

专业区没有采用其他电镀园区的企业挂靠等经营方式,而是采用租赁的形式与入区企业进行平等合作。入驻企业均以独立法人的形式重新设立企业,使企业能规范、长远发展。为解决入驻企业的行政审批问题,专业区由专人负责代理企业的行政审批手续,解决了企业特别是外地企业因不熟悉业务情况而造成的审批问题,使烦琐的审批工作得以快速高效完成。

新公司设立的初期都需要招聘大量的技术、操作等新员工,为解决企业的人员招聘问题,华科公司利用公司的网站代理企业发布招聘信息,与镇江市劳动局、人才市场建立合作关系,与江苏大学等高校信息共享,多渠道协助、代理企业招聘各类人才。

电镀企业的耗材品种多,采购方式多为少量多次,同时,电镀企业的耗材中还涉及剧毒品、易制毒品等危险化学品。单个企业购买不仅耗时费力,还存在仓库管理等问题。专业区充分利用专业的物质集成优势,建成了一个材料供应中心,批量采购、就近供应、集中管理,在解决企业材料购买困难的同时还给以优惠,实现企业与专业区双赢。

电镀企业规模普遍较小,一般电镀企业的年加工产值为几千万元,投资规模约500万~1 000万元,是典型的中小企业。为解决企业入区或起步阶段的资金短缺(短期周转)困难,由专业区负责牵头,与国内各大银行洽谈,制订了园区融资模式,解决了中小企业融资难的问题。

目前,中国的电镀行业专业人员少,据有关资料统计,专业技术人员只占电镀行业从业人员的5%,专业人员不足,严重影响了企业的可持续发展。专业区还同有关协会、江苏大学、劳动部门联合成立电镀培训中心,举办电镀专业培训班,定向为电镀行业培训后备人才。

2. 全面的技术支持

专业区本着环保、集约、服务的原则,充分发挥物质集成、资源共享、信息共享等专业优势,致力于打造一个专业的电镀技术服务平台,为企业提供代维、工艺技术咨询、实验检测等综合技术服务,为企业产业升级提供强有力的技术支持。

电镀是表面处理工程技术,是一类跨多专业的综合型专业技术,涉及水、电、机械、化工、材料等多学科专业。传统的电镀企业往往要求全能型的员工,如工艺人员要懂设备、懂机械、懂生产等等。实际上这种全而不精的发展模式,实践证明是不可靠的,阻碍了行业的发展,这也是中国电镀企业落后于国外水平的一个很重要的理念上的原因。随着新设备、新技术的引进,电镀企业需要的各类专业人才也在日益增加,但电镀生产企业的设备种类多、数量少,在日益提高的人力成本情况下,中小电镀企业在人力成本投入上有些力不从心。企业因机械故障等基础问题造成产品报废、生产停顿的事故时有发生,影响了企业的竞争力。本着服务企业、共同发展的原则,专业区成立了代维中心,就近为企业解决设备的维护问题,在为企业提供服务的同时,还节约了企业成本。专业区的代维服务与企业实现了互惠互利,充分体现了园区建设的资源共享优势。

国内电镀企业的现代检测设备投入不够,主要原因有:一是缺乏专业的人员,二是投资太大。一套完整的实验检测设备,投资都在50万元左右,这对于中小电镀企业来说是一笔不少的投入,然而使用频率却不高。随着工业的发展,对电镀产品的质量要求也日益提高,现代化的检测控制设备、手段成为企业的必须。专业区通过购置膜厚测试、膜层耐蚀实验、药水材料检测分析等设备仪器,为专业区各企业共同建设了一个综合的实验检测中心,配备专业的技术人员代理企业的分析检测,在满足企业生产需求的同时又省却了各电镀企业的重复投资。专业区还聘请了国内多名专家顾问,并与高校建立了“产学研”合作关系,为企业搭建了专业技术服务平台,帮助入区企业解决生产、管理、经营等方面的难题,为企业的做强、做大,做好“后勤服务”工作。

3. 合理监督

本着“诚信合作、互惠双赢”的经营理念,专业区不仅要招来企业,还要在各方面帮助企业,共同成长。专业区在招商的同时,整理行业发展信息,收集周边行业电镀需求信息,建立独立专业网站,定期发布行业信息动态,和各企业网站网页实行友情链接,与区内企业实现信息资源共享,为区内企业工艺改革、产品调整等提供调研信息资料,引导企业紧跟行业发展潮流步伐,不断发展,做优做强。

专业区总体实行错位招商,结合电镀市场行情和当地工业经济(电镀加工需求)情况,合理控制各类工艺企业的数量,避免单一同类企业重复,脱离市场需求,形成恶性竞争;同时,专业区也兼顾整体配套功能,符合产业发展需要,充分发挥专业区的区域规模优势,让区内企业得到实惠。

4. 规范引导

专业区设立了专业部门,对企业的工艺生产、废水排放、废气处理等环保设施进行不定期进行巡查,建立企业运行档案,从源头控制企业的污染物,规范企业经营,引导企业重视环保设施运行,切实保护区域环境。

12.4 成功经验

1. 合理规划建设

在建设初期,专业区对国内深圳、厦门、宁波、苏州等先进地区的电镀专业区进行了近 20 次的实地考察,组织了十几次的专家研讨会,对专业区的规划、配套、污染物处理工艺等进行充分、严谨、科学的论证,吸取精华,避免重复别人的错误。

(1) 合理选址

电镀行业与工业生产有密切联系,是产品制造的中间环节,因此,电镀行业的配套有一定的区域配套限制。经过仔细研究,综合考虑多方面的因素,专业区最终选址于镇江新区化工片区内,临近机电工业园、出口加工区等工业开发区,可以很好地配套当地的工业经济,优化整个开发区的产业结构,提升开发区竞争力。同时,专业区位于上海经济圈和南京都市圈的交汇点,临近长江,区位优越,交通便捷,适合于电镀加工产品进出频繁的需求;专业区可以满足上海、南京、常州、苏州、无锡、镇江等长江沿岸工业配套需求。

电镀工艺中,需要中高温(60 摄氏度左右)的工序很多,企业需要配备热源,如用电加热,不仅耗电量大,同时也增加了设备投资、维护检测费用。而单个企业建设一个供热中心,不仅投资大,同时还占用大量的土地(厂房)资源。因此,专业区在选址时就充分考虑到企业的实际需求,将专业区位置选择在热电镀厂旁边,便于集中供热。

(2) 合理规模

电镀企业有区域局限性,同时也是高能耗企业。在规模规划上,专业区在综合各方面的调研信息、满足区域经济的同时,控制整体规模,避免超大规模后产生的环境容量和供电供热等能源需求矛盾。专业区总规划厂房建筑面积约 13 万平方米,容纳约 60 家电镀企业,年生产加工能力产值约 15 亿 ~ 20 亿元。基本满足镇江市地区的加工需求。

(3) 公共配套

专业区充分听取专家意见,考察国内先进园区,吸取其建设经验教训,在厂房规划设计上充分考虑到电镀企业的实际需求。电镀厂房内设计办公、仓库等辅助设施区,厂房内部结构依据电镀环境设计排水、防腐等基础工程,确保厂房使用的方便性、实用性、安全性。根据专业区一期建设的经验,不断优化厂房结构,同时可根据企业需求定制厂房结构,同时在园区内规划建设集中的仓储、物流等公共项目。

电镀企业是耗电、耗热大户之一。在调研全国各大电镀园区实际情况,充分听取电镀企业的实际需求,经过科学计算和多次专家会议讨论后,专业区规划整体统一供电、供热。集中供电供热设施的建设,避免了单个企业独立申请的麻烦和大量的基础设施投资,降低企业初期投资成本和运行成本,为企业健康发展提供有力保障。

专业区项目立项设计中,对专业区的绿化有专门预算,既可以美化专业区形象,又可以吸收空气中的酸气、酸雾。专业区已在厂房的周边规划绿化带,同时还需选择一些适宜该环境下生长的植物,致力于打造一个生态园林式电镀工业区。

为规避其他园区存在的"重污水处理、轻废气、废渣处置"所带来的二次环境污染问题,专业区规划建设了污泥综合利用处置厂,年处理规模约20 000 吨,实现专业区固废零排放,在保护环境的同时,实现资源再利用;将废气处理作为一个硬性入区条件指标,规范企业的废气处理,杜绝二次污染。

(4)合理的入区门槛

本着可持续发展的原则,以清洁生产为目标,专业区吸纳电镀企业入区进行专业生产,对入区企业的镀种、工艺及设备设立合理门槛,既反对搞机械式平移,将原来分散的电镀企业,不加改造、无限制地迁入区内,使得分散污染变成了集中污染;也不赞成提出过高的入区条件,让专业区变成单纯对外地企业(外商)的招商地块。对已有成熟工艺替代的高毒、高污染镀种(工艺),将坚决禁止入区,对于高耗能设备(如转换效率低于80%的电源)及简易手工的企业,将作为限制入区对象。通过对入区企业的选择,确保专业区内的企业全部符合国家相关产业政策的要求,从而打造一个高端、规范的行业品牌。规划入区企业的具体要求见表 12. 1所示。

表 12.1 电镀企业入区要求表

指 标	管理要求
电镀工艺选择	结合产品质量要求,采用清洁生产工艺
电镀装备节能要求	采用节能电镀设备,有生产用水计量装置和车间排放口废水计量装置
清洗方式	根据工艺选择淋洗、喷洗、多级逆流漂洗、回收或槽边处理的方式,无单槽清洗等方式
挂具、极缸	挂具有可靠的绝缘涂覆,极缸及时清理
回用	对适用镀种有带出液回收工序,有铬雾回收利用装置
泄漏防范措施	设备无跑、冒、滴、漏,有可靠的防范措施
生产作业地面防腐防渗措施	具备

续表

指　标	管理要求
资源利用指标	满足国家有关清洁生产标准的要求
污染物产生量	满足国家有关清洁生产标准的要求
环境法律法规要求	符合国家和地方有关环境法律、法规,污染物排放达到国家和地方排放标准、总量控制和排污许可证管理要求
环境审核	建立清洁生产管理体系
废物处理处置	具备完善的废气净化装置,有废水计量装置,生产现场有害气体发生点有可靠的吸风装置,危险废物不得混入生活垃圾
生产过程环境管理	建立专有的环保安全部门,并有专人负责。生产现场环境整洁、管理有序、危险品有明显标识
原辅料供应、协作、服务	协议中明确原辅料的包装、运输、装卸等过程中的安全要求及环保要求
安全生产应急预案	有详细、具体的应急预案

2. 先进的污水处理系统

园区开建之际,正值国际金融危机爆发、招商工作陷入困境之时,但专业区在一期工程仅为 30 000 平方米、签约客户仅 2 家的情况下,就启动了万吨污水处理厂及水电气配套管网的建设,两年不到的时间,园区地下各类管网均已到位,日处理万吨污水的污水处理厂也已竣工,使先期进区的企业能正常生产,也使意向签约的企业有了底气。

(1)合理分水收集

电镀废水来源于电镀生产过程中的镀件清洗、镀液过滤、废镀液以及由于操作或管理不善引起的"跑、冒、滴、漏";另外还有地面冲洗、通风冷凝等。电镀废水中的主要污染物为电镀工清洗带出的铜、镍、铬等重金属、氰化物等和工件表面油污,各类表面活性剂等有机物。电镀废水的处理工艺是按不同性质的废水采用不同工艺路线处理的。如果不同性质的废水相混,原有的处理工艺就无法满足这种性质废水处理的需要,由此造成排放浓度超标。因此,电镀废水的处理达标的前提是要么分流彻底,要么增加各处理单元的处理功能,这将造成运行成本增加。专业区根据电镀生产工序中废水排放情况,本着资源利用、相似合并原则,把电镀废水分为铜、镍、氰化物、铬等七路废水,让车间内所有用水均有出路,各走各道。

（2）废水处理工艺技术集成

专业区的污水处理厂在考察调研了全国各大园区的废水处理厂和企业实际生产情况,并经过多次专家论证会讨论后,在污水处理工艺的选择上采用了化学法、物化法、生物技术等综合集成技术,扬长避短、互为补充。专业区重金属采用传统的氧化还原、化学沉淀分离处理工艺;COD 高的废水在化学法去除重金属的前提下采用生化处理工艺,为提高电镀废水的可生化性能,在工艺中还采用了微电解处理工艺;在有前两大处理系统的保证下,用物化法(膜处理工艺)实现中水回用。

（3）自动化程度高,多级控制技术

专业区的废水处理厂采用了现场应急、PLC 集控、中央远程控制等三级控制技术。高度自动化的控制技术确保整体系统的运行稳定、参数控制精确,从而保证污水处理效果。

现场应急指各处理单元的设备系统等在现场均有操控箱,在第一现场发现问题时可以应急急停,确保系统设备运行安全。

PLC 中央集控电镀废水处理过程指现场的电镀废水处理各重要参数均集成于 PLC 控制系统中,各单元的投加药量通过数据反馈精确自动控制,实现无人操作。

污水处理规模大,现场也大,人工巡查等很难有保证。专业区采用工控系统,整个污水处理系统的设备、参数等全部实时显示在工控系统上,通过工控系统可以监管整个系统的运行、数据报表处理,实现远程控制。

（4）工艺设计具有前瞻性

污水处理是重要的环保设施,为此,专业区在全国范围内选择了有废水处理经验的七家专业公司招标,通过实地考察、技术论证等层层筛选,最后选择广东一家在电镀废水处理上有丰富经验的环境工程公司作为专业区的合作伙伴。

与全国电镀企业被动污水处理不同,专业区在建设初期就高起点、高标准地设计建设污水处理厂,污水处理技术具有前沿性、前瞻性,预留备用系统,兼顾各种可能的电镀废水排放情况,并制订了完善的系统应急方案,确保整个系统出水达标,避免重复建设,让入区企业无后顾之忧。

12.5 培育成功的典型企业案例——镇江瑞翔精饰科技有限公司

1. 企业介绍

镇江瑞翔精饰科技有限公司于 2009 年 8 月成立,公司注册资本 200 万元,总投资 600 万元,其中固定建设投资 450 万元。公司采取董事会领导下的总经理负责制的运营模式。股东成员在电镀行业均有 10 年以上工作经历,均在世界知名企业担任过技术总监、营销顾问、生产厂长等职务,对电镀技术、设备、市场运作等有着丰富的从业经验。目前,镇江瑞翔精饰科技有限公司已建成镀锌/锌镍合金、电泳、化学镍/锡、磷化、滚镀锌等 6 条全自动生产线,筹建了先进的理化分析实验室,公司通过了 ISO9001∶2008 质量体系认证,同时已具备 3 000 万元/年的电镀加工能力。

公司致力于汽车核心零部件、航空合金等原厂零部件的表面处理。可承接铜、铁、铸件、铝合金、锌合金、镁合金、航空系列合金钢、轴承钢等材料零件的电镀加工业务,有较高的赢利水平。自投产半年以来,公司已同大众、松下、夏普、博世等全球知名品牌的一级电子、汽配供应商建立了紧密的合作关系,合同订单量已达到 150 万元/月。

在公司建设之初,经营者清醒地认识到,没有科技优势的企业是没有前途的,经不起市场经济惊涛骇浪的考验。公司加强了对新工艺的应用和开发,加大了科技创新的投入,开发了一系列独具特色的电镀新工艺。同时,公司组织骨干力量对国内外市场进行深入调研,紧紧依靠科技创新抢占高端市场,与日本、欧美等国家及港台地区的企业建立了合作伙伴关系。企业的发展需要以规范的管理为依托,公司以品质管理为突破口,在生产中开展了 TQC 管理,注重提高一次性成品率,根据清洁生产要求,鼓励员工关心环境保护,以增强全体员工的质量意识、环保意识。在研发、生产、品管、市场等环节均按严格规范的管理制度进行操作,做到一环扣一环,职责清晰、奖罚分明。公司通过抓品质管理培养了一支高素质的企业管理队伍,也为公司的持续稳定发展奠定了坚实的基础。

2. 专业区的作用

为了适应市场变化、提升园区的服务品牌、加快客户的引进、改变传统的"房东"管理模式,根据"风险可控、利益均享"的原则,专业区专门设立了企业融资服务中心,构建了简洁、实用的客户融资评判标准、业绩考核机制,利用园区信息对称的优势,重点关注诸如镇江瑞翔精饰科技有限公司这些企业财务之外的企业主素质、工艺技术水平等非典型信息,如"人品、产品、押品","电表、水表、报关表"等。为管理规范、技术先进、有市场发展潜力的企业提供适当额度的短期资金支持,以帮助此类公司顺利入区合作。

专业区对镇江瑞翔精饰科技有限公司的资金支持有两种形式。

（1）融资担保

通过担保中心、企业设备、专业区信用担保三方捆绑的模式,共同承担担保责任,以取得银行的资金支持,其流程及步骤如图12.2所示:

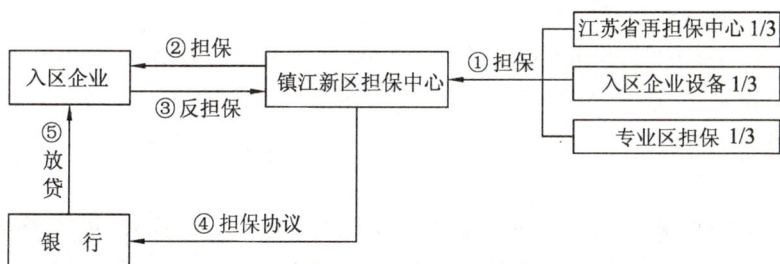

图 12.2　融资担保流程

（2）委托放贷

专业区（委托人）委托银行（受托人）向镇江瑞翔精饰科技有限公司（借款人）发放委托贷款,镇江瑞翔精饰科技有限公司以设备或者其他资产向专业区提供质押担保。

镇江瑞翔精饰科技有限公司以进入园区经营为契机,通过与专业区的诚信、互助、共赢合作,目前已呈现出蓬勃发展的良性态势,成为园区内的标杆性企业,在电镀业界也受到了广泛的关注与好评。

12.6　未来发展展望

专业区建设是协调经济发展和环境保护的有效途径,从技术角度而言,电镀污染本身治理的难度是可以克服的,关键是在于当下,尤其是未来的投入、管理和监督的力度。

1. 服务专业化

专业区要向入驻企业提供高质量的专业化服务,不能受限于基层人员的知识与能力,要注意发挥高水平、名牌中介服务机构和专家的作用,多组织名牌中介服务机构为创业企业服务。专业区应积极创造条件,吸引高水平的专业化管理咨询公司、会计师事务所、律师事务所等进驻基地。

2. 运营社会化

创业基地要在掌握核心业务能力的基础上,充分利用社会资源,将自己不具优势的业务外包,或与相关中介机构合作完成,要避免低水平的"小而全",充分发挥社会中介机构的作用,使运营管理社会化。专业区要向政府争取有利的法律、政策,呼吁各级政府宣传正面形象,引导舆论导向,加大查处力度,净化市场环境,安排资金扶持,做大做优品牌。

3. 管理团队化

专业区的管理团队要由少量的管理人员和大量多层次、多方面的专业服务人员(财务、外贸、创业辅导专家团队等)组成,各个服务层次的专业服务人员应在整体上呈金字塔结构,并且越趋底部,专业服务人员的数量应该越多。

综上所述,通过对入驻企业的培育和理性地追求产业化,最终将专业区打造成既拥有培育基地和商务服务,又拥有风险投资和产业集团等多种业务的集团化企业。当然,要达到镇江环保电镀专业区的高级形态还有相当长的路要走,但毫无疑问,市场经济这只看不见的手总会不自觉地引导专业区向兼营实业经营和资本运作的高级形态发展。

12.7 点评

专业区是一家由外资投资建设的创业基地,从入驻中小企业的客观需求和财力能力出发,找准问题,突破重点,针对专业区的实际情况,选择入驻企业最需的一项或几项具体服务内容进行重点建设,在培育特色服务的过程中,以点带面,逐步形成、建立和健全有特色的社会化服务体系。专业区同时根据自身的人才结构、知识结构、专业结构,有目的地从现有的人员中培养职业经理人和专业化的服务人员,提高专业区的管理和服务能力。

第13章　苏州博济科技创业园的运营与管理

2011 年,苏州博济科技创业园(以下简称"创业园")遵循科技创业基地"促进成果转化、培养企业家"的目标,本着"以科技服务为基点,以产业集聚为效应,打造创新服务平台"的宗旨,积极探索创业基地运营的新模式,开创出"官助民办、校市企合作、产学研全面推动"的创业基地运营模式。

13.1　创业园建设背景

20 世纪 80 年代,我国的民营科技企业主要是靠自发的努力而成长。到了 80 年代末 90 年代初,我国政府批准建立了一批高新技术产业开发区,在开发区内一般设有高新技术创业服务中心。所以,民营科技企业除自发成长外,还能得到高新区及创业服务中心的培育。1992 年以来,又有一大批民营科技园、大学科技园、海外学者创业园相继建立,并成为民营科技企业的培育基地。经过 20 多年的发展,我国的民营科技企业从一个幼小的新生事物,经过不断创新、拓展和资本聚积,已成为我国国民经济和区域经济重要的增长点。

苏州市在创业基地事业的发展方面一直处于全国领先地位,尤其在以政府为投资主体的创业基地发展方面更是取得了令其他省市称赞的成绩。苏州市委市政府在扶持非民营创业基地发展的同时,积极探索民营创业基地的发展,高度重视民营创业基地在高新技术产业发展过程中的作用,并为其发展创造良好的条件。正是在这样的背景下,支持创业园建设的工作进入了苏州市委市政府的议事日程。

13.2　基本概况

苏州火炬创新创业孵化管理有限公司成立于 2005 年 12 月,是一家以科技创业企业引进、培育、管理服务为核心,以促进科技成果转化、培养具有高成长性的高新技术企业和企业家为宗旨的科技创业服务机构。公司主要服务于科技型中小企业的培育、辅导和扶持,在其创业、成长阶段给予充分有效的服务和配套条件支撑,为推动社会和区域经济发展做出积极的贡献。

2006 年 4 月,苏州火炬创新创业孵化管理有限公司与苏州孔雀电子有限公司正式签订租赁合同,租赁其位于苏州市高新区泰山路 2 号的孔雀工业园 4 万余平方米用于科技园经营建设,租赁期 15 年,并命名为"苏州博济科技创业园"。

2006 年 6 月 1 日,在苏州火炬创新创业孵化管理有限公司的全力推动下,促成了苏州市政府与同济大学签订全面科技合作协议,协议明确创业园为校市全面科技合作的具体落实平台,双方共同支持创业园的建设,并将机电一体化、新材料、新能源、环境工程、建筑与节能等领域作为产学研合作的重点,将培养高层次科技人才、鼓励重大科技成果转化、推进重点领域产学研合作的深入发展作为合作目标。自此,创业园真正启动了"官助民办、校市企合作、产学研全面推动"的运营新模式的探索。

1. 基础设施建设

创业园总建筑面积 17 万平方米,已建成一期培育总面积 43 226 平方米。其中,企业培育用房 38 152 平方米,包括综合办公楼、独立研发楼、中试基地等物业形态;服务用房 5 074 平方米,包括培训中心、会议室、商务洽谈室、员工餐厅等配套服务设施,同时园内还建有篮球场、羽毛球场、停车场、超市等设施,是一个集创业办公、研发、休闲、生活于一体的综合性创业园。

2. 公共服务平台建设

创业园结合入驻企业的行业特色和一般中小企业创业的瓶颈问题,倾心打造具有博济特色的公共服务平台。

(1)申报平台

申报平台是创业园主力打造的一个服务平台,主要帮助企业了解国家政策和行业信息,协助企业进行各类项目申报,获得政府政策和资金扶持。

(2)投融资平台

投融资平台主要提供入驻企业发展融资通道服务,为入驻企业提供种子基金、风险投资等。针对初创期和成长期企业的特性,创业园采取多项措施,着力打造投融资平台,为入驻企业化解资金瓶颈。

（3）培训平台

培训是各种帮助企业成长的方式中,既治标又治本的解决方式。通过培训,能更好地提升和改变企业家及中层管理人员的思维方式和经营策略,使入驻企业在运营道路上走得更稳妥。创业园积极引进创业导师团,为入驻企业进行一对一的创业辅导服务,进一步提升入驻企业的核心竞争力。

（4）信息网络平台

搭建公共网络信息服务平台,利用高科技网络,快速为入驻企业发布和整合有效信息,为入驻企业提供百兆光纤接口、网络外包服务、网站建设、服务器托管和 OA 办公系统服务等。

（5）商务中介平台

整合会计事务所、法律事务所、广告公司、管理咨询公司等社会服务机构资源,为入驻企业提供办理工商、税务、安全、环保、消防等政务手续;提供法律、财务、代理记账、报关、知识产权代理、管理咨询等中介服务;提供人才招聘、人力资源事务代办、企业管理体系构建等服务,快速帮助企业进入规范经营状态。

（6）技术平台

依托同济大学的人才、现有实验室等资源优势,为入驻企业提供技术支持,帮助他们解决技术难题以及成功实施项目。

（7）市场营销服务平台

考虑到初创型中小企业在产品销售方面的劣势,创业园从产品市场调研、销售渠道搭建、广告宣传策划等方面提供市场营销服务。

（8）物业平台

为企业入驻提供装修、水、电、车辆、安全、维修、保洁服务,到目前为止,园内未发生一起偷盗、火灾等安全事故。

3.企业入驻情况

截至 2009 年 12 月,创业园共引进企业 117 家,其中科技型企业 97 家,并逐步形成机电一体化、软件、节能环保、科技服务等企业集群。80% 的企业在 2009 年的销售实现了 30% 的增长,有一部分企业从最初入驻的 50 平方米,扩租到 200 平方米,再到 800 平方米。

13.3 运营管理模式

1. 市场化机制

对科技创业基地来说，入驻企业犹如种苗，种苗的选择在80%的程度上决定着企业的成活率。同时，一个初创企业从生存、发展到壮大，需经过千锤百炼，其间除了政府相关职能部门和创业基地的扶持作用外，起决定作用的是企业自身的抗风险能力、经营理念及策略执行。

创业园采用市场化运作机制，以创投的标准来选择入驻企业。除看重入驻企业的科技含量、产业方向外，更看重企业团队的运营思路和企业经营措施的可操作性。因此，创业园的企业引进部不是坐等企业上门，而是充分利用展会、推介会、行业协会、俱乐部等通道资源主动出击，在沟通中不断评估、佐证，以政策引企、服务引企，找到目标种苗。

2. 将服务作为创业园运作的核心

在项目申报、投融资、技术、培训、商务中介等八大服务平台基础上，创业园调整服务体系，着力打造四大核心平台，凸显投融资服务、创业辅导服务、技术服务和市场营销服务四个方面的运营特色。

（1）投融资服务体系

针对初创期和成长期企业的特性，创业园采取多项措施，着力打造投融资体系，为企业化解资金瓶颈。创业园累计筹措创业资金2.6亿元，对科技型企业进行投资。2008年初，创业园设立了首期500万元的种子基金和大学生专项创投基金100万元，并制订了相应的种子基金管理办法，对入驻企业进行投资。截至2009年，已累计投入4家企业共计327万元。同时，创业园出资3 000万元，联合社会资本，于2008年5月发起博济·蓝壹创投基金，规模1亿元人民币，重点为成长期的科技型企业提供投资，目前累计投入8家企业共计1亿元。2010年3月发起蓝贰创投基金1.5亿元，与一些投资企业进行了洽谈。为了充分拓展资金渠道，创业园目前已与软银赛富投资顾问有限公司、华登国际投资集团、德丰杰风险投资公司等60余家知名创投公司建立起了紧密合作关系，并且每个月都要举办一期科技与资本对接会，为入驻企业提供更多融资机遇。

（2）创业辅导体系

创业园特聘10名创业导师，其中包括高校主要负责人、商界的成功企业家、国内外知名企业的职业经理人、经验丰富的管理者、金融专家、投资专家等,组成创业导师团,实行一对一的创业辅导服务,指导入驻企业的发展,促进入驻企业快速成长。同时,企业联络员是园区创业辅导服务的基础,由联络员作为企业服务的端口,提供点对点服务。

创业园十分重视项目的储备、申报和管理工作。一是企业服务中心每年召开政策宣讲会和项目诊断会,邀请政府领导和专家讲解最新国家政策,为入驻企业诊断把脉,储存新项目;二是加大项目申报力度,组织专人对照指南为企业撰写项目计划书;三是争取匹配资金,凡国家、省市的项目资金匹配率达到100%;四是后续跟踪工作到位,创业园派专人跟踪管理各类项目的实施及验收工作。截至2010年8月,创业园已为入驻企业成功申报各类项目50余项,成功申请专利80余项,争取到1 600多万元资金的支持。

创业园通过培训平台与高校合作,根据不同受众面开设博济企业家训练营、博济经理人训练营、博济讲堂三大系列主题培训,为入驻企业提供包括税务管理、营销、政策、技术、财务、资本运作等方面的专题培训和交流。创业园对入驻企业进行分层培训,对企业高层专设了博济企业家训练营,到2010年为止,共开展了25期,有152家企业总经理接受了培训。同时,创业园整合多方资源,如邀请江苏省经信委对创业园内企业实施"121专家巡诊计划",委派江苏省创业者服务集团有限公司针对入驻企业进行诊断,通过两次为期6天的企业定点咨询、指导,出具企业经营问题诊断报告,受到企业的一致欢迎,对企业的发展有极大的推动作用。

（3）技术服务体系

创业园依托同济大学现有的重点实验室及研究中心,利用同济大学苏州研究院实验室平台,重点发展生物医药、环保节能、电子信息、新能源、轨道交通、土木新材料、新媒体、汽车配件等八个方向重点实验室,以充分发挥同济大学科研、技术、人才优势,面向科技成果应用和产业转化,打造学校科技研发和人才培养的跨省市平台,同济大学各国家级重点实验室和测试中心向入园企业优先开放。创业园不定期组织技术专家召开技术研讨、技术评估、鉴定及各类交流活动,促进入驻企业与同济大学共同研发节能环保、交通信息、生物医药科研成果;与南京工业大学膜技术研究所进行对接,促进科研成果转化。2009年,创业园共组织了技术对接会5次,为20家企业对接科研成果22项,为园内5家企业与同济大学相关课题组建立了紧密合作关系。

（4）市场营销服务体系

创业园积极整合各类社会市场资源,帮助园区内企业提高市场拓展能力,解决中小企业发展过程中市场信息不对称、销售渠道少等难点,降低企业市场拓展成本,提升企业核心竞争力。创业园通过以下方式帮助企业开拓市场:举办多种形式的企业市场对接会,为供求双方搭建信息交流平台;组织园区企业免费或低成本参加或参观大型展会,并利用展会推广自身产品和技术;为中小企业开展项目咨询、策划及团队组建,解决中小企业市场拓展难题;利用平面报刊、网站、活动海报等多种媒体,为入驻企业免费宣传其产品及公司形象;市场营销培训及渠道整合。

3. 注重内部管理

（1）企业化考核

创业园将每年企业引进、服务的指标分解到每半年、每季度、每月、每周。对企业引进人员,考核企业引进面积数、引进优质企业数、储备企业数等;对服务人员,考核每月走访企业数,企业需求完成及时率、企业续签率、企业扩租率、项目申报成功率、专利申请及成功率、企业税收增长率等,这些工作考核指标与个人工资、福利、晋升、培训机会等挂钩。如果出现完成异常,立即进行头脑风暴,多方寻求解决方案。而董事会对创业园的运营,则采用平衡计分卡模式,从财务角度、客户运营角度、内部运营机制、员工成长等角度进行考核,每季度考核一次。

（2）企业数据及时沉淀

创业园自行研发出一套科学的企业数据库系统,从企业引进开始,直到联络员服务企业过程中了解到的入驻企业的所有信息全部录入系统,定期对企业的各项指标进行分析,以及时了解入驻企业经营情况,并制订帮助企业成长的对策。在此基础上,衍生出投融资数据库系统,结合企业走访情况,每三个月出具一份对企业投融资价值评估及排名报告,作为投融资评估的动态风险预警。

（3）创新培训模式

创业园打造强大的员工培训系统,力求成为一个学习型组织。2009年,创业园在培训员工方面不遗余力,每周有政策培训,每月有外部管理提升培训和外出考察交流活动。同时,积极与来创业园参观的外来同行交流,就对方的问题点进行深入洽谈,使经营创业园的思路更为明晰。2009年全年共接待省内外同行来访交流40余次;同时采取"走出去"策略,每月至少参观同行一次。员工曾到上海杨浦科技创业中心、上海漕河泾开发区、上海慧谷高科技创业中心、深圳清华科技园、南京工业大学科技园、苏州沧浪科技园、苏州吴中国家科技园等园区进行实地考察、参观学习，找出差距，加以改进，重视学习创业基地20年发展所积淀下来的精华。科技部主编的《科技企业孵化器理论与实务》、江苏省科技厅主编的《科技创业管理丛书》、范伟军主编的《中国孵化器五模式》等专业书籍都是科技园主管人员必备的。创业园还每月开展两次读后分享及如何结合工作改进的讨论，高层每月及时阅读《中国孵化器》、江苏《科技创业》等杂志，了解外界信息、创新服务思路，将学习力转变为生产力。

（4）建设文化园区

创业园为实施文化建设，举办各类活动来增强园区对企业的凝聚力。如实行总经理午餐会，由分管服务的副总经理每周二中午邀请入驻企业总经理进餐，探讨企业经营管理的课题；多次举办"博济CEO沙龙"，或讲解金融政策，或休闲小憩，或在金鸡湖上一游，或举办园内篮球赛等多种文化联谊活动；公司花巨资派遣高管参加上海交通大学MBA班、国际创投班、国际市场营销硕士等专业培训班学习，每月定期与入驻企业全体员工进行分享，将企业经营管理的理念、实战技巧与科技园经营的科技性、前瞻性、长期性相结合。

13.4 成功经验

创业园的成功经验在于建立先进的管理模式与对园区内企业的贴心关注。

1. 为入驻企业金融"输血"

入驻企业相比成型企业，其融资的难度要大得多，为了解决这一难题，创业园为入驻企业提供了种子基金、风险投资等化解企业的资金瓶颈，创业园创投基金累计投资达1.1亿元。为了更好地解决入驻企业融资难问题，创业园竭尽全力当好"保姆"，积极开拓银行、担保公司等融资渠道，利用自己的信用帮助企业融资。目前，创业园设立的种子基金和创投基金已近3亿元，对入驻企业进行投资及帮助。

2. 为科技企业立项指导

创业园在项目申报方面的优质服务已在企业中形成了品牌效应。在打造优质服务平台过程中，创业园特别重视对入驻企业科技项目的储备与申报，在申报过程中，创业园的专业人士更是手把手地对入驻企业进行指导。5 年来,创业园成功为小企业申请专利 80 余项,为入驻企业成功申报各类项目 50 余项,争取到 1 600 多万元资金的支持。为帮助更多入园企业享受到科技政策优惠,创业园每个月要召开两场科技政策宣讲会和项目诊断会,邀请专家讲解最新科技政策,为入驻企业诊断把脉,储存新项目。

3. 为创业企业做好辅导

创业园的"企业联络员""创业导师"这两个形象已经深入入驻企业主的心中。联络员走访企业,了解、反馈企业需求,协助解决企业的日常问题;创业导师针对性解决、提升企业战略、技术、市场等疑问,使入园企业得到全方位的指导。除了对企业进行跟踪服务外,创业园还开设了企业家训练营、经理人训练营、"博济讲堂"等系列主题培训,提高企业家和员工的创业能力和综合素质。2006—2011 年,创业园已开展各类培训 50 余次,为园内 200 家企业、3 500 人次进行了专业培训。

13.5 培育成功的典型企业案例——苏州天泽信息科技有限公司

1. 企业介绍

苏州天泽信息科技有限公司是由江苏天泽信息产业有限公司、苏州市客运集团组建的,是专业从事位置信息服务(GPS、LBS、GIS)的高科技有限责任公司。公司主要致力于全球卫星定位系统(GPS)的综合运营、系统集成、GPS/LBS 应用软件和 GPS 车载终端的研发、生产及推广。公司借助"JSGPS 江苏省全球卫星定位信息服务公众网"和江苏省基础地理信息中心的力量,专门建立了全省 GIS 综合信息数据库平台,以全力打造面对苏州地区的 JSGPS 苏州网控中心,可向广大用户提供车辆安全保障、车辆追踪监控、车辆调度管理、车辆导航、车辆救援、车载电话等综合性服务。公司通过建立广泛的卫星定位(GPS)/地理信息系统(GIS),并应用计算机无线网络通信以及相关应用开发,充分为苏州各级政府管理、数字化城市、治安综合整治及企业相关应用提供各类服务。苏州天泽信息科技有限公司以 GPS/GIS 为基础,多年来通过积极参与交通信息化建设,逐渐成为无线应用解决方案、系统集成以及第三方平台运营的服务提供商。公司目前已是江苏省高新技术企业和江苏省软件企业。

苏州天泽信息科技有限公司于 2006 年 10 月入驻创业园,迁入时年销售额为 150 万元,员工人数为 30 余人,并已于 2008 年 12 月成功毕业。该公司 2009 年销售额已超过 1 000 万元,员工人数也已扩张到 100 余人。

2. 创业园的作用

创业园依托苏州区域经济产业优势和同济大学的学科、科研优势,以及民营企业的灵活机制,打造了项目申报、投融资、技术、信息网络、营销、培训、商务中介、物业服务八大服务平台,建成了具有核心竞争力的投融资服务体系、创业辅导体系、市场营销服务体系和技术转移服务体系。创业园对诸如苏州天泽信息科技有限公司这样的高成长性、前景广阔、却又因为初创经验不足、缺乏沉淀的高科技企业提供全方位的综合性服务。创业园结合苏州天泽信息科技有限公司入驻时的需求,利用其打造的特色服务体系主要从三个方面帮助其发展壮大。

(1)申报平台

通过项目申请获得的资金资助,无疑可以为入驻企业缓解项目实施的资金压力并能降低企业的经营成本,在申报的过程中还能鼓励企业规范管理,提升企业人员的管理技能和理念。创业园通过深入了解该公司的技术项目情况,对其进行诊断把脉,并邀请公司负责人参加创业园举办的科技政策宣讲会,帮助企业了解科技扶持政策。创业园结合国家政策组织专人对照指南指导该公司撰写项目计划书,帮助该公司的"RFIBS 智能公交电子站牌系统软件 VIO"项目申请江苏省科技型企业创新基金,项目成功列入江苏省 2009 年科技计划;后续跟踪方面,创业园派专人管理该项目的实施及验收工作。创业园还指导该公司成功申请了 4 项软件著作权和 2 项发明专利,指导其成功认定为软件企业,并指导该公司申报高新技术产品和高新技术企业,也于 2009 年获得通过。

(2)技术平台

创业园依托同济大学现有的重点实验室及研究中心,同时积极引进同济大学苏州研究院,为类似苏州天泽信息科技有限公司的入园企业服务。创业园积极推进该公司与同济大学相关课题组建立紧密合作关系,并促成其与同济大学的交通信息科研成果进行对接,最终就"智能化产品服务支持系统软件"项目达成合作共识,促进了科研成果转化。创业园还不定期地组织技术专家与公司负责人一起召开技术研讨、评估、鉴定等各类交流活动,帮助天泽公司实现技术突破。

(3)培训平台

创业园与高校合作,开设了博济企业家训练营、博济经理人训练营、博济讲堂三大系列主题培训,为该公司等入驻企业提供包括税务管理、营销、政策、技术、资本运作等系列专题培训和讲座。针对企业家的课程内容涉及战略管理、财务管理、企业授权管理、企业组织结构等方面,给公司的日常运营和管理绩效提升打了一剂强心针,使公司的运营步入正轨。创业园富有特色的企业联络员和创业导师团队,帮助解决了该公司发展中遇到的难题。

13.6 未来发展展望

创业园未来将进一步推动"官、产、学、研、商"的有机结合,继续打造"官助民办、校市企合作、产学研全面推动"的科技园运营模式,充分整合利用各方资源和"企业引进 + 培育服务 + 物业管理"的管理模式,为入驻企业提供合乎需求的综合性服务,并在未来几年就以下方面做出努力。

1. 进一步深化投融资平台建设

创业园将更积极地与各大商业银行苏州分行、中小金融机构及中小企业担保公司建立良好的合作关系,为入园企业开辟更多的融资渠道;进一步探索和完善统贷统还、股权质押、专项资金担保等中小科技型企业融资新模式;与知名创投机构建立紧密合作关系,举办更多的科技创业资本对接会;进一步扩大种子基金和大学生创业专项基金规模,组建种子基金联盟,加大对初创优质科技企业的投资;计划设立创业基地增信担保基金,放大中小科技企业的资金杠杆作用;整合各银行、担保公司、创投机构和其他金融机构资源,设立有形的企业融资服务中心。

2. 依托同济大学技术、人才优势完善创业园的技术平台

创业园充分利用同济大学现有的重点实验室及研究中心,将深入企业内部的联络员反映上来的企业技术需求和同济大学的基础研究成果及科技创新成果对接起来,促进科研成果产业化,真正实现产学研的互动。利用好同济大学的国家级重点实验室和测试中心,进一步降低入园企业的创新成本。

3. 提升"博济科技创业园"品牌价值,实现连锁经营

开发创业园二期,进行加速器建设;并以"一园多基地"的发展模式和"博济科技创业园"统一品牌立足苏州,面向长三角地区,继而面向全国发展科技创业园事业,最终形成以科技企业培育、科技创业投资、科技园区建设为主体的三大板块有机互动的发展格局。创业园凭借自身的机制优势和外部的高校资源,提升品牌价值,逐渐成为全国一流知名品牌的民营

创业基地,并最终实现连锁经营。

13.7　点评

　　创业园是一家民营的大学科技园,不仅可以依托同济大学强劲的人才优势及技术力量,其民营机制还能解决政府资金不足的问题,并能充分发挥民营企业对市场的敏感嗅觉,形成快速响应机制,同时,创业园还拥有产业资本和市场化运作的优势,能够加快科技成果的转化,引导高新技术企业发展并实现盈利。创业园富有特色的企业联络员制度可以深入了解企业的需求;创业导师针对性的帮助可以使企业在管理上或技术上实现提升,使企业理清发展思路;极富特色的投融资平台无疑给中小企业突破发展瓶颈带来了很大的帮助。创业园打造的八大特色服务平台,可以同时解决入驻企业的多方面难题,获得服务企业的经验,最终实现综合性科技创业园的连锁经营。

第 14 章　赣榆县金山镇小企业
创业基地的运营与管理

　　赣榆县金山镇小企业创业基地(以下简称"创业基地")是苏北一家比较成功的创业基地,它的出现与金山镇"高起点、重环保、利民生"的一系列政策是息息相关的。

14.1　基地概况

1. 发展历程

　　金山镇地处苏鲁交界,位于赣榆县北部,距赣榆县城 25 公里,交通便捷,紧依 204 国道、242 省道、"沿海高速"穿境而过,距兖石铁路 18 公里,距陇海铁路 60 公里,距连云港机场 55 公里、连云港国际港口 70 公里、青岛国际机场 200 公里。金山镇是江苏省乡镇企业先进乡镇、连云港市"鹌鹑之乡""果茶之乡""建筑之乡""新型小城镇示范镇"。金山镇及周边地区资源丰富,依托丰富的农业资源优势,各种农副产品加工企业应运而生,较好地解决了当地农副产品加工升值问题,有力地推动了农业产业化进程,为农业增效、农民增收拓展了空间。

　　1995 年,金山镇拥有了第一个真正意义上的工业项目——江苏金五综合食品有限公司,由中美韩三方共同投资。2000 年,金山镇明确了"工业立镇"的发展方针,赣榆县金山镇小企业创业基地于 2004 年规划建设,已投资 5 200 万元,启动开发了 450 亩。经过近十年的奋斗,创业基地内建成了"四横四纵"道路网,并实现了创业基地与小城镇建设的互动并进。在创业基地发展之初,金山镇成立了金山产业集聚区发展有限公司,加强了对基地建设的领导,统筹协调各方力量,集中处理基地在发展建设中的问题,科学制订了一系列政策,从而保证了创业基地的发展不因管理层的调整而中断,使创业基地的发展走上了科学发展、持续发展的良性道路。

2．入驻企业情况

通过近几年的不懈努力,创业基地 2007 年进驻企业 58 家,2008 年新增企业 9 家,2009 年新增企业 7 家,共有企业 74 家,其中农副产品加工企业 31 家。基地汇聚了江苏金五综合食品有限公司、金韩食品厂等两家省级农业产业化龙头企业,连云港金江丝绸有限公司、健康粮油公司等两家市级农业产业化龙头企业,23 家规模以上企业。

赣榆县金山镇小企业创业基地现有职工 3 380 人,基地内标准厂房面积 76 480 平方米,其中利用旧厂房改造面积 21 300 平方米。区内企业运转情况良好,经济效益明显,2009 年共实现销售收入 64 850 万元,利税 5 436 万元,其中税收 2 835 万元,占全镇工业经济总量的 88%。

3．基地机构设置

创业基地职能部门主要有水利管理办公室、建设管理办公室和国土资源办公室。水利管理办公室主要负责基地内水利基建管理以及基地内用水的保障和日常维护工作;建设管理办公室主要负责创业基地的规划测算和路政设施的维护;国土资源办公室主要负责建设用地的监督管理和新增企业用地的审核。

14.2 发展特色及成功经验

1．产业特色

创业基地内初步形成了光伏新能源产业、农副产品加工业、海藻加工业、玩具加工业、新型建材制造业、医药化工业等六大支柱产业板块。

光伏新能源产业板块是金山镇自 2007 年以来全力打造的工业经济新亮点。随着镇内工业经济的稳步发展,金山镇领导班子发展工业的"野心"也大了起来,开始谋划发展具有高附加值的龙头型企业,打造特色高新技术产业板块。针对创业基地土地资源有限、缺乏临港靠海等特殊交通区位优势的现状,经过对自身条件的仔细分析及对高新技术产业的研究,最终选择了发展光伏新能源产业板块。创业基地坚持集中优势资源,重点打造光伏新能源产业,以佳宇电子材料科技有限公司、江苏晶能硅业有限公司为抓手,广招上下游项目,快速扩大光伏新能源产业链,凸显金山工业发展特色,又快又好地推进以光伏产业为主体的新能源产业集群建设,实现基地集聚新突破。创业基地还依托丰富的农副产品资源,优先引进国字号龙头企业,促进工业、农业协调发展。

创业基地以生产的产品全部出口美、韩的江苏金五综合食品有限公司，以及连云港金新粮食制品有限公司、连云港金江丝绸有限公司、赣榆县全顺冷藏食品有限公司、江苏金韩食品有限公司、赣榆县徐福茶厂等企业为龙头形成了农副产品加工业板块；以投资500万美元的美国独资企业达柯拉海藻工业（连云港）有限公司、投资8 000万元的连云港丰泰海藻有限公司、投资8 000万元的连云港隆源海藻有限公司、投资7 000万元的连云港德方海洋化工有限公司等企业为龙头形成了海藻加工产业板块；以连云港金康医药科技有限公司（该公司技术力量雄厚，主要产品为吉西他滨等抗癌类医药中间体，研发的新品在美国获得专利）、连云港泰鼎生物有限公司等企业为龙头形成了医药化工产业板块；以投资500万美元的连云港高发玩具礼品有限公司、赣榆县金山高华玩具厂等企业为龙头，形成了玩具加工业集群；以连云港市成盛新型建材厂、连云港市金卫新型建筑材料有限公司、连云港市金玉制管厂、赣榆县金园杆管制品厂等企业为龙头形成了新型建材制造业板块。

2. 环保及基础设施建设

创业基地在发展初期就注意环境保护问题，于2006年在全市率先完成了镇区的环评报告，并投资3 350万元建起了苏北第一家镇级污水处理厂，设计日处理能力15 000吨，一期工程于2009年建设完成并投入运营，日处理能力为7 500吨；二期工程已完成土建工程，正进行设备安装。污水处理厂的建设，使全镇的工业和生活污水得到了集中处理、达标排放，有效解决了工业污染问题，为创业基地的后续发展奠定了良好的基础。

创业基地注重抓好硬、软件的服务，在建好标准厂房后，对基地内的道路、电、水、消防、网络、通讯、绿化等基础设施建设紧跟而上，及时搞好硬件配套工作。为方便企业办理各方面手续和解决企业碰到的困难，创业基地专门组建了赣榆县金山产业集聚区发展有限公司，热忱为基地内企业提供一条龙服务，简化办事程序，为入驻企业节省了大量的时间、免去很多麻烦，深受创业基地企业主们的欢迎。

3. 与职业院校合作，培养对口技术人员

为更好地向入驻企业提供优质服务，创业基地专门成立了创业服务中心，积极与金山职业中学联合，针对区内企业需求开设职业技术课程，安排技术实践，学生毕业后推荐到基地企业工作。这样，一方面解决了毕业生的就业问题，另一方面又解决了基地内企业技术工人缺乏的问题，扩大了企业的生产规模。

14.3 培育成功的典型企业案例——佳宇电子材料科技有限公司

1. 企业简介

连云港佳宇电子材料科技有限公司位于创业基地内,成立于 2007 年 8 月,注册资金 3 000 万元人民币,占地面积 17.5 万平方米,现有员工 312 人,主要从事硅片切割液、清洗剂、研磨液以及废砂浆的回收再利用生产。该公司于 2007 年 12 月试生产一次成功,在产品的质量及稳定性方面,国内多家上市企业给予了充分的肯定和认同。目前已经和多家国内大型光伏企业建立了稳定的合作关系。公司投产以来,保持了旺盛的发展势头,2009 年已实现税收 1 400 多万元。以生产太阳能硅片切割液、清洗剂为主的佳宇科技电子项目一期投资 1.2 亿元,已全面投产达效,可实现销售收入近 2 亿元。

连云港佳宇电子材料科技有限公司硅片切割液市场占有率居全国第二,产能达 5 万吨/年,销售价格为国内最低。硅片切割废砂浆回收利用加工产能居全国第一,达 7 万吨/年。2008 年底,公司开始投入硅片切割项目的开发与生产。切片项目设计产能 360 兆瓦,规划用地 80 亩,切片车间 3 个,每个车间 7 000 平方米,线切割设备 40 台,共计订购日本 NTC 公司的多线切割机 120 台,总投资 4.5 亿元。

2. 创业基地的作用

2007 年 8 月中旬,无锡客商刘来宝有了投资金山的意向,创业基地紧盯跟进。2007 年 9 月 14 日,连云港佳宇电子材料科技有限公司开工建设,2007 年 12 月 15 日,仅仅用了 90 天的时间,公司便开始试产。以公司的建设为契机,金山镇找到了一个寻觅已久的适合金山发展的产业——光伏产业。在与公司负责人进行商谈时,土地指标问题及供电线路问题成了项目落地的“拦路虎”,招商一时陷入了危局。为了让光伏产业的核心企业顺利落户,打掉这两个“拦路虎”,创业基地将行政中心建设用地指标及建设行政中心的 400 余万元资金拿了出来,同时也为该公司提供了两条 35 千伏双回路供电系统。2009 年,连云港德电子材料科技有限公司、连云港金方电子材料科技有限公司等几家大企业也相继落户创业基地,初步形成了“硅棒——切片——辅料——废料回收”的产业链条。金山镇光伏新能源产业链条的形成,创业基地功不可没。

14.4 面临的问题

由于创业基地形象良好、建设成本较低,要求进驻基地的企业越来越多,正式进驻基地的企业每年以 20 户的速度增加,而现有的基地条件根本不能满足更多企业的需求。另一方面,随着企业规模的壮大、市场发展的需求,企业对基地的公共服务要求也越来越高。

创业基地还面临着以下几个方面的问题:

1. 融资难

由于大多数中小企业经营规模小,且多是租用标准厂房,无固定资产作抵押,企业融资存在很大的困难,迫切需要解决融资难的问题。

2. 管理者素质不高

基地内企业的管理者和从业者学历水平较低,如何通过加强培训,进一步提高管理者和从业者的素质是一个不小的难题。

3. 企业技术层次偏低

基地内的工业产品仍以初级加工品、原材料和配件为主,整体上科技含量和附加值不高;高新技术产业发展相对缓慢,科技贡献份额较低,迫切需要引进高技术人才和高科技产品。

14.5 点评

1. 培养学习型创业基地

创业基地将进一步总结和探索小企业创业基地内在发展规律,根据产业集群的特点,因势利导,认真加强指导,吸取其他地区创业基地建设的宝贵经验,培育基地型企业的重要载体,大力鼓励企业充分利用已形成的产业基础和产业优势,以创优保特色、以创新求发展。

2. 着力解决融资难问题

创业基地在融资问题上提出新的思路,解决建设资金不足的问题,着力与江苏银行合作,在全市进行信用联盟体建设试点,将创业基地内的企业纳入信用联盟体成员之中,江苏银行连云港分行给予联盟体相当的授信额度,有效解决基地企业的融资难题。

3. 完善基地内部服务功能

创业基地将竭尽全力整合内外部资源,加快小企业创业基地内部服务管理机构建设。创业基地将继续加大基础设施建设力度,把基地建设成为环境优美、设施完善、信息畅通、机制灵活、创业创新氛围浓郁,具有国内先进水平的小企业创业基地。目前,创业基地正着手建设外来务工职工公寓,将有效提升外来职工的生活质量。

4. 加强合作交流

创业基地正积极与国内外的大中专院校合作交流,提升科研实力,把基地建设成为技术创新和科技成果转化、产业化的示范基地,继续加强小企业创业基地的各项科技平台建设,同时集中体现研发创新、培育创业、转化辐射和科技服务四个方面的主题功能。

第 15 章 如皋市中国肠衣城的运营与管理

　　江苏省如皋市中小企业创业基地即中国肠衣城由国内知名的肠衣企业——如皋市坝新肠衣有限公司、如皋市太阳肠衣食品有限公司、南通仁寿食品有限公司、如皋市正大肠衣有限公司,四家公司联合组建的江苏联众肠衣有限公司投资兴建,占地面积达 28 万平方米,总投资 6.8 亿元,实力雄厚。中国肠衣城按欧盟标准设计建造,厂区布局合理、设施齐全、清洁卫生、绿色环保。城区内驻有肠衣加工企业 200 多家,进驻企业均严格按照 ISO9001:2000 质量管理体系和 HACCP 食品安全管理体系标准进行生产加工,符合美国、欧盟等国家和地区的卫生注册要求。

15.1　肠衣城概况

1. 发展历程

　　中国肠衣城是在如皋市委、市政府的大力支持下,在江苏肠衣商会的牵头引导下成立的,由如皋市正大肠衣有限公司等四家肠衣企业联合投资。组建成立的江苏联众肠衣有限公司是肠衣城投资建设的主体和龙头企业,它利用政府的扶持优惠政策,坚持市场化运作,在壮大自己的同时,带动了基地内其他同行业中小企业的发展。

　　2004 年,如皋市肠衣商会成立,2006 年 11 月升格为南通市肠衣商会,2008 年再升格为江苏省肠衣商会,已有 220 多家肠衣企业加入,信息共享、合作经营、共同发展。会长单位是如皋市坝新肠衣有限公司,该公司同时为全国肠衣商会副会长单位。

　　2006 年 5 月,如皋市委、市政府审时度势、英明决策,从发挥优势、整合资源、做强品牌的战略高度出发,正式启动了中国肠衣城建设,并于 2006 年 7 月 19 日以《皋〔政〕发 89 号文件》的形式下达了《市政府关于加快中国肠衣城建设的意见》,就肠衣城建设的意见、规模、用地及优惠政策提出了具体要求和落实措施。

2006年12月31日,在如皋市光华国际大酒店隆重举行了南通市肠衣商会挂牌庆典暨中国肠衣城规划建设推介大会,这标志着中国肠衣市场的航母——世界最大的肠衣加工中心、中国最大的肠衣生产基地,正式从如皋起航。

在如皋市委、市政府及有关部门的大力支持下,在肠衣商会特别是几家骨干企业的共同努力下,经过不到两年的奋战,中国肠衣城一期工程于2008年3月竣工。一期工程用地220亩,建筑面积13.5万平方米,道路、绿化、管网、水、电、气、污水处理等配套设施均已到位,2008年10月全面开业投产。

二期工程已于2008年8月动工,占地面积200亩,建筑面积12万平方米,2010年竣工。宏伟的肠衣城建设规模和现代化水平的生产环境,为如皋肠衣产业发展奠定了基础。

2008年,如皋市肠衣生产总值达25亿元,生产量和出口量均达到全国总量的35%以上,成为如皋市经济发展的特色产业和重大支撑,在国际与国内同行业中都有重大影响。

2. 入驻企业

如皋市现有肠衣加工企业及个体经营户350多家,其中出口注册企业8家,规模生产企业20家,从业人员15 000多人,拥有250多人的经纪人队伍,形成了稳定的收购、加工、销售一体的肠衣生产经营一条龙。其中绝大部分肠衣企业和部分规模企业已进城经营,目前已有入驻企业178家,包括如皋市坝新肠衣有限公司、如皋市太阳肠衣食品有限公司、如皋市正大肠衣有限公司、南通仁寿食品有限公司以及如皋盐业等在内的南通肠衣商会骨干企业,它们在创业基地内经培育形成了一定的规模,很快占领国内肠衣市场,并迅速拓展国外市场,实现了肠衣产业化和规模经济效应。

中国肠衣城的主要产品为盐渍猪肠衣、干制猪肠衣、盐渍大肠头、盐渍猪肥肠、肝素钠等,与肠衣生产自身发展相配套的生猪屠宰、猪副产品加工、传统品牌香肠、传统品牌火腿制作等产业链基本形成,产品主要销往欧美、日本等国家和地区。

3. 服务功能

中国肠衣城的核心服务功能主要包括两个方面:一方面对入驻园区的中小企业创业者进行专业知识的培训,帮助他们进行市场分析和制订发展规划;另一方面对遇到经营瓶颈的创业企业提供资金、人才、技术和

市场等综合服务,尤其在 2008 年全球金融危机期间。其具体服务功能表现在:

(1)创业硬环境

原来,如皋市肠衣生产企业比较分散,大多为家庭作坊式的生产模式,又无任何污水处理设施,使肠衣生产污水横流,曾一度出现"生产分散、资源浪费、产品档次低、工艺水平落后、恶性竞争、废水超标排放、环境污染严重"等问题,给本地区水环境造成了严重污染,给城乡居民生活和工作造成了恶劣的影响。而现在,总投资 6.8 亿元兴建的占地面积达 28 万平方米的中国肠衣城,按《食品卫生法》及欧盟标准高起点规划设计,道路、绿化、管网、水、电、气、污水处理均已到位,已建设成为"绿色、环保、节约、高效、清洁、安全"的工业旅游型肠衣基地,建成后的肠衣城将实现肠衣行业规模、集聚、环境、就业、外向、产品档次六大水平的提高。

如今,肠衣城内创业企业的肠衣生产污水得到了集中治理,江苏联众肠衣有限公司投资 680 万元建成的污水处理站,日处理污水 2 000 吨。采用先进的设备及处理工艺,通过物化加生化的处理办法使肠衣污水处理达到国家一级排放标准,为环境保护提供了保障,构建了和谐的经济发展模式。

(2)创业软环境

中国肠衣城通过近一年的生产运转,集聚、集约、集群、环保效益凸显,在相关职能部门的关心和支持下,肠衣产业规模得到空前的发展。特别是在科技部门的支持下,通过产、学、研合作方式,先后成立了南通市(联众)肝素钠工程技术研究中心、南通市肠衣制品工程技术研究中心。中心的成立使产品质量得到了有效的控制和保证。

为了增加产品附加值,中心不断把产品向中、高端延伸。2008 年成功实施了肉类食品加工专用酶制剂高效提取肝素钠关键技术研究的省科技支撑计划,使产品增加了科技含量,为产业注入了新的活力。

(3)培训服务

中国肠衣城积极组织有关服务机构为基地内的创业中小企业提供各类培训增值服务,为初创企业进行工商、税务、环保等法律法规培训、ISO9001:2000 质量管理体系、HACCP 食品安全管理体系标准等培训,还学习了美国、欧盟等国家和地区的卫生注册要求,同时开展了包括政策、专业技术、专利及知识产权保护、项目申报、企业投融资及上市等方面知识的培训。

4. 政策扶持

（1）纳税服务"心贴心"

中国肠衣城建立了肠衣行业定期联系制度,如皋市各级领导、税管员经常深入肠衣城,交流国家宏观政策调控方向,分析食品行情走势,沟通资金运作情况,辅导涉税事宜,提供贴心服务。

（2）纳税评估"面对面"

所得税汇算清缴期间,政府部门相关人员主动上门服务,进行逐项分类评估,并提出合理化的评估建议,有效地为中小企业降低了涉税风险。

（3）优惠政策"实打实"

根据现行税收优惠政策,如皋市税务部门正确处理取与予的关系,在依法征税的同时,为肠衣城内的多家企业依法办理了股权投资损失和其他税收减免手续,有力地推动了企业危中求机,帮助企业顺利地摆脱困境。

15.2 发展特色

1. 服务特色

（1）核心企业的龙头作用

由国内知名肠衣加工生产企业——如皋市坝新肠衣有限公司、如皋市太阳肠衣食品有限公司、南通仁寿食品有限公司、如皋市正大肠衣有限公司四家公司联合组建的江苏联众肠衣有限公司在创业基地内充分发挥核心企业的龙头作用,主要负责管理基地内的其他同行业的中小肠衣企业,严格控制产品生产加工质量、统一管理污水处理与排放,同时对目前的国内、国际市场进行预测和分析,打开国内外肠衣营销渠道。总体来说,在竞争合作机制和新型专业化分工体系的基础上,江苏联众肠衣有限公司和基地内的其他肠衣企业和谐友好发展,共同营造资源节约型和环境友好型肠衣产业体系,构建以产业集聚化、企业集群化、资源节约化、技术高新化为特征的崭新格局。

（2）产学研结合

中国肠衣城内的企业与国内外知名科研院所建立长期技术合作关系,2007年与江苏省农科院、南京农业大学、江南大学等科研院校合作建立了"中国肠衣城工程技术中心",主要进行肠衣产品深加工,新产品、新技术的研究开发。其中,如皋市坝新肠衣有限公司与扬州大学、南京农业

147

大学、南京生物化学制药研究所等高等院校和科研机构开展技术合作，2007 年共申报实施 4 项科研项目，其中一项已被省科技厅推荐到国家科技部。

中国肠衣城邀请欧盟知名肠衣专家到基地视察指导，不断提高肠衣产品科技含量，自主研制的新型树脂酶解法提取肝素钠的新技术将肠衣生产效益提高了 33%，达到国内同类行业领先水平；每两年举办一次"中国肠衣论坛"，邀请国内外专家进行生产、经营及科研探讨。

（3）绿色环保生产

中国肠衣城按欧盟标准设计建造，厂区布局合理、设施齐全、清洁卫生、绿色环保。进驻企业严格按照 ISO9001：2000 质量管理体系和 HACCP 食品安全管理体系标准进行加工生产，符合美国、欧盟等国家和地区的卫生注册要求，使产品远销至欧盟、美国、日本、南非、罗马尼亚、马来西亚、泰国等 20 多个国家和地区。

如皋市内大多数肠衣生产加工企业进驻园区内，使生产污水得到了集中治理。江苏联众肠衣有限公司斥资 680 万元建成的污水处理站，采用先进的设备及处理工艺，通过物化加生化的处理办法使肠衣污水处理达到国家一级排放标准，日处理污水量达 2 000 吨，使得如皋肠衣生产真正实现了"绿色、环保、节能、高效、清洁、安全"的目标。

2. 产业特色

（1）集聚效应

中国肠衣城一期工程结束后，正狠抓二期工程进展，力争尽早建成投产，并积极筹备三期工程上马。届时，市内所有肠衣企业都集聚于中国肠衣城，预计在全市肠衣企业全部进驻之后，将节约用地 1 380 亩。中国肠衣城产业集聚、企业集群、经营集约效益已经显现，在国内乃至国际肠衣行业产生了较大影响。中国肠衣城力争构筑成中国最大的肠衣生产、出口基地，培育成全球最大的肠衣加工、交易中心，建设成园林式农副产品加工旅游基地。

（2）产业链效应

如皋民间肠衣生产历史悠久，在一百多年的生产经营中，已形成了自己独具特色的加工模式与产品优势。天然肠衣是资源紧缺、可食用的食品包装物，目前尚无同品质的替代品，肠衣生产经营时限很长，60% 的如皋肠衣企业通过了 ISO9001 质量管理体系认证。肠衣生产是如皋市经营百年的传统产业，已经形成了相当大的规模，以肠衣加工为主体，向肠衣加工上、下游延伸的产业链已经形成。全市已具备300人左右的经营队伍,在全国25个省市驻有上千个肠衣原料、半成品收购点,因此,肠衣产品的销售和原料来源均有可靠保证。

（3）"十二个统一"

中国肠衣城中小企业创业基地实行集团化经营,逐步落实"十二个统一":一是统一产品品牌;二是统一产品质量标准;三是统一产品质量管理;四是统一产品出口检测;五是统一技术研发;六是统一对外销售;七是统一组织水、电、气等能源供应;八是统一组织肠衣生产辅料、包装物的供应;九是统一安全生产管理;十是统一排污治污;十一是统一物业管理;十二是统一招商引资。中国肠衣城正通过"十二个统一"的推广、落实,努力把中国肠衣产业做大、品牌做强、特色做新,成为名副其实的中国肠衣大本营、世界肠衣加工厂。

15.3 成功经验

中国肠衣城通过硬件建设和高效管理,有效地整合了如皋市肠衣行业资源,充分发挥了行业优势,全面提升了如皋肠衣行业的整体水平,适应了国际市场的竞争。同时,大幅度地提高了当地农民的收入及各中小企业的经济效益和社会效益,提升了如皋肠衣在国际、国内市场上的影响力和知名度。

1. 市委、市政府重视,商会强力引导

如皋市委、市政府将中国肠衣城列为如皋重点扶持发展的14个百亿产业园之一,在相关政策、资源配置等方面给予重点倾斜,市政府领导高度重视中国肠衣城的发展,经常到经济开发园区调研、指导工作、现场办公,帮助解决园区建设中的具体问题。2008年下半年以来,面对国际金融危机给食品行业带来的深度冲击,如皋市主动与中国肠衣城内的中小企业对接,畅通绿色通道,优化服务,积极为肠衣企业排忧解难、共克时艰。

如皋肠衣商会自2004年6月18日正式组建以来,坚持"维权、桥梁、自律、发展"的工作方针,会长单位、副会长单位起核心模范带头作用,以会长、副会长们大胆创新、勇于奉献的精神为指引,以服务好会员企业为天职,以进一步整合行业资源、做大做强特色产业为目标,努力当好政府的参谋和助手,取得了明显的工作成效和广泛的社会影响。这在近几年的全市肠衣行业快速发展中,特别是在中国肠衣城的建设中发挥了不可替代的积极作用。肠衣商会在肠衣行业中有很强的号召力和影响力,将带领全市肠衣行业向更高层次飞跃。

2. 加强基地建设,实现产业集聚

针对原如皋肠衣企业分散的现状,2006 年 7 月如皋市委、市政府出台了《关于建设"中国肠衣城"的意见》,通过商会牵头、政府搭台、市场化运作,建成总投资 6.8 亿元、占地 420 亩的绿色环保、节约高效、清洁安全的肠衣生产园区。占地 220 亩、建筑面积 10.5 万平方米的肠衣城一期工程于 2008 年 6 月竣工,20 家规模以上和 200 多家中小肠衣企业进驻基地。二期工程于 2008 年 8 月动工,占地面积 200 亩,建筑面积达 12 万平方米,三期工程已上马。全市所有肠衣加工企业都集聚中国肠衣城,真正构建以产业集聚化、企业集群化、资源节约化、技术高新化为特征的中国肠衣崭新格局。

3. 坚持科学发展,实施绿色生产

肠衣产业基地严格按照《国务院关于落实科学发展观加强环境保护的决定》《食品卫生法》和欧盟标准组织生产经营,贯穿"绿色、环保、节能、高效、清洁、安全"六大原则。实施"绿色"生产模式,运用先进科技手段进行污水处理,保护生态环境,推行清洁生产,实施零污染排放,将"中国肠衣城"建设成为名副其实的环境友好型、资源节能型基地。

4. 优化企业管理,创建世界品牌

按照《中华人民共和国公司法》,肠衣生产基地逐步推行"十二个统一",实行集团化经营,组建"中国肠衣集团",统一管理所驻基地的所有中小企业,在达到一定规模的基础上实现规范化经营与生产,为基地肠衣产品站稳国内市场、开拓国际市场奠定了基础。全市肠衣行业从业人员达万人,其中有一大批科技管理人才和技术熟练工人,足以保证科技开发、经营管理和产品质量的需要。每年举办一次"中国肠衣节"(与如皋市沿江经济洽谈会同步进行),邀请中、外客商进行经贸洽谈、签约。如皋市坝新肠衣有限公司、如皋市太阳肠衣食品有限公司等 6 家年销售额超亿元企业成为世界肠衣商会理事单位、中国肉类协会肠衣分会理事单位。

5. 优化投资环境,强化招商引资

根据行业特点,经有关部门批准,驻"中国肠衣城"所有创业企业,参照《苏发〔2001〕5 号文件》,减半征收水资源费。为鼓励产业集聚,中国肠衣城及时研究扶持肠衣生产各项政策措施,提请市政府批准,予以施行。中国肠衣城根据"十二个统一"的要求,逐步组织实施各项配套服务,不断优化投资环境,加大招商引资力度,吸引国内外商家到中国肠衣城投资,吸收市外肠衣生产企业来基地落户,先后接待 23 批国外客商前来考察、洽谈业务,接待 52 批国内客商和政府考察团前来参观学习、洽谈业务。中国肠衣城的基地建设为全市肠衣产业又好又快发展奠定了坚实基础。

15.4 培育成功的典型企业案例——江苏联众肠衣有限公司

1. 企业简介

江苏联众肠衣有限公司于 1995 年在如皋市经济开发区成立,由国内知名的肠衣企业——如皋市坝新肠衣有限公司、如皋市太阳肠衣食品有限公司、南通仁寿食品有限公司、如皋市正大肠衣有限公司四家公司联合投资组建,注册资金 4 000 万元人民币,现为江苏省农业产业化重点龙头企业、全国肠衣加工行业优秀企业和全省最大的肠衣及肝素钠生产企业。该公司于 1999 年获得欧盟卫生注册;2005 年相继通过 ISO9001 管理体系认证和 HACCP 食品安全管理体系认证,目前是江苏省如皋市中国肠衣城创业基地投资建设的主体,是江苏省肠衣商会的会长单位和全国肠衣商会的副会长单位,在所有进驻肠衣城的中小企业中起着龙头作用,主管肠衣城的市场化运作。

该公司主要经营肠衣的收购、加工、销售,以及肝素钠初品加工和销售。主要产品有盐渍猪肠衣、干制猪肠衣、盐渍大肠头、盐渍猪肥肠、肝素钠等,与肠衣生产自身发展相配套的生猪屠宰、猪副产品加工、传统品牌香肠、传统品牌火腿制作等产业链基本形成。其肠衣产品远销美国、欧盟、日本等 21 个国家和地区,占国际肠衣销售量的 4.5%,打通了与世界十大肠衣经销商之一的荷兰万康公司的贸易往来,出口创汇额以每年15% 的速度递增。目前已形成 250 人左右的经营队伍,在全国 25 个省市驻有上千个肠衣原料、半成品收购点。因此肠衣产品销售和原料来源均有可靠保证。

2. 龙头企业的作用

为加快如皋肠衣"板块经济"的崛起,打造如皋肠衣响亮的品牌,全市绝大部分肠衣生产企业已"进城"生产经营,主管市场化运作的江苏联众肠衣有限公司在建设中国肠衣城生产基地的同时,积极推进中国肠衣城"十二个统一"的标准。

2006—2008 年如皋市肠衣企业主要指标完成情况见表 15.1。

表 15.1   2006—2008 年如皋市肠衣企业主要指标完成情况汇总表

年份	销售收入/万元	出口创汇/万美元	利税/万元	实现利润/万元
2006	226 060	26 688	18 060	10 820
2007	300 700	36 514	23 900	13 720
2008	388 420	48 552	28 179	15 860
合计	915 180	111 754	70 139	40 400

15.5　制约瓶颈

在这机遇与危机并存的时代,近年来,中国肠衣城虽取得了长足的发展,但也隐藏着潜在的市场风险,不容忽视。

1. 国际贸易壁垒日益抬高

目前我国肠衣主要出口国是德国、法国以及荷兰等欧盟成员国家,随着农产品国际贸易的发展,技术性贸易壁垒越来越多。近年来,欧盟不断压低肠衣贸易中的氯霉素、硝基呋喃类等残留药物的含量指标,要求近乎苛刻。肠衣产品的药物残留关键在动物养殖阶段,而目前我国畜禽养殖仍是以千家万户的分散养殖模式为主,对农兽药物残留的源头监管控制能力很弱。因此,以农兽药残留为主的贸易壁垒已经成为我国肠衣出口的首要制约因素,直接影响中国肠衣城创业企业的产品出口外销。

2. 原料质量和价格问题凸显

中国肠衣城的绝大部分肠衣生产原料需要从外地采购,由于近几年的生猪疫情导致农民养猪积极性大大降低;2008 年初的特大雪灾造成南方地区大量生猪被冻死和饿死;饲料价格持续上涨导致生猪价格一直维持在高位;全国养猪第一大省——四川省在汶川大地震中损失生猪365.75 万头等等,造成了国内肠衣原料市场一度供不应求,肠衣生产企业无法通过价格杠杆来控制原料质量,甚至出现许多企业不管原料质量如何盲目抢购原料的现象。另外,原料成本价格居高不下,造成肠衣产业利润空间锐减。

3. 企业管理水平相对滞后

由于如皋市的肠衣企业大多是家族式的中小企业,管理水平低下已成为产业发展的重要制约因素之一。一是缺乏科学的管理模式,基本上沿袭着传统的畜产品加工生产方式和管理方法;二是卫生管理比较落后,厂区缺乏合理规划,工人卫生意识不强,缺少正规的储存仓库;三是产品质检体系不健全,检测仪器和设备落后,检测人员技能较低;四是生产经营状况不容乐观,部分小型企业处于半生产状态,在原料紧张或市场行情不景气时就停产。

4. 行业整治不力,远未实现产业集聚

建设"中国肠衣城",是为了促进如皋肠衣行业更好更快地向"产业集聚、企业集群、经营集约"的方向发展。然而,因行业整治力度不够,该关的没关,该停的没停,到目前为止,还有170多家肠衣企业在外零散生产,污染环境、浪费资源,影响了"十二个统一"的进程,难以形成肠衣城最佳的集聚效应,需要政府及相关职能部门进一步加大联合执法整治力度,促使这些企业都进入肠衣城经营。

5. 落实用地和解决融资两难

中国肠衣城预计用地400多亩,到目前为止,只有100亩土地的使用权证,制约了企业融资,严重影响了肠衣城的后续发展、可持续发展,政府部门应尽快着手解决这一棘手问题。

15.6 对策建议

针对上述中国肠衣城未来发展中的市场风险和可能制约肠衣创业企业发展的瓶颈,我们提出以下四点建议,力使处于成长期的中小企业摆脱困境,得到良性的后续发展。

1. 致力破解国际贸易瓶颈制约

一是由出口检验检疫部门牵头建立肠衣贸易壁垒预警机制,创建肠衣国际贸易标准共享数据库;二是农林和卫生部门进一步完善农兽药残留监控体系,加大对药物生产、销售和使用等环节的管理;三是加强科技研究,实现国内药物残留检测标准与国际接轨,加快肠衣生产安全卫生关键技术的攻关步伐。

2. 鼓励发展原料生产基地

进一步加大政策扶持力度,按照"肠衣企业 + 原料基地 + 散养农户"模式,培育一批具有一定规模的动物养殖场。鼓励肠衣企业与原料基地签订采购合同,降低原料成本,完善原料质量监控体系,做好从原料到成品的全过程标识,建立养殖、收购、储存、加工、检验的过程管理档案,严把肠衣产业的卫生监督关。

3. 加大肠衣产业的扶持力度

肠衣产业是国家政策鼓励发展的绿色产业,是如皋市经营百年的传统产业。政府鼓励肠衣企业积极扩大规模,打造品牌;引导企业建立并完善科学管理制度,逐步通过 ISO9000 和 HACCP 质量体系认证;推动企业集聚集约发展,依托中国肠衣城建立如皋肠衣集团,并培育上市。

4. 不断提升产业发展层次

加快建立江苏省肠衣出口基地,大力创建如皋肠衣品牌,着力将其打造成我国食品加工出口产业的新增长点。政府应尽快出台关于肠衣产业的科技创新激励政策,在肠内膜制成肝素钠生物药品,肠衣制成无须拆除的医疗手术缝合线,肠衣制成弹性好、韧度高、耐久经用的羽毛球拍等方面攻克科技难题,将"如皋小肠衣"做出产业大品牌。

15.7 未来发展展望

根据如皋市委、市政府的要求和肠衣行业自身发展的需要,中国肠衣城经过对资源配置的充分研讨和对市场前景的预测、分析,已制订了如皋肠衣产业发展的五年规划。

所占市场份额的目标是:规划期内,肠衣生产量和出口量占全国总量的份额由现在的 40% 力争提高到 60%。

企业规模扩张的目标是:中国肠衣城内现有肠衣加工企业和个体经营户 150 多家,规划期末全市所有肠衣企业均进驻城内经营,另外引进市外企业 10～20 家。

新增就业的目标是:全市肠衣行业现有就业人员 10 000 人左右,规划期内新增就业岗位 10 000 个。

15.8 点评

依托"政府支持、商会牵头、市场运作"的广阔平台,江苏省如皋市果断抛弃了遍地开花的作坊式肠衣生产模式,筹措了 6.8 亿元,全力加快中国肠衣城的建设。多年来,如皋肠衣闻名全国,产销量居国内前列,已成为如皋市经济发展的重要支撑。虽然如皋肠衣企业在多年的发展中克服了生产中的一系列难题,但经济的全球化和动荡的市场环境,一次又一次地给如皋肠衣的顺利发展设置新的障碍。比如,竞争对手的增加,近两年来,印度等发展中国家不断增加肠衣产品出口,挤占国际市场;替代产品出现,人造蛋白肠衣已经问世,虽然其品质远不及天然肠衣,但是价格低,一些低档产品可以使用,一定程度上挤占了天然肠衣市场;原料价格趋升,天然肠衣的原料来源与生猪养殖状况息息相关,而农副产品价格总体走势趋升,在一定程度上影响了肠衣的价格竞争力,等等。因此,必须全面提高如皋市肠衣产业在国内和国际市场上的核心竞争力,调动一切可调动的人力、物力、财力和优惠政策,促进肠衣产业真正地沿着"规模更大、品牌更强、特色更新的轨道和产业集聚、企业集群、经营集约的发展思路"又好又快地发展,为打造如皋百亿肠衣产业构筑新的平台。

第 16 章　盐城中小企业创业园的运营与管理

在盐城市高新技术开发区内,一个"区中之园"拔地而起,这就是盐城中小企业创业园(以下简称"创业园")。创业园是为化解中小企业发展瓶颈、适应大市区"退二进三"需要、推动新一轮全民创业热潮而兴建的。"若你想飞,我们给你天空,给你翅膀。"这则广告语吸引着诸多投资创业者进驻创业园。

16.1　创业园建设背景

盐城市当地很多创业者怀揣着创业梦想,尽管有启动资金,有门路,有市场,但无法征地、无钱建厂,创业大门始终难以开启;外地客商来盐城市盐都区投资,由于土地资源紧张,这些企业很难获得土地征用指标,无法建厂房,无处租厂房,难以"落地生根"。这是客商的遗憾,也是盐都区"主人"的无奈。

2007 年 8 月,盐都区委书记李纯涛受浙江发展民营经济的相关报道的启发,认为浙沪建设中小企业创业中心的经验是一个好样板,有了这样一个投资载体,既能化解土地、资金瓶颈制约,又能推动企业集聚、产业集群,一举多得。因此,李书记产生了一个大胆的构想,他找到了盐都区房产管理局局长杨森,谈了关于建设中小企业创业平台的想法。

随后,区长崔浩也与杨森商量,提议尝试搞"工业房地产"项目的设想,既可以帮助政府分忧,又可以发展自身。

于是,2007 年国庆节前后,杨局长带领一行人员马不停蹄地到浙江、上海、苏南参观考察。他山之石,可以攻玉。浙江推进中小企业发展的做法给大家留下了深刻的印象,使得大家在盐都区建设中小企业创业园的构想成竹在胸。最终决定由盐都区房产局下属的住宅建设有限公司投资,建设标准厂房和其他配套设施,打造创业平台。

16.2 创业园概况

1. 发展历程

2007 年 11 月,盐都区房产管理局从积累资金中拿出 1.6 亿元投资到创业园中作为自筹资金,按照"政府出政策,企业化运作"的模式,设立了园区投资公司,准备在盐城市高新技术产业区内实施"工业房地产"项目。

2007 年 12 月,项目立项,区委书记李纯涛要求立即报市政府审批,并提出"要干则快,争取挂盐城的牌子"。当月,经市民营经济工作领导小组批准,同意园区挂市级中小企业创业园的牌子;12 月底,园区便拿到批复,规划也同步进行。

2008 年 1 月,在众人的期盼下,创业园一期 178 亩土地成功挂牌,3 月份便破土动工。到 2008 年 10 月,园区一期规划 200 亩,建筑面积近 20 万平方米的 12 幢标准化四层厂房已竣工,可入驻中小企业 40~60 家。

2008 年 8 月,首批入园企业签约仪式在盐都区房产管理局举行。

2009 年,占地近 500 亩的第二期工程已经完成约一半,入园企业 40 余家。

2011 年,园区继续按照规划稳步有序地发展。

2. 目标定位

发展理念:长远发展和可持续发展。

功能定位:研发创新、培育创业、科技创造。

产业导向:以科技研发、先进技术加工和培育中小企业为主题。

产业定位:"两个主导,两个优先",即园区主导产业为电子和精密机械;高科技企业、外资企业优先进驻。

3. 园区环境

(1)便捷的交通条件:高速公路四通八达,距上海车程 2 小时;一类开放口岸港口 1 个,二类 3 个;园区建有内河码头 1 个,内河通航能力 500吨;国际空港已开通韩国首尔、北京、广州、南通等航线,即将开通香港、西安等航线;新长铁路贯穿盐城全境。

(2)充足的人力资源:盐城市为江苏省第二大人口城市,各类职业院校 47 所,盐城工学院等本科院校 2 所,能够为入驻企业提供多层次、多领域的专业人才和普通用工需求。

(3)健全的城市资源:共享盐城市新老城区各类城市资源。

（4）富余的基础配套：园区南侧热电厂有中压锅炉加 1.2 万千瓦发电机组；变电站 3 座，园区启动区 16 万平方米的设计负荷为 6 000 千瓦；其他基础配套能力充足。

4. 园区规划

为避免重蹈以往城市工业发展前建后拆的覆辙，创业园在一开始规划时，就确立了高目标，坚持可持续发展的理念，提出"一年出形象，二年创省级，三年成规模，四年全面建成"的开发目标，并请来省设计规划院进行规划。

园区总体规划格局为一心二轴三区：

一心：园区综合管理中心，塑造出水绿特质的标志性园区入口形象。

二轴：公共服务轴，带动观光工业区和产业配套区的发展；产业发展轴，引导楼宇工业区分期开发。

三区：产业配套服务区，以办公管理、科研培训、后勤配套为主体的公共服务带；观光工业区，以环保节约型产业为主导的观光工业带；楼宇工业区，以都市楼宇产业为主导的工业集中带。

创业园规划用地 1 160 亩，建筑面积 85 万平方米，具体各类用地规划如下：

（1）居住用地：规划居住用地面积 2.27 万平方米，占规划建设用地的 3.1%。居住用地规划有职工宿舍与高层管理者公寓，新建住宅以多层住宅为主，局部建设少量点式小高层住宅，以丰富空间景观层次。容积率控制在 1.2 以下，建筑密度控制在 28% 以下，绿地率控制在 30% 以上，建筑物高度控制在 36 米以下。

（2）行政办公用地：规划行政办公用地面积 1.17 万平方米，占规划建设用地的 1.6%。行政办公用地主要为园区综合管理中心用地，布置在基地东南角，主要包括招商中心、咨询中介机构、创新服务中心、园区管委会、会展中心等主要项目，提供招商、宣传、一站式服务、咨询、中介、会议、展览、新闻发布等服务，并结合与之配套的小部分餐饮、娱乐，作为创业园的综合服务窗口。

（3）商业金融用地：规划商业金融用地面积 1.17 万平方米，占规划建设用地的 1.6%。商业金融用地为居住用地配套设施，如超市、餐饮、娱乐等日常服务。

（4）工业用地：规划工业用地面积 39.25 万平方米，占规划建设用地的 54.1%。基地西南角工业用地为园区产业启动区。

（5）仓储物流用地：规划仓储物流用地面积2.34万平方米，占规划建设用地的3.2%，主要为园区配套的现代仓储物流用地。

5. 园区服务

为了让企业安心入驻，创业园从项目申报、规划布局、税务登记、银行开户到日常管理各个环节都进行全程代理。盐都区组织财政、劳动、科技、工会、妇联、共青团等部门联手打造多个服务平台，并派专人入驻园区，演绎了一曲服务企业的"大合唱"。

（1）政务代理服务平台是以盐城中小企业园服务中心为依托，对入园企业行政审批全过程代理的服务平台。

（2）人力资源平台是以盐城市盐都区劳动和社会保障局、人事局和盐城市职业教育中心聘请的高级人才顾问和园区为依托，提供符合企业发展要求的人才服务平台。

针对部分企业"招工难"问题，园区采取"政府给政策、企业出资金、企业提要求、职校供生源"的模式，组织实施企业人力资源储备，通过企业与职校联合办班等方法，建立以定向培训为主的人力资源服务平台。

（3）技术支撑平台是以盐城市盐都区科技局和上海市科技促进会为依托的服务平台。

为了更好地"培育"入园的中小企业，解决其发展进程中的科技难题，园区用近半年时间，与上海科促会达成了长期合作协议。企业在相关领域的研发、生产等方面遇到科技难题时，上海科促会的15名中国科学院、工程院两院院士和200多名专家将为其"诊疗"。

（4）党群服务平台主要的工作是筹划发展中的园区软环境，凸显园区理念和精神，丰富文化生活和提高职业素质。

园区将组建党员流动管理站，保证党员正常参加组织活动。工会、共青团、妇联、计生等组织建立后，定期开展的科技知识讲座、劳动技能竞赛、青年联谊会等活动，不仅可以丰富企业员工的业余文化生活，而且也有利于建立和谐的劳资关系，和谐的企业、园区关系，促进企业和个人的发展。

（5）投融资平台是以四大银行，即中国银行（分行）、江苏银行（分行）、国家开发银行（分行）、盐城市区信用联社及盐城市盐都区中小企业信用担保有限公司为依托，以担保为主的投资（风险）、融资支撑的服务平台。

盐都区中小企业担保公司作为入园企业与金融部门合作的桥梁，采取信用担保、无形资产质押担保、企业股权担保等多种形式,鼓励担保公司与金融机构合作,帮助企业解决融资难、担保难、贷款难。园区建设得到多家银行的支持,江苏银行、中国银行、市区信用联社共授信5亿元,其中1.5亿元用于入园企业,符合条件的企业均可享受一定额度的贷款。

(6) 信息服务平台是以江苏中小企业网、园区网站为依托的服务平台。

创业园重点建设的六大服务平台,想创业者之想,急创业者之急,用配套齐全、全程打包代理的服务,体现建园理念,兑现郑重承诺。

16.3 成功经验

1. 招商营造"特快区"

57万人次,这是创业园网站自2008年1月开通到2008年10月时的点击数,也是人人招商的浓烈氛围营造出的"热点聚焦";30家企业签约入园,这是创业园自2009年4月起,45天内完成的项目招商数,平均一天半招引一个项目入园,显示出盐都区危中求机、抢抓机遇的"磁铁效应"。

盐都区委、区政府启动创业园建设后,参与园区招商成了全区上下每个工作人员心里的一份责任。举全区之力,产业定位电子信息和精密机械,聚焦招商,服务招商,牢固树立"抓招商就是抓发展"的理念,规划、建设、招商都力争在最短的时间内完成,园区日新月异的进度诠释了一个"特快区"的高效率和新优势。

园区变以往的招商引资为招商选资,突出重点、各有侧重、协调推进。盐都区直部门主攻中小企业园入驻项目,为了发挥园区的平台优势,迅速掀起中小企业招商的新高潮,盐都区委、区政府多种措施并举,实行中小企业园招商轮值制度,区直部门明确一名分管负责人每周到盐城中小企业园轮值两天,各有侧重地对项目招引、建设直至投产达效实行全过程服务。区监察局派专人入驻园区,对区直部门的轮值情况进行考勤,对工作动态进行记载。招商总局每周汇总情况、公布招商进度,在全区上下形成了强劲的招商势头。

2. 优惠政策灵活多样

为了满足不同企业的入驻要求,替中小企业节约商务成本,园区推出了一系列优惠政策。以投资者是租厂房还是购买厂房产权为例,园区配之以不同的税收优惠政策,让不同的企业各取所需。

第一种方式是租赁厂房,租金是底楼8元/(平方米·月),二楼和三楼是7元/(平方米·月),四楼更低些。而对于进驻企业租金的优惠政策,是根据企业每平方米缴纳的税金而不同,每千平方米税收达到30万元、40万元或者50万元者,按企业所纳税区级地方留成的30%、40%、50%的标准来减免租金,直到享受零租金,期限为3年。以厂房租赁面积为1 000平方米的企业为例,每年地方留成的税收达到96万元,就可以享受租金全免。

第二种方式是购买厂房产权。其中又分一次性购买和半价按揭付款两种方式。对于前者,给予的优惠政策是,前两年按企业所纳税区级地方留成的100%,后两年按50%奖励给企业,即通常所说的"二免二减半";半价按揭付款的是"一免二减半",即第一年按企业所纳税区级地方留成的100%,后两年按50%返还给企业。此外,园区还推出了更为灵活的"先租后买"政策,租期满3年后,入驻企业可按事先约定价格一次性付款购买产权。租赁期间按现行租赁政策执行,购房时所交纳实际租金一次性奖励给企业,购房后两年内每年按企业所纳税区级地方留成50%进行奖励。

盐都区房产管理局局长杨森说:"这些优惠政策目前在全省都罕见,不仅解决了创业者的厂房问题,而且更多的选择余地让他们可以量力而行。"目前进驻园区的企业,采用两种方式的都有,这充分说明了这两种方式几乎可以涵盖企业的各种需求。

金融危机下的政策环境变了,国家扩大内需,扶持企业特别是中小企业的政策环境发生了巨大变化,从这点来说,盐城中小企业园的政策环境和政府扶持力度大大加强。比如从银行贷款来看,原来这个项目由于被认定为房地产开发,根本不可能得到银行支持,可现在,扶持中小企业是一项重大的金融政策,再加上盐城中小企业创业园完全是政府项目,银行频频伸出橄榄枝。2008年年底从银行融资9 000万元用于对园区自身的平台建设,二期、三期的建设也有了资金保障。

另外,金融危机逐渐显现后,企业扩大规模再生产的投入资金开始减少,节约成本、节约时间成为企业考虑的首要问题,所以,租赁厂房、购买厂房也成为不少企业的不二选择。这与从2008年园区破土动工到10月建成使用,70%的来访客商都要求由自己征地建厂房的情形相比有了很大改观,此时,投资省、投产快、配套设施齐全的创业园开始成为企业的考察对象,前来洽谈的客商和入驻园区的企业开始增多,园区的平台优势得到进一步显现。

金融危机也使得配套优势明显、商务成本较低的创业园有了承接产业转移的优势。以2009年1月与园区签订协议的盐城市澳亚科技有限公司为例，该公司原先在深圳，是以出口电脑为主的外向型企业。金融危机发生后，贸易出口形势恶化。经过对经济形势的分析考察，该公司决定落户盐城，进驻创业园。

16.4　培育成功的典型企业案例——盐城宝捷车业有限公司

1. 公司简介

盐城宝捷车业有限公司是一家专业生产电动轿车的生产型企业，是首批入驻创业园的企业之一，注册资金为100万，于2008年12月1日正式成立。该公司以生产和销售电动汽车为主。电动汽车具有无污染、噪声低、能源效率高等特点，是一种绿色环保、方便快捷并且成本较低的代步工具，是未来城市交通的新工具。

2. 入驻园区历程

盐城宝捷车业有限公司负责人还宝生是盐都区北蒋镇人，在家乡、温州等地与人合伙办过多家阀门企业。2008年6月，还宝生到山东考察电动轿车项目时，巧遇正在山东出差的盐都区农业资源开发局局长范龙华。范局长向他推介了正在建设的创业园。而此时的还宝生正急切地想上电动轿车这个绿色环保项目，虽然手头有一定的创业资金，对市场销路也十分看好，但由于无法征地、无钱建厂，他一直无从下手。听说此事后，还宝生火速从山东返回，他找到园区负责同志，当场就"拍板"，先租下园区2－03－C楼一层2 500平方米的厂房，租期3年。

"没想到我们盐城也能有这样功能齐全的创业园区，规模大，而且政策优惠，我们当然愿意进来。"还宝生说，从他得知有这个园区起，到园区帮他代理所有的审批手续，到投产，前后仅花了不到两个月时间，"这是我过去想都不敢想的事情"。

3. 创业园区的作用

"这里政策灵活，每年花不多的租金，我们就能租用标准厂房组织生产经营。等企业壮大了，手头有足够的资金，还可以购买厂房。"盐城宝捷车业有限公司总经理还宝生的一席话道出了广大创业者的切身感受。

提升服务，真正视投资者为上帝，真正为企业着想，才是招商、留商的最佳保障;让投资者享受高效优质的服务,才能赢得投资者的心。盐城中小企业创业园的建设者们深知这一点。园区为此做出了"节约投资者的每一分钱,节约投资者的每一分钟"的服务承诺,对企业实行全程打包代理制。沈中明是区房产局局长助理,同时也是创业园的商务服务代表,不到一个星期时间,他就帮助盐城宝捷车业公司顺利完成了所有手续的报批,这让还宝生心生感动,让宝捷车业可以一门心思搞好生产。

其实,和还宝生一样,许多创业者都有过这样的"困境",拥有启动资金和好的项目,但无法征地、无钱建厂,这让他们的创业才华无处施展。如今,这样的无奈因园区这个创业平台得到化解,园区的最大作用就是帮小企业圆"创业梦"。

16.5 未来发展展望

全面建成后的创业园可入驻中小企业 300 家以上,年纳税预计超过 2 亿元。园区的整体规划布局合理、配套功能齐全、交通便捷、环境优美、生态环保,生产区、研发区、物流区、办公区、生活服务区等主要功能区建设将全部达到智能化、信息化、科学化。功能园区与高新技术产业区有机衔接,内部又自成独立体系,同时生产区、仓储区、职工公寓区和多功能服务区之间分区明确、功能完善,满足入园企业生产生活的需求。

思路决定出路。中小企业创业投资实业有限公司总经理杨森认为,只有以"节约投资者的每一分钱,节约投资者的每一分钟"的思路,创新工作机制,创新园区功能,创新园区政策,创新招商模式,才会实现园区和企业的双赢。以"政策灵活、项目落户快、交通便利、节省企业时间和成本、区位、环境、产业配套优"等特点著称的创业园,应做好新时期的产业转移承接平台,吸引更多有产业转移需求的企业。

盐城市委常委、宣传部长周德祥曾指出,"鼓励全民创业、加快民营经济发展,是市委、市政府的重大决策,是推动全市经济社会又好又快发展的必然选择。盐城中小企业园堪称推动全市民营经济发展迈上新台阶的代表性园区"。符合资源节约、产业集聚、服务集中要求的创业园,要以全省领先、全国一流为目标,抓住企业集中入园的契机,积极创新园区发展途径,大力提升服务水平,以入园企业的高产出、高效益吸引更多创业者、投资者,引领盐城全市各地园区建设。

16.6 点评

1. 投资特色——工业地产项目

牵头建设创业园的是盐城市盐都区房产管理局,园区总负责人就是盐都区房管局局长、盐城中小企业创业投资实业有限公司总经理杨森。

房产局怎么建起创业园了呢?这是盐都区引进"工业房地产"概念后结出的果实。除了为创业者搭建平台,开发工业房地产的另一个优点是大大提高了土地使用效率。创业园总体规划占地 1 160 亩,目前一期工程使用了 200 亩土地。以往的标准厂房多是一层的,200 亩地只能盖 8 万平方米的厂房,而由政府组织统一规划、统一开发的工业房地产,全部是四层建筑,200 亩土地上建起了 20 万平方米的厂房,还统一建设了宿舍、食堂、办公区、文化娱乐区等配套设施,进驻园区的企业可以共同使用这些设施,大大降低了企业成本。

2. 建设特色——建设创造"加速度"

180 天,这是创业园一期工程从 2008 年 3 月破土动工到基本建成所用的时间,也是工程建设者们创造出的"盐都速度"。

园区一期工程严格按照法律法规办理了土地征用、规划、立项、招投标等各类建设手续,在坚持依法办事和确保质量的前提下追求加速度建设。终于在很短的时间内拿出规划、进行建设,并完成一期工程,同时,成立了企业园区领导小组,下设办公室,并成立了综合服务中心和盐城中小企业实业有限公司。

园区的建设得到了市、区两级领导的共同支持,还得到了交通、建设、电信等各部门的积极配合,特别是盐都供电部门,工程启动之初就安排了一名主要领导全程服务,在资金还没有全部到位的情况下,供电部门先行垫付,当第一台桩机还没有进场时,变压器早已安装好,临时用电全部到位;生产用电也在第一家企业进驻前就接好了。

3. 服务特色——一站式便捷服务

"节约投资者的每一分钱,节约投资者的每一分钟",这是创业园对入驻企业的承诺。园区对入园企业实行全程打包式代理制,凡企业经营生产所需的各类行政审批手续全部由园区服务中心代理办结;对非行政审批,全区还专门成立了副科级建制的综合服务中心,进行政务代理综合服务。所有工作人员都经过专门培训,客商在这里无论询问任何事情,工作人员原则上都要给予满意的答复。

创业园的建设体现了科学发展、节约集约发展理念，同时园区各项设施配套齐全，并实行全程打包代理服务，企业主在这里完全可以安心发展，免去了后顾之忧。

第17章 锡山经济开发区科技创业园的运营与管理

锡山经济开发区科技创业园(以下简称"科创园")是江苏省锡山经济开发区投资建设的专业化创业服务机构。园区以电子信息(含汽车电子、LED、IC设计)、生物医药、新材料及软件外包(含动漫)产业等高新技术领域为主要方向,是集科技培育、创业投资和科技服务、运营管理服务四位一体的省级"科技孵化器""省中小企业创业基地""省留学生创业园""省博士后工作站""市海外博士创业基地"。

17.1 科创园概况

1. 地理位置

科创园位于江苏锡山经济开发区腹地,沪宁杭经济圈中心,东靠上海,南临杭州,西临南京,北依长江,处于得天独厚的水陆枢纽位置:

水——三条运河首尾相连(京杭运河、锡澄运河、锡北运河);三个港口近在咫尺(上海港120公里、江阴港40公里、张家港30公里)。

陆——三条铁路穿境而过(京沪、新长、京沪高铁);三条高速公路纵横交叉(沪宁、锡澄、锡宜)。建设中的无锡轨道交通2号线在科创园附近设有站点,并有三条公交线路在此经过;建设中的京沪高铁无锡站距科创园约6公里,仅需10分钟车程。

空——科创园距无锡机场15公里、上海浦东机场130公里、南京禄口机场150公里。无锡机场已开通北京、上海、成都、昆明、武汉、深圳、广州、大连、西安、徐州、香港、澳门等国内20多个大中城市的航线,已开通部分亚洲国际航线;近期即将开通中国至日本(大阪)航班。南京禄口机场开通了42个国内主要城市航线,国际航线主要为亚洲定期直达客运航线和飞往欧美的定期虚拟国际航线;上海浦东机场航线覆盖70多个国内城市及90多个国际(地区)城市。

2. 目标定位

科创园目标定位为"产业起飞跑道,科技创业摇篮",坚持服务于科技创业,以创业带动就业,努力推动区域经济的快速发展。作为承载锡山区、锡山经济开发区转型升级、跨越发展的"活力之源",开发区科技创业园自创立以来,以建设最具国际竞争力的一流科技园区为目标,瞄准无锡市530计划项目,及早行动,主动出击,摸排项目,积极对接,倾力培育开发区"种子经济""头脑经济""智慧经济"。高起点、高标准的平台构筑,已经成为开发区高端产业孵化育成的"梦工厂"。建设集科教资源集聚区、科技企业孵化器和现代企业加速器于一体,具有高品质人居环境的科技社区。

科教资源集聚区——为入驻企业提供一流的"专家式"技术、人才支撑。目前已基本建成"一基地、一中心、四院校、五平台"。

科技企业孵化器——为科技企业提供孵化场地、创业融资支持、"管家式、专家式"服务、科技服务。

现代企业加速器——为创业基地毕业企业、"瞪羚"企业提供可拓展空间载体、服务网络及个性化的高端服务,满足成长型企业的发展需要。

具有高品质人居环境的科技社区——高品质商务人居社区主要为产业功能区内就业人口提供居住空间,商业房产、配套公寓及星级酒店的高品质社区环境为区域基调。该区域建筑为园区提供和谐及人性化的空间背景,优雅地衬托园区的亮点。

3. 创新载体

科创园规划建设面积750亩,按照"总体规划、分步实施"的思路,规划建设面积60万平方米,目前已建成区面积18万平方米,16栋研发楼,培育场地共计6.7万平方米。已启用一期建设面积12万平方米。科创园周边配套设施已基本齐全,实现了"九通一平"。有3条公交线路经过,加上全天候的园区商务班车,可基本解决创业企业员工商务出行问题。园区物业技术参数如下:

建筑面积:单栋面积为4 668~18 072平方米。

层数:3栋建筑为7层,3栋建筑为4层,6栋建筑为3层,4栋建筑为2层。

层高:4米,研发楼的七楼层高5米。

承重:300千克/平方米。

供水:目前各栋办公楼生活用水量最高为30吨/栋,给水点至各层卫生间。

供电:环网供电,园区有2只630千伏安变压器,1只500千伏安变压器,2010年又上了1 000千伏安变压器。

空调:安装有地源热泵空调系统,开放时间为周一至周六。

电梯:3栋研发楼配有由上海三菱公司提供的电梯,其余研发楼各配有2部客货两用电梯,为各楼层提供垂直运输服务(电梯载重量为1 500公斤)。

电话:每个租户单元都有直线电话线路提供。

网络:中国网通和中国电信光缆已接入各楼层,均可向各租户提供宽带高速上网服务。

4. 服务功能

为进入科创园的科研人员和国内外高科技人才提供科技创新和创业要素支撑服务。推行"管家式、专家式"服务:人力资源服务、风险投资服务、数据情报服务、中介咨询服务、通讯信息服务、运输物流服务、会务展示服务、娱乐休闲服务等。

5. 产业方向

科创园以电子信息(通讯、IC)、生物医学和新材料、软件外包(含动漫)为主要发展方向,引进海外留学人员及科研院所科技人员创业项目、具有高科技含量和成长性的产业类项目、建设商、运营商、投资商及各类中介服务机构的服务类项目。

6. 入住企业状况

科创园已引进美洲、欧洲、东南亚等30多个国家和地区的项目入驻,批准各类进区项目1 300多个,其中外商投资企业600多家,累计协议注册外资达70多亿美元,实际到位外资37.2亿美元。截至2009年,科创园共吸引"530"人才项目及其他入驻企业65个,其中"530"人才项目40个。2008年,园区入驻企业生产产值5 437万元,实现利税543万元。4家毕业企业中,无锡日月合金材料有限公司已被批准为省级高新技术企业,2008年实现产值8 000万元以上。该公司拥有多项发明专利,其产品高性能RoHS环保磁控管焊料为公司独立开发,并拥有该产品的自主知识产权。钰邦电子(无锡)有限公司2008年申请了11项发明专利,实现年产值3 000多万元。科创园内企业申请发明专利67个,申报各类科技项目16个,其中欧力达新能源公司的铝可充电池项目被列入江苏省科技支撑计划,加和电声公司和迈迪基因公司获得无锡市创新基金项目。2007年、

2008 年入选江苏省高层次创业创新人才培育计划 8 人。2009 年有近百个海归创业团队前来洽谈,有 30 余个"530"人才项目落户。

17.2　发展特色

1. 服务特色

(1)科创园科教资源

科创园拥有清华大学无锡科技成果转化基地、中国科学院北京国家技术转移中心无锡工作站、复旦大学生命科学院无锡锡山产业化基地、南京航空航天大学材料学院无锡研究院、中国科学院无锡智能技术研究服务中心、南京理工大学无锡研究院、中科院化学所高分子材料国家重点实验室无锡分部等 7 个主要的科教合作机构。

(2)公共技术平台

科创园目前已与中国科学院、南京理工大学、复旦大学、南京航空航天大学建立了五个平台,分别为中国科学院国家高分子材料重点实验室无锡分中心、中国科学院智能技术研究中心、复旦大学生命科学院无锡产业化基地、南京理工大学无锡研究院等一批产学研合作机构和 EDA 工作室、数据情报中心等一批专业公共技术服务平台。平台项目将进驻研发大楼,主要为园区企业提供决策咨询、项目研究论证、科技攻关、信息化支持、人才支撑等方面的服务。

2. 扶持政策

锡山区、开发区设立了专项科技经费,作为科创园载体建设、产业发展及入驻企业的产学研合作、知识产权、科技成果转化等方面的扶持经费。

(1)"530"人才政策:除享有无锡市政策外,还可享受锡山区、开发区的有关扶持;科技经费匹配资助;三年免费住房或货币化补贴(每年 2 万元或一次性补贴到位);300 平方米场地免租金,符合有关要求可迅速拓展到 1 000 ~ 10 000 平方米。

(2)电子信息、生物医药产业发展专项:符合一定标准,经评审,每个项目每年可获得近百万元经费支持,开发区科技经费重点跟踪支持 2 ~ 3 年。

(3)专利资助、奖励:每年设立 200 万元专项经费,作为专利申请资助;单个企业专利申请、授权达到 20 件以上,除享受申报经费资助外,还可获得20万元奖励。

(4) 研发机构资助:对新设立的博士后科研工作站(流动站)、博士后流动站基地,给予30万元条件建设经费资助;新建的大学技术转移中心分中心、大学科技成果中试基地、工业工艺中心、技术情报中心、测试中心等创新实体,经市级以上认定,给予30万元条件建设经费资助;建立的各类省级以上实验室分部、国家工程中心(研发中心)分中心、常驻研究开发团队达到30人以上的,给予200万元条件建设经费资助。依托产学研合作建立的企业工程技术研究中心(研发中心),经认定为市级工程中心的,给予20万元的支持;认定为省级工程中心的,再给予30万元的支持;认定为国家级工程中心、研发中心的,再给予50万元的支持。

17.3 成功经验

科创园成立以来,以"营造创新创业环境,集聚科技创新资源,提升自主创新能力,培育自主创新产业,辐射带动区域发展"为根本宗旨,在创业基地建设、科技成果转化、技术推广、科技培训、创业辅导、人才交流、中小企业公共服务等方面为培育科技型企业、科技创业人才等提供了培育服务,充分发挥了科技服务平台的作用。在推进园区建设发展过程中,科创园所取得的成果主要体现在以下五个方面:

1. 理顺了体制机制,重点推进园区建设

为加快推进科创园建设发展,锡山区、锡山经济开发区在种子基金投入、项目经费扶持、土地使用政策、人才引进、高新技术认定等方面给予多项优惠政策。通过区内科技、经发、财政等部门的整合,选调优秀干部充实到科创园工作一线。同时,通过对无锡同方创业园有限公司的股权重组,建立注册资本2亿元人民币的创业基地管理运行公司,建立起以企业化为主要特征的封闭管理机制。在硬件建设上,对园区研发楼进行高标准建设和装修,对园区环境进行大范围的整治和美化,以便能为入驻企业提供完善的办公场所和研发生产场所。加快启动配套设施的建设,建立完善商务中心、网络信息中心、会议中心、演示报告厅、图书阅览室、快餐厅、住宿区等配套服务设施。在软件建设上,科创园组建了一支精干的管理服务团队,通过推行"管家式、专家式"服务,不断完善内部管理制度,为入驻企业提供一流服务,营造了园区浓厚的自主创新科技创业氛围。

2. 发挥科技服务优势，营造良好平台体系

"财智广场暨科技企业家沙龙"每周一期，旨在推进智慧与资本的对接，为企业间搭建资本合作、信息、政策宣讲、产品推广和产业协作交流的平台，以此来促进引进"530"项目可能遇到的资金、市场问题的解决，同时帮助原有科技企业转型升级。科创园从中国科学院、南京理工大学、南京大学、大连理工大学、江苏大学等各科研院所及各大专院校收集了 300 余项科研项目，设立了科技项目库；对"530"人才进行项目跟踪，及时予以科技服务；开通 OA 办公系统，实现了园区企业网上协同办公；通过与锡山区人才中心合作建立园区人才服务平台，加强与周边三大城市的人力资源公司合作，为"530"企业及园区企业引进科技人才和企业管理人才；通过建设专利代理事务所、会计事务所、律师事务所、金融事务所、人力资源服务站、产品展示平台、信息服务平台、技术检测平台等公共服务平台，增强信息、资本、技术、中介服务等资源在系统内各行为主体之间的频繁流动，并最大程度地实现了共享代理。

3. 创新招引方式，引进落实"530"项目

2008 年，科创园接洽"530"团队百余批次，申报"530"项目 56 个，有 40 个项目通过评审，位列全市二市七区第二。2008 年，在科创园落户的"530"项目已有 40 个，其中 39 个项目在科创园内。这些项目涵盖了电子信息产业、生物医学产业、新能源、新材料、环保产业等拥有核心技术的科技型项目，一批项目可为无锡市打造"三谷三基地"提供项目支撑。与此同时，科技创业园提供"管家式、专家式"服务，以服务留人、以情感留人。

4. 整合有效资源，深入推进政产学研合作

组织开展北京科技行、江苏高校"科技直通车"活动、上海高校"科技直通车"活动，推进产学研合作项目 30 多个。同时，与国内著名高等院校和科研院所进行全方位、多层次、宽领域的全面合作，积极构建政府、企业、院校"三位一体"的院地、院企合作体系。与清华大学合作建立"清华大学无锡科技成果转化基地"，与南京理工大学共建"南京理工大学无锡研究院"，与教育部留学生服务中心合作，成为"春晖杯"的协办单位和创业基地。

17.4 培育成功的典型企业案例——钰邦电子(无锡)有限公司

1. 公司简介

钰邦电子(无锡)有限公司为锡山经济开发区东部园区的一家外商独资企业,注册资金 1 000 万美元,主要开发、生产新型电子元器件(片式元器件、电力电子器件、新型机电组件)。公司始建于 2007 年 4 月 6 日,建成后在采购、生产、销售、仓储和财务管理等多环节管理上实行 ERP 系统管理,力争做到管理系统化、科学化。公司拥有国内外先进的技术设备,同时辅以总公司先进的研发团队,力争将公司做成享誉海内外的知名品牌。作为一家大型企业,公司在注重生产效益的同时,也注重企业环保责任。公司已通过了 ISO9001 品质质量体系认证,并即将通过 IECQ/QC080000 的认证。公司定位为"以导电性高分子材料应用于电子零件为核心技术,建立高阶性能电子零组件产品的设计、制造及销售的公司",其产品应用于电源供应、滤波、整流、噪声去除等电子电路上,提供耐高温、低阻抗、耐高纹波电流、低能源损耗等高性能电路组件,并以其创新的技术优势,提供国内及全世界在通讯、计算机及其外围产品方面所需的关键零组件。

公司非常重视从设计、开发、制造、销售乃至管理的质量,并导入六个标准差文化 6σ,贯彻到每一位员工的工作行为及思考模式中。对每一种产品将以专利及各种智权保护法,构筑完整的竞争障碍。产品阶段性发展策略分为成本领导(制程创新)、性能差异(产品创新)及长期核心技术建立等三个阶段来执行。

阶段一:建立成本竞争优势及经济生存能力。

以创新的制程技术生产低成本、高附加值的市场需要的电子被动组件,以取代进口,初期将利用既有的产业环境与技术达到快速切入市场的目标。此类产品主要为卷绕型固态铝电解电容器。

阶段二:开发具有应用创新性的产品。

以携带型电子设备应用市场为导向的低阻抗芯片型固态电容器为主。

阶段三:建立长期核心技术——导电性高分子材料应用于电子零组件的整合技术。

以市场需求的产品驱动量产技术的建立,最终以建立导电性高分子应用于电子零件的整合性核心技术为依归。代表性产品为高容量密度、低阻抗、高充放电速率的高分子超级电容器。

2. 创业基地的作用

（1）资金支持

在无锡市政府和科创园的协调和支持下，解决了该公司创业之初资金的短缺问题，坚定了经营者的创业信心。

（2）一站式绿色服务

无锡新区专门委派两名工作人员，帮助该公司开展组建、工商注册、税务登记、银行开户、信息发布、人员招聘等相关工作，为企业提供厂房用地，并减免房租，大大减轻了公司的运营成本。同时，还为其物色了一批会经营、懂管理的人才，组成一个良好的团队，使公司在较短的时间内完成了组建。在企业大量投入的前两年，政府协助公司积极申请各类科技扶持资金，及时解决企业发展中的困难，并帮助其开拓产品市场。

（3）风险投资

在公司的发展历程中，政府风险投资适时进退，起着至关重要的作用。正是由于政府风险资金的扶持，公司才得以快速发展，取得如今的辉煌成绩。

（4）科技扶持资金

先进技术是高新技术企业的生命线，然而，技术研发需要大量资金投入，因此，政府科技扶持资金的投入对高新技术企业就显得至关重要。该公司之所以拥有强大的研发和技术创新能力，与国家、省、市各级政府科技扶持资金的大力资助是密不可分的。公司起步最困难的时候，获得的第一笔资金是国家中小企业创业基金。另外，科创园还为其提供了专利申请的资金资助，在专利申请、授权达到 20 件以上时，给予 20 万元奖励。

17.5 未来发展展望

围绕"把开发区科技创业园打造成科教资源集聚区、科技企业孵化器、现代企业加速器和具有高品质人居环境的科技社区"的目标，科创园加快建设一流园区、一流孵化器，为开发区转型发展、优化发展提供强有力的支撑。

1. 突出园区载体整体规划，打造一流硬环境

尽力完善园区内环境。将国外先进管理思想与东方传统人文精神相结合，积极在园区塑造"东西融合、亦儒亦商的文化风格"，打造融汇东西

方人文管理思想的园区文化。为进一步优化区域发展环境,科创园邀请专业园区规划咨询机构——戴德梁行对园区重新进行了功能规划,计划建设科技研发多功能区、加速器功能区、孵化器功能区、科教资源功能区和高品质生活功能区。为此,科创园再次投入大笔资金,建设了集科技资源研发、办公为一体的研发楼及辅助设施。研发楼主要是为电子信息、生物医药、新材料、新能源等产业类企业提供集生产、研发为一体的多功能办公区和为院地、校地的产学研合作提供平台。

2. 突出服务功能完善,提升培育质量

重点在基础条件、政策支持、信息咨询、培训交流、科技管理、中介服务、投融资服务等方面做文章。

3. 突出高校依托,集聚优质资源

一是尽快使"南京理工大学无锡研究院"落地运行。二是充分依托与科创园已建立合作关系的清华大学、复旦大学、中国科学院等资源,通过市场机制整合创业园、创业企业、大学及科研院所的资源、人才与成果,深度推进产学研合作,进一步推进入驻企业与高等院校、研发机构建立产业化合作关系,为入驻企业创造更加完善的创业条件。

4. 突出创新主体培育,培植先导新兴产业

通过培育、激励、引导企业主体做到"五个一",即掌握一项以数个发明专利、核心商业秘密或软件著作权为介质的行业关键技术;掌握至少一项代表行业话语权的重要技术标准;拥有一支行业权威专家为领军人物的技术人才团队;至少和一所专业对口、行业领先的高校或研究所建立联合研发机构;至少实施一项重大科技成果转化项目。

5. 突出人才为本,做强园区实力

一是更新理念,建立人才柔性流动机制。其一,让合作平台更宽广;其二,让成长环境更宽松。

二是突出重点,全力引进各类人才。其一,引进领军型人才;其二,吸聚研发型人才;其三,储备后续人才。

6. 突出特色为魂,做亮园区品牌

一是加强宣传推广,着力打响园区品牌。其一,强化舆论宣传工作;其二,实施品牌战略和形象工程。二是实施重点扶持,着力培育发展特色亮点。其一,选好苗子。选择5~10个基础条件较好、管理服务规范的企业作为重点扶持对象,在资金、政策上予以倾斜,甚至以股份形式注入培育资金。其二,重点投入。加紧建设研发、中试、测试等基础设施,协助入

驻企业引进管理和科技骨干,并对项目进行全程管理。其三,经验推广。对毕业企业成功经验进行总结、推广,充分发挥典型示范作用,带动其他企业快速发展。

17.6 点评

科创园是一家集培育、投资和运营管理服务三位于一体的创业基地。经过良性的运营发展,凭借得天独厚的地理位置、精准的目标地位、优质的服务载体、优良的服务水平,截至 2008 年,科创园已经吸引了 1 300 多个项目、600 多家外商投资企业、40 个"530"人才项目入驻基地。基地发展特色主要表现在科教资源、公共技术平台、扶持政策三个方面。基地成功经验主要表现在体制机制建设、服务平台体系建设、"530"人才引进项目、推进政产学研合作四个方面。基地未来发展规划主要表现在创新载体建设、完善服务功能、集聚优质资源、推进培育创新主体、培育引进人才、打造品牌与特色六个方面。

第 18 章　海安县西场镇蓉塘纺织
工业园的运营与管理

南通是我国著名的纺织老生产基地,也是全国 12 个纺织品出口基地和 10 个服装出口基地之一。南通纺织工业历史悠久,是南通市工业化进程和区域经济发展中不可替代的支柱产业,经过一百多年的发展,已具有一定规模,门类齐全,且产品档次逐年上升,形成了比较配套的工业体系。

18.1　基本概况

1. 发展背景

海安县西场镇蓉塘纺织工业园(以下简称"工业园")所处区域交通区位优越。它东临黄海,西临新长铁路、宁启铁路、204 国道,202 省道、海防公路、拼茶运河横贯东西,盐通高速公路贯穿南北。且盐通高速在海安境内唯一的出入口即位于工业园区西侧,交通十分便捷,是一座环境良好、功能完善、充满生机和活力的现代化工业园区。

南通纺织工业历史悠久,曾铸就过"母亲工业"一个时代的辉煌,是南通市工业化进程和区域经济发展中不可替代的传统支柱产业,南通纺织业长期以来在满足人们衣着消费需求、增加社会就业、扩大出口创汇、积累建设资金等方面发挥了重要作用。特别是改革开放和我国加入世贸组织以来,南通纺织业更是进入了快速发展时期。

据统计,2004 年底南通市规模以上纺织服装企业有 979 家,平均职工人数为 202 079 人。生产规模由单一的纺纱织布发展成为集棉纺、毛纺、麻纺、化纤、印染、色织、针织、服装、丝绸、纺织机械、家纺为一体的大纺织。"海安锦纶"全国知名,全县锦纶丝产量约占全国市场的 12%。纺织产品畅销 50 多个国家和地区,成为全国的纺织服装生产加工出口基地之一。

海安县蓉塘纺织工业园是一家集创业辅导、教育培训、信用担保、科研开发、生产流通全方位为一体的综合服务型创业辅导基地,依托地方政府提供的优惠政策,通过为创业初期的中小企业提供办公及研发场地、资金筹措、企业管理、人员培训等方面的综合性服务,降低创业成本与风险,使创业基地成为培育纺织产业和优秀企业家的摇篮。

工业园成立于 2007 年,注册资金 3 050 万元,占地面积 928 公顷,入驻企业 60 余家,建成标准化厂房 3 万平方米,累计总资产 10 亿余元,亿元企业 7 家。入驻企业中,有 33 家经营状况良好,从业人员达 2 147 人,其中技术人员占 30% 以上。入驻企业的技术领域涉及纺织、服装、印染、色织、物流等,初步形成了以纺织为特色的中小产业群体。2009 年入驻企业实现开票销售额达 7.5 亿元,技改投入费超过 5 000 万元。

2. 组织结构

工业园创业基地的组织结构如图 18.1 所示,其管理运行机制坚持企业运作、政府推动、市场驱动,努力创造局部环境最优。在发展方向、建设规模、起步方案、管理体系和政策措施上有自己的特色,努力实现五高,即高活力的所有制体制、高水准的经营机构、高品位的产品结构、高层次的体制结构、高素质的人才结构。

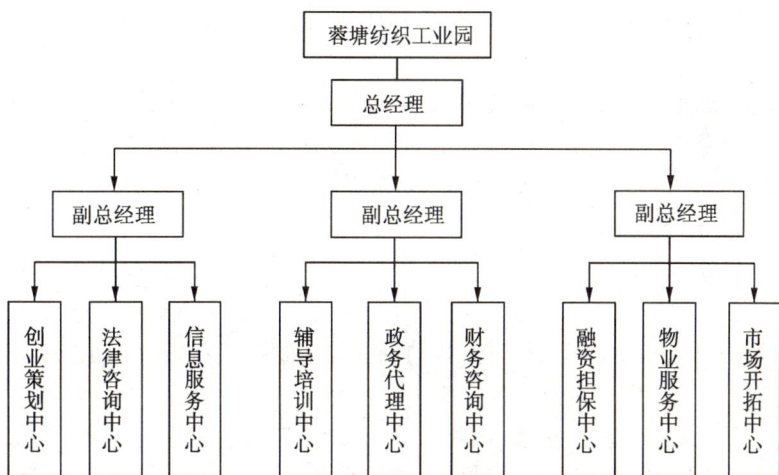

图 18.1　海安县蓉塘纺织工业园创业基地组织结构图

创业基地设置总经理一名,副总经理三名,下设九个职能部门,即创业策划中心、法律咨询中心、信息服务中心、辅导培训中心、政务代理中心、财务咨询中心、融资担保中心、物业服务中心、市场开拓中心。

创业策划中心:基地设立的企业发展战略与管理咨询高级顾问机构,

可为入驻企业提供企业发展策划、核心竞争力的培育、供应链与营销管理、企业风险识别与诊断等咨询服务,并可为企业提供项目、产品或品牌推广、项目对接等支持。

法律咨询中心:为入驻企业提供法律咨询、法律援助及其他相关法律服务;定期举办法律知识培训,增强企业和创业者的学法、用法和诚信守法意识,维护企业的合法权益。

信息服务中心:利用网络平台对企业进行形象宣传、商业推介,提供国家产业政策、创业扶持政策及国家促进中小企业发展等方面的相关信息;构筑入驻企业与科研机构、大专院校的交流合作平台;整合有利于入驻企业发展壮大的社会信息资源。

辅导培训中心:设有培训教室,提供财务、人力资源、营销、企业文化、组织机构设计等各方面的培训,帮助企业及时了解国内外技术创新动向及先进管理方法与理念;同时,工业园与苏州大学、东华大学、武汉大学等数所高校建立合作关系,按照企业的不同需求,每年安排人员进校培训,不同程度地提高企业职工的综合素质。

政务代理中心:专人为入园企业办理工商注册、税务登记、银行开户、资产评估、资产审计、组织机构法人代码证等手续;为中小型工业企业以及创业者、外来投资者提供行政许可手续代办、政策咨询、业务指导等公益性免费服务(其他部门或协作机构按照规定收取的费用除外)。

财务咨询中心:会计师事务所机构为创业企业提供资产评估、验资、融资、会计审核等服务;为企业提供财务管理、资本运营指导、资金运行风险规避指导等协助或咨询。

融资担保中心:定期开展银企对接和银企洽谈活动,积极推进银行(包括社会资本机构)、担保公司、企业的三方合作;协调金融机构、投资机构、担保机构、租赁机构,多渠道帮助创业企业解决发展资金不足问题。

物业服务中心:为创业企业提供厂房租赁、生产生活配套、安全保卫、消防、保洁、绿化、动力保障、厂房设备维护维修等后勤保障服务,积极协调解决企业在生产经营中遇到的困难和问题,为基地内企业创造宽松的外部发展环境。

市场开拓中心:常年聘请高级营销师进行市场营销人员培训,帮助企业寻找营销顾问;依托信息网络,建立统一的市场信息发布平台;帮助企业着重解决在市场营销工作中遇到的各种问题。

3. 入驻创业园

（1）准人条件

① 已办理或拟办理工商营业执照和税务登记,具备项目开发和生产所需必要资金或具有可靠的资金来源的人,可以是独资、合伙、股份制等;

② 创业者必须熟悉本行业的业务,创业企业必须有明确的章程和切实可行的企业发展规划;

③ 企业实行独立核算、自主经营、自负盈亏,独立承担民事责任;

④ 在招录工人时,必须安置不低于60%比例的当地下岗失业人员,企业职工必须经过培训后方可上岗;

⑤ 项目符合国家产业政策,以劳动密集型为主,重点是就业型、资源综合利用型、农产品加工型、出口创汇型企业,严禁"十五小"和污染型项目进入园内;

⑥ 企业自愿进驻创业辅导基地,接受培育、发展壮大。

（2）毕业标准

入驻企业具备下列标准可视为毕业:

① 经营稳定且状况良好,主导产品有一定的生产规模和市场占有率;

② 企业的领导核心已经基本形成,具有包括生产、技术、人事、财务、物资、供销等方面健全的组织机构和相应的管理制度,企业负责人具有较高的经营管理水平和较强的市场开拓能力;

③ 拥有一定规模的固定资产和自有资金,能够自己租赁、购建厂房,独立进行生产经营。

18.2 发展特色

1. 服务功能

工业园创业基地的核心工作主要围绕两部分展开:一是对创业人员进行创业指导,帮助创业人员设立项目和做出企业规划;二是为成立三年以内的企业提供资金、人才、管理、市场等综合服务,帮助企业提高市场竞争力。具体的服务功能如下:

（1）先进的创业硬环境

工业园对入驻的创业企业提供优惠办公和生产场所,根据创业企业租用的办公场所的不同性质提供不同优惠,还可以免费使用基地提供的公共会议室、传真、复印、网络等公共服务;对入驻企业的水、电、暖等进行综合管理,对入园企业试行零收费,即原则上不收费,逐步实现只收税不收费,另对国家和省规定必须收取的小额收费由基地代收代缴;园内主干路工程及其沿线配套设施纳入园区基础设施建设计划,即园内电力设施由电力公司根据供电需求负责建设,通讯、邮政设施的建设分别由通信和邮政部门负责,园区污水管网工程纳入政府污水管网工程。

（2）完善的创业软环境

工业园利用自行研发的"科技企业培育综合信息系统"进行企业服务与管理。系统针对基地内企业建立了不同发展阶段企业评价标准体系;通过"科技企业培育综合信息系统"建立资金库、项目库、人才库,促进资金、项目、人才的优化组合,充分发挥创业基地的培育功能。

（3）培训体系的引进

创业者和下岗再就业人员享受工业园提供的创业知识培训、管理知识培训和专业技能培训服务。工业园积极组织有关服务机构为企业提供各类培训增值服务,为初创型企业进行工商、税务、环保等法律法规培训、ISO9000 质量管理体系、ISO14000 环境管理体系等培训,还开展了包括政策、专业技术、专利及知识产权保护、项目申报、企业投融资及上市等培训。

2. 政府扶持

南通市以及海安县政府中小企业局为了促进入驻工业园的中小企业的发展,特别出台了一系列的扶持优惠政策,力争扫除他们发展道路上的障碍和困难,使他们无后顾之忧地壮大自己的实力:

（1）一站式绿色服务通道

工业园协助创业者办理工商注册、税务登记、银行开户、养老保险等相关手续。创业企业在工业园内享受国家、省、市有关下岗职工再就业相关工商、税收等优惠政策。工业园还负责统一协调律师事务所、审计师事务所、会计师事务所等社会中介组织,从产业政策、法律咨询、经营管理、产品开发、市场营销等方面,为创业者提供优质、优惠服务。

（2）各级银企担保体系联盟

工业园帮助入驻创业企业与银行、担保公司加强联系,帮助符合贷款担保条件的创业企业办理贷款担保,解决他们在初创或经营过程中的融资难问题。

（3）科技创新扶持政策

工业园负责联系各大专院校和技术机构,为入驻企业提供免费或低于市场价格的技术支持和服务。同时为毕业企业寻找发展场地和合作伙伴,对毕业企业继续进行跟踪并提供他们所需的服务。

18.3 培育成功的典型企业案例——海安县银桥纺织品有限公司

1. 公司简介

海安县银桥纺织品有限公司是一家集研发、设计、生产、销售于一体的专业纺织品制造企业,地处经济发达的长江三角洲沿海高速海安出口处。东临黄海,南濒长江,与国际大都市上海隔江相望,苏通大桥将公司融入上海"一个半小时都市圈";新长铁路、宁启铁路在这里交汇,204 国道、202 省道途经公司,交通便捷,地理位置十分优越。

公司拥有员工 200 人,其中包括一大批优秀的高级技术人才,现有 16 栋共 26 000 多平方米标准厂房,固定资产 2 000 多万元,占地 60 亩,配有国内最先进的单浆槽、双浆槽浆纺机 3 台,经浆联合机和高速整经机 10 台,装配 75"－130"的先进剑杆织机 240 台,生产提花色织、锻条、锻纹、平纹等高、细支各种规格的布料,拥有缝纫机 60 台,实现了产业一条龙。

2. 创业基地的作用

(1)节省创业成本

工业园对入驻创业企业进行全程监督管理,定期组织人员访问该公司,跟踪解决公司发展过程中遇到的技术、管理、市场开拓等问题,促使其按照正确轨道发展。该公司创业者和下岗再就业人员享受工业园提供的创业知识培训、管理知识培训和专业技能培训服务。工业园协助该公司办理工商注册、税务登记、银行开户、人员招聘、养老保险等相关手续,还负责统一协调律师事务所、审计师事务所、会计师事务所等社会中介组织,从产业政策、法律咨询、经营管理、产品开发、市场营销等方面,为该公司提供优质、优惠服务,节约了公司的运营成本。

(2)共享硬件设施

工业园的基础设施由园区及政府投资组建,入驻企业均享有使用权。工业园为该公司提供了优惠办公和生产场所,还可免费使用园区提供的公共会议室、传真、复印、网络等公共服务;对该公司的水、电、暖等进行综合管理,试行零收费,即原则上不收费。

(3)投资风险规避

在该公司从无到有、由小变大、从弱变强的发展历程中,风险投资适时进退,起着至关重要的作用。工业园定期开展银企对接和银企洽谈活动,积极推进银行(包括社会资本机构)、担保公司、企业的三方合作,协调金融机构、投资机构、担保机构、租赁机构,多渠道帮助公司解决发展资金不足的问题。

(4)产学研结合

工业园与苏州大学、东华大学、武汉大学等高校建立了合作关系,负责联系各大专院校和技术机构,为公司提供免费或低于市场价格的技术支持和服务,帮助公司及时了解国内外科技新动态和经营管理的新理念,加强自身产品的科技含金量,在竞争中取得长远的发展。

18.4　局限性

1. 生产规模小,产品单一

工业园保持并壮大了南通市的传统纺织产业,为地方经济做出了卓越的贡献。但就目前情况来看,园内企业的生产规模尚小,产品仍单一,局限于传统的纺纱织布,要想发展为集棉纺、毛纺、麻纺、化纤、印染、色织、针织、服装、丝绸、纺织机械、家纺为一体的大纺织任重而道远。

2. 劳动密集型产业,设备技术落后

部分纺织企业由于多年来装备陈旧、冗员过多、"包袱"沉重,属于典型的劳动密集型产业,企业连年亏损。因此,压缩淘汰落后的生产力、加快产业升级已势在必行,园区内企业应把技术设备加快更新放在突出位置,集中力量提高企业的生产力和市场竞争力。近年来,通过实施企业兼并、破产、资产重组等形式,劣势企业可以选择退出,使企业脱困取得了重大突破,整个行业开始进入良性循环。

3. 同行业竞争激烈,小企业难以生存

集群经济是南通纺织工业近几年来发展的一个亮点,入驻创业基地的企业之间免不了卷入基地内同行业的兄弟企业间的竞争,因此那些资金较雄厚、资源更充足的企业必然处于优势地位,此时,各方面相对较弱的企业要想求生存就必须找出自己的竞争优势,扬长避短,将自己的优势方面做大做强,积极整合资源,通过各种方式与途径争取与大企业合作,实现共赢,而不是"拿鸡蛋去碰石头",与大企业硬拼。

18.5　未来发展展望

统观全局,从长远看,工业园要始终坚持高起点、系统化运作。所谓

"高起点",一是指基地的硬件建设起点要高,要具备良好的生产开发环境;二是指基地内企业及其产品的起点要高,要有自己的知识产权,建立自己的知名品牌。所谓"系统化",则强调基地的总体规划要成体系,不仅建设规划中要包括功能区和服务区,机构设置上还要有涵盖教育培训、法律、金融等领域的系统的、健全的支撑服务体系。

因此,工业园计划通过创业辅导基地的建设,在5~10年的时间里引进200家以上企业入园发展,形成以纺织服装企业为龙头,逐步发展软件、机械、电子、信息等高新技术的综合性基地。争取在5~10年的时间里建成集研发、培育、培训、生产、贸易、服务为一体的综合性产业基地,成为国内知名的特色产业化基地,使工业园成为下岗职工实现再就业的场所,成为培育优秀民营企业家的摇篮。

工业园规划包括四大功能区域:人文社区、公共服务区、生产流通区、科技研发区,建成道路、供电、通讯、数字化网络、供水、排雨水、排污水、天然气、供热、养护调控"十通一平"的配套基础设施。按国内一流园区的水准,以专门开发的智能化管理系统,对市政、能源、防灾、保安等方面实施全方位的智能化监控。

工业园的建设大体分为四个步骤:一是规划;二是征地;三是基础设施的建设;四是招商引资、重点项目建设。

18.6 点评

工业园于2009年8月经海安县中小企业局推荐和省相关专家评审,被省中小企业局确认为第二批江苏省重点培育小企业创业示范基地。要改善工业园的创业环境、增强培育和服务入驻企业的能力,促进更多中小企业的创立与成长,就必须围绕南通市两个率先崛起的奋斗目标,以科技进步为动力,用高新技术增强纺织企业的核心竞争力,改造、提升纺织产业;以提高产品档次、争名创优为导向,提高纺织品服装的市场占有率;以制度创新与管理创新为重点,提高纺织企业经济效益和经济增长率;以培养大企业、大集团为抓手,进一步促进产业结构调整,提高全市纺织业在国内外市场的整体竞争力;以科学发展观为指导,坚持可持续发展,加快实现纺织大市向纺织强市的转变。

第19章 连云港海州经济开发区
创业园的运营与管理

连云港海州经济开发区创业园(以下简称"创业园")创建于2004年,经过这些年的发展和共同努力,创业园创造了一个又一个创业奇迹和神话。

19.1 创业园概况

1. 基本概况

以中小型工业企业为主的创业园于2004年成立,由海州开发区管委会投资建设。开发区管委会直接领导,负责创业园的建设、招商和管理,并为入园企业提供政策咨询、项目洽谈、立项申请工商注册、税务登记等全过程服务。自成立以来,创业园已引进各类中小型企业48家,涉及机械装备制造产业、电子产业、新材料产业等一批支柱产业。2009年,创业园投资总额100亿元,其中,投资规模达亿元的项目有13个,在建项目17个,建成并投产项目60个,即将投产的项目6个,已签约待建项目10个,实现到位资金55亿元。

2. 发展历程

创业园规划总面积10平方公里,其中工业区面积4平方公里。创业园位于连云港市南大门,毗邻连云港主城区,距连云港市行政中心1公里,坐拥孔望山和凤凰新城,是沿陇海线产业走廊的重要组成部分。

2004年,创业园创办初期,共入驻小企业22户,其中私营企业21户,主要分布在批发和零售业、制造业、租赁和商务服务业等行业。当年,小企业完成增加值0.5亿元,占开发区GDP的35%;实现税收0.08亿元,占全部财政收入的39%;安排就业1 350人。

2006年以来,创业园积极朝着"连云港南部门户产业区""新海增长极重要发展引擎""都市产业示范园"以及"居住、公共配套完善的工贸园区"的目标奋发前进,围绕都市型园区的发展定位,坚持走新型工业化和产业高端化道路,不遗余力地打造"环保型都市工业园区",努力建设以工为主、商贸结合的新型城区。创业园本着"土地利用集约化""土地价值最大化"原则,以传统的优势产业集群为基础,逐步形成了以机械制造业、电子信息产业、新型材料产业、新医药产业为主的综合产业区。

3. 入驻企业

2009 年,创业园新增企业 15 家,新增规模以上工业企业数 7 家。2009 年末,创业园有总资产 100 亿元,其中建筑面积 818 050 平方米,厂房面积 815 220 平方米,公共服务面积 2 800 平方米,注册企业 200 多家。园区共计进驻企业 57 家,其中规模以上工业企业 22 家,职工总数近万人。其中,连云港鹰游纺机有限责任公司、连云港天明机械有限公司、连云港远洋流体装卸设备有限公司、连云港力龙纺机工程有限公司、连云港庆鸿电子有限公司、连云港美步楼梯有限公司等一批投资过亿、科技含量高、产业特色明显、在国内市场享有盛誉的企业相继在创业园内投资建设。2009 年,创业园已有 7 个项目拥有全国行业之最的称号,形成了独具特色的单打冠军群,在全市的产业层次提升和结构调整中扮演了极为重要的角色。正在建设的江苏维德硅材料有限公司和江苏澳新生物制药有限公司两个投资过 10 亿元的项目,将进一步巩固和提升创业园的产业结构。

4. 创业园的组织结构

创业园组织结构如图 19.1 所示。

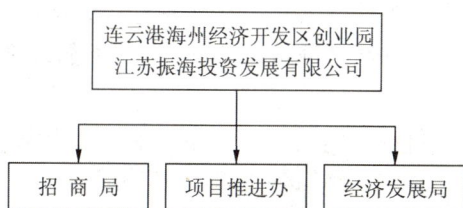

图 19.1　连云港海州经济开发区创业园组织结构

招商局工作职责:

(1)贯彻执行国家和省、市有关招商引资的法律、法规及方针政策,研究拟订创业园招商引资的政策、措施、建议。

(2)收集招商引资信息资源,建立招商网络,负责创业园招商引资项目库的建立。

(3)提出创业园招商引资项目活动方案,参与招商引资项目的评估、推介、洽谈、跟踪、协调工作。

（4）负责受理入园项目的申请，根据国家有关法规、政策和规定，做好项目的注册登记工作。

（5）负责为来园投资者提供优质、规范、便捷的服务，提供政策、法规、办事程序和其他投资事宜的咨询。

（6）依法保护外来投资者的合法权益，协调解决客商反映的问题、意见和建议，做好入驻企业的后续工作。

项目推进办工作职责：

（1）收集园区项目信息资源，建立跟踪服务网络，推进园区在建项目。

（2）协助招商局受理入园项目的申请，根据国家有关法规、政策和规定，做好项目前期工作。

（3）负责为来创业园投资者提供优质、规范、便捷的服务，提供政策、法规、办事程序和其他事宜的咨询。

（4）依法保护外来投资者的合法权益，协调解决客商反映的问题和意见、建议。

（5）负责向上级部门上报园区项目有关信息工作。

经济发展局工作职责：

（1）企业服务

协助上级政府部门做好有关国家法律法规及地方政策、企业管理、服务方面的政策、文件精神的贯彻落实以及为进园企业做好政策咨询、综合服务的配合工作，帮助协调已进园投产企业与上级管理部门的有关工作。

（2）科技服务

积极贯彻国家"科技兴国"的方针政策，积极宣传国家和地方政府有关科技方面的法律法规及政策，协助政府科技部门做好科技扶持政策的落实和服务工作，做好企业有关科技项目的申报协调服务工作。

（3）统计服务

贯彻执行国家和地方政府有关统计方面的法律法规及政策，协助上级政府统计机构做好创业园范围内的统计监督、统计咨询、统计普法、统计指导、统计调查和有关统计数据的上报工作，为领导决策提供可靠的统计数据。

（4）目标服务

积极主动地做好上级政府目标管理部门有关创业园的社会与经济发

展目标、园区发展目标的管理及协调服务工作,及时完成进度情况、年终考核资料的组织和报送服务。

(5)质量技术服务

积极配合上级政府质量技术监督管理部门,协助做好创业园范围内企业生产质量技术监督和服务。

(6)协助经贸调研

积极配合创业园管委会相关职能部门,及时完成上级政府经贸部门针对创业园的经贸工作的调研工作。

5. 政府扶持情况

创业园自2004年建园以来,受到了各级政府的大力扶持,主要体现在以下两个方面:一是利用科技项目、技改项目以及各种资金扶持项目的申报争取各级政府部门的资金扶持;二是利用税收优惠政策给予进园企业税收返还等资金扶持。

19.2 成功经验

1. 公共服务平台建设

"引凤需先筑巢",良好的基础设施能为企业的成长和壮大提供良好的发展平台和空间。近年来,借助江苏振海投资发展有限公司,创业园不断加大创业初期的基础设施投入,产业配套能力逐步提高,已初步形成机械、电子制造的产业链条,产业集聚效应明显增强,配套服务体系日益完善。目前,创业园已形成"七横四纵"的道路、给排水网络格局,保证了创业园的"七通一平",为创业园的招商引资和项目建设提供了良好的基础设施条件。

2. 引领企业进行自主创新和培育知识产权

创业园积极扶持园内的企业进行科技项目和技改项目的申报,引领企业进行自主创新和培育自主知识产权。创业园中高新技术企业已增至7家,其中国家级2家,省级5家;省级以上技术中心4家,市级以上技术中心5家;名牌产品15个,其中国家名牌7个,省名牌2个;2009年申报和实施科技项目20个,其中获批项目中,国家级1个,省级2个,市级10个。

3. 积极争取各类扶持资金

创业园努力研究各级政府的资金扶持政策,与各级政府机关以及其他兄弟伙伴建立良好的合作关系,积极争取各类扶持资金。2009年上半年,在江苏振海投资发展有限公司的指导和帮助下,连云港天明机械有限公司获省扶持资金35万元,连云港市海州开发区工业技术发展公司获省扶持资金30万元,连云港连鑫玻璃钢有限公司和连云港恒阳药业有限公司获扶持资金5万元等。

4. 开展"银企对接"活动

创业园通过与连云港福鼎投资担保公司以及东方银行等多家企业合作,为园内资金短缺企业积极融资。

19.3 培育成功的典型企业案例——美高楼梯制造有限公司

1. 企业简介

中美合资连云港美高楼梯制造有限公司(以下简称"美高公司")是一家专业制造各类高档家用、商用、工程楼梯的生产厂家。由美国双信国际有限公司和中方共同投资兴建。至2009年底,公司投资近1.5亿元,占地面积60余亩,生产车间20 000平方米,员工400余名,现为国内最大楼梯生产基地。公司拥有500余套生产设备,包括国内唯一一台德国高速三维多工位HAMOERL雕刻机,意大利BIESOE五维数控加工中心,美国RAUTE全自动立体高速喷漆线,GRECON实木指接拼板生产线,台湾全自动UV滚涂生产线,年设计及生产整梯可达36 000套。

美高公司延续了美国双信国际公司前卫的设计、超强的生产能力和精湛的工艺,特别是在大型工程楼梯的设计制造安装方面的优势。在短短的三年时间里,美高公司创立的"美步"品牌楼梯已开发出十五大系列、近千种款型,达到全国之最,在全国范围内建立了200多家销售网点。公司现有高级工程师15名,技术人员20人,专门从事订单的分解、新款型的开发以及大型工程梯的设计。同时,美高公司引进美国双信公司的"楼梯专家培训计划",并于2004年进入全面启动阶段。通过培训,在美步楼梯的每个展厅都有为广大客户提供全面解决方案的楼梯专家。美高公司通过引进先进的设备,实行标准化生产,建立完善的生产管理体系和质量管理体系,对产品的质量进行了有效的控制。美高公司投入大量的人力、物力,建立了美步楼梯系列标准,在中国最先实现了楼梯标准化运作。从而使楼梯生产、销售、服务真正实现了标准化和产业化,确保每一件产品的每一道工序都要经过质检人员的严格监督和检验,产品必须经过工厂专业安装人员安装调试,保证无问题后才能够出厂。美高公司在国内本行业中首家通过 ISO9001 质量管理体系和 ISO14001 环境管理体系双认证。

美高公司不断开拓市场,到目前为止,已经在北京、上海、广州、杭州、南京、武汉、长沙等 200 多个大中型城市设立展厅,成为楼梯行业中销售网络覆盖面最广的厂家。美高公司即将启动新一轮销售计划,在中型城市建立迷你展厅,让美步楼梯进入更多的家庭。强大的销售需要完善的服务来支持。美高公司制订了系统的服务流程、售后服务跟踪流程等服务方案,建立了完整的客户档案,并按时进行跟踪回访。公司设立质量跟踪热线,及时、快捷地处理各种客户反馈意见,确保客户的最大满意度。

2. 创业园的作用

(1) 中介支撑

创业园根据美高公司的实际运作要求和创业园的实际管理要求,提供以下中介支撑:

基础服务:为美高公司提供法律咨询、知识产权保护、环境认证等。

延伸服务:为美高公司提供管理咨询、质量认证、广告策划、语言培训等。

核心服务:为美高公司提供投融资咨询和运作管理、上市指导和运作咨询、科技项目申报咨询等。

(2) 硬环境支撑

创业园低价为美高公司提供智能化的孵育场地,提供便捷的商务中心、网络信息中心、会议中心、演示报告厅、图书阅览室、快餐厅、友谊林公园等硬件设施和齐全的水、电、气、通讯等配套服务设施,使其专注于生产经营,解决后顾之忧。

(3) 数字服务平台

创业园建立了园区网站,为美高公司这样的企业推介产品,拓展市场渠道,提高企业知名度。

19.4 存在的问题

1. 创业环境优化问题

一方面,创业园内的创业服务体系尚未很好建立,为创业提供服务的机构无论在数量上还是在服务规模上,都远远不能满足创业需求,创业者无法得到创业辅导,缺少创业门路与方法,从而也就缺失创业激情。此外,创业园的投资环境目前仍然不是很好,尤其是对于小创业者,无论是开办之时还是营运过程当中,创业园的职能部门支持力度不够,这也在一定程度上影响了创业园中创业氛围的形成。

2. 空间和资金制约

这几年,扩大招商成效与土地指标趋紧、提升配套能力与资金链条脆弱的矛盾始终困扰着创业园的发展。项目和土地的矛盾、建设和资金的矛盾,是多数创业园在发展中遇到的普遍问题。加快发展靠的是项目支撑,这便在创业园发展的前期阶段形成了较多的冬眠式企业,占了土地却没有良好效益,急待整合。"引凤需要先筑巢",但是进行基础设施建设需要巨大资金,这很容易让创业园背上债务。

19.5 未来发展展望

首先,紧紧围绕功能提升,科学谋划、适度超前启动基础设施建设。坚持高标准规划、高环保要求、高集约用地、高起点建设的原则,坚持利用盘活存量资产为主的原则,坚持与各地产业集群规划相结合的原则,坚持硬件投入与软环境建设相结合的原则,坚持以创业促就业的原则,加快创业园与市区基础设施的无缝对接,通过市场运作搞好水、电、污水处理等配套设施建设,为落实"园当城建"战略奠定硬件基础。

其次,对小而精、小而特、小而优、小而新的成长性企业,在"扶"字上下功夫,通过对口服务、政策扶持、科技支撑,推动其迅速成长,切实提高投资回报率。

最后,创业园力争通过几年的努力,引导支柱企业保持有效投入的持续性,尽快实现生产能力最大化,形成 8 个左右 10 亿元级以上龙头型企业;力促一批科技型、高成长性企业依托科技优势、产品优势,实现发展再提速,形成 3 个左右 8 亿元级企业;加快传统骨干企业转型升级,形成不少于 5 个 5 亿元级企业。

19.6 点评

创业园的运营单位是江苏振海投资发展有限公司(以下简称"振海公司"),该公司成立于 2007 年 5 月 18 日,注册资本 5 000 万元,其中实收资本 1 250 万元。该公司是一家专业性投资咨询创业服务机构,一般经营项目为创业投资业务、融资指导业务、信息咨询业务、项目申报业务、政务代理业务等。公司成立以来,一直秉承"客户第一、务求实效、共同发展、互利共赢"的特色经营理念和特色经营模式,拥有系统完善的规范运作和运作体系,受到企业和社会的一致好评。创业园具体的发展特色如下:

1. 完善的基础配套设施

近年来,创业园依托振海公司,不断加大创业初期的基础设施投入,产业配套能力逐步提高,已初步形成机械、电子制造的产业链条,产业集聚效应明显增强,配套服务体系日益完善。目前,创业园已形成"七横四纵"的道路、给排水网络格局,保证了创业园"七通一平",为创业园的招商引资和项目建设提供了良好的基础设施条件。

2. 先进的创业软环境

创业园利用自行研发的"科技企业培育综合信息系统"进行企业服务与管理,针对园区企业建立了不同发展阶段企业评价标准体系;通过"科技企业培育综合信息系统"建立资金库、项目库、人才库,促进资金、项目、人才的优化组合,充分发挥孵化器的培育功能。

3. 融资担保服务

创业园依托振海公司,借助其庞大的经营网络和丰富的咨询来源,充分利用技术、人才、社会关系等各方面的优势,以精深的专业投资理论为基础,以高科技的决策分析系统为手段,以广泛的信息来源为依靠,为入园企业的投资、资产管理、资本运营等提供专业服务。振海公司已与江苏银行、东方银行等多家商业银行以及连云港福鼎担保投资有限公司等投资担保机构建立了良好的合作关系,为连云港蕴之宝食品有限公司、江苏中鹏电子有限公司、江苏常宁压力容器有限公司、连云港庆鸿电子有限公司等十几家园区企业实现融资过亿元,有效地解决了企业发展过程中的资金瓶颈制约,为创业园内企业的进一步发展创造有利条件。

4. 科技项目和资金扶持项目申报

创业园按照"政府引导与市场机制相结合"的方针,根据实际情况和工作需要,采取了市场运作、政府引导和企业参建的资金模式用于平台建设和运作补助,保障创业园各项创业服务职能的有效发挥。同时,借助振海公司,创业园还在项目申报、争取资金上积极引导、利用现有的技改项目和新产品申报扶持资金,每年都为企业争取上百万元的资金。

总体而言,创业园是一个最适合初创企业的创业基地,园内的企业不但可以减少行政审批的烦琐工作,还可以获得最优惠的政策支持。在这个大家庭中,所有的企业相互支持、共享资源,形成具有整合作用的外延价值链,共同创造最大的商业价值。

第 20 章　建湖县小企业创业基地的运营与管理

　　建湖县小企业创业基地(又称"近湖民营企业创业园",以下简称"创业园"),始建于 2004 年初,坐落于以机械加工、制造等特色产业集群著称的盐城市建湖县,驱车 10 分钟可直入盐淮徐高速公路。园区以"培育功能突出、产业特色鲜明、发展空间广阔、规模效益凸显、致富一方经济"的庞大的"集装箱"效应,日益显示出美好的发展前景,2010 年初被评为盐城市首家"3A"级中小企业园。现在,创业园已成为当地中小企业投资的乐园、创业的载体、聚集的平台、创新的基地,一大批创业者在这里实现了人生价值,许多农民也在这里圆了致富梦。

20.1　创业园建设背景

　　机械加工、机械制造是建湖县传统特色产业集群,县城周边从事机械制造、配件加工的企业和个体户有 1 000 多家。特色产业的集聚,使建湖县声誉鹊起,大量订单纷至沓来。

　　身处县城的近湖镇开始思考如何扩大产能、满足市场需求,并且确保农民能够就地创业,走向产业工人之路。于是,2004 年初,面对民资活跃、外资涌动和几百家作坊企业技改扩能的有利时机,建湖县近湖镇党委、政府大胆实践,理性决策,经上级政府批准,开始组织创建自己的创业园。

　　当年,这里是一片荒草地,人行无路,车行无道,新组建的班子带领着一班人马硬是靠手推肩扛建起了一排整齐的标准厂房。第一台机器的轰响,点燃了无数创业者的梦想,于是开始了大胆的开拓、实践。

20.2　创业园概况

1. 发展历程

2004 年 2 月,创业园经上级政府批准组织创建,总体规划面积 6 000

亩。近湖镇机关、单位、村居干部纷纷来到园区建厂房、办实体,在带头创业中体现自身价值。镇西社区、太平村、镇北村等村居干部自筹资金1 000多万元,新建标准厂房30余座,兴办了20多家企业。

2006年,近湖镇党委、政府与时俱进,顺势而为,理性决策,在更高的起点上对创业园的发展进行了重新定位,将总体规划面积扩大到1.1万亩,西连建阳、北接高作。创业园从科学发展、集约发展的理念出发,聘请南京规划设计研究院专家对园区建设进行科学规划,设置了"单跨、双跨、高层"三个工业核心区;行政、商贸、物流三个功能配套区;产品研发、检测检验、金融信用担保、职工培训等十大服务中心。

近湖镇成立专门工作班子,一日一报,一日一查,快速推进创业园基础设施投入,经过几年的强势推进,园区已初具规模,核心区利用土地1 650亩,建成标准厂房453座,计35万平方米,"五纵六横"路网已形成,供电、供水、排水、网络等基础配套设施建设基本到位,绿化、亮化、美化工程日益完善。

2008年,创业园有16家企业进入建湖县定报企业行列,有11家企业税收超百万元。园区实现总税收6 000万元,进入全省中小企业创业园前20强。

2009年,创业园新建厂房10万平方米,引进企业52家,园区企业实现销售12亿元,入库税收近8 000万元,同比分别增长31.8%和32%。

2010年前两个月,创业园已新建厂房6座,计12 000平方米,引进盐城天华石油机械有限公司等入园企业4家。

前后5年时间,创业园总投入达30亿元,已建成厂房100万平方米,进园企业近350家。

为了让投资者在这里大显身手,近湖镇打造全新的配套服务体系,把做优园区作为全民创业、和谐发展的平台和对外开放的窗口,把"投资零忧患、服务零缺陷、入驻零烦恼"作为对投资创业者的长期承诺,以此激发民资民企竞相投入的活力。

2. 入驻企业

在项目引进上,近湖镇坚持内资、外资、民资"三资齐引"。截至2009年,创业园有外资企业7家,上海、浙江、苏州等外地迁进企业50多家,迁进本地"二次创业"小企业110多家,吸纳民资创办企业150多家。创业园已发展成以机械为主,轻工为辅(95%是机械加工、机械制造企业)的机械特色产业园。

3．服务功能

（1）基础设施建设

近几年，当地政府先后投入 7 000 多万元财政资金，用于创业园道路基础设施建设，20 公里主干道路已全部建成通车。只要是创业园建设需要，只要是园区内企业发展需求，供电、供水、交通、电信等部门一路绿灯，全力扶持。按照现代化、园林式、生态型园区建设要求，近湖镇党委、政府大力实施园区造绿、环卫治理、治污治排"三大工程"，园区绿化面积达 18 万平方米，栽植香樟、女贞等各类花草树木 2.2 万株，草坪 6 万平方米。

（2）配套服务

提升创业园的服务功能才能提高园区的吸引力和承载力，建设服务区的目的就是为域外投资者及园区内企业职工提供更为方便、快捷、全方位的服务。创业园服务区成为园区内最具活力的"心脏"。

建园之初，近湖镇党委、政府就确立了边建设、边引企、边服务的发展思路，科学设置了"三大功能配套区"和"十大服务中心"，全方位为进园企业提供优质服务。创业园先后成立了 6 家信用担保中心，注册资本达 1.3 亿元，先后为 46 家企业提供融资信用担保，扶持 11 家企业技改扩能，累计投放资金 4.2 亿元，有效化解了企业发展资金的瓶颈制约，一批中小企业在担保公司的资金扶持下日益发展壮大。

针对刚进园企业大多是民营或家庭作坊式企业，普遍存在用工难的状况，创业园和建湖县技校联手投入 1 600 多万元，新建 4 座近 1 万平方米教学厂房，成立了园区职工技术培训中心，每年为企业培训实用型人才近千人，帮助企业解决生产、设备技术难题近千个，为初创业者提供了人才和技术支撑。

单跨单层、双跨高层标准厂房按照"一园多区、一区一式"的规划建设，适应了不同企业的发展需要。良好的环境、周到的服务、完善的设施满足了园内企业的生产、生活需要。

4．招商引资

近湖镇始终把改善和优化投资环境当作加快发展的生命线，明确提出要把改善创业园投资"硬""软"环境当作生死攸关的发展大事来抓，打造投资引资的"高地"。

（1）招商引资的优势和重点

进园企业中，90% 以机械加工、制造为主，特色产业的集聚效应明显，支撑了地区产业的前延后伸、膨化扩张。

创业园重点引进石油机械、液压件产业中具有龙头效应的企业,利用企业自身强大的市场优势、资本实力、科学的管理方法与周边企业形成优势互补,共同打造创业园特色品牌。创业园高层厂房区适度引进电子、轻工类企业,增加园区特色产业。创业园同样欢迎农业机械、机床生产类企业进园投资创业。

（2）招商引资的主要政策措施

凡是在创业园落户的投资商只要缴纳土地征用费,剩下的诸如规划、设计、《土地使用证》、《房产证》、工商、税收等相关手续由园区办公室代办。创业园对于龙头规模项目、外资项目、特色产业项目、税收贡献大的项目实行"特事特办",给予更大优惠。

20.3　发展特色

1. 催生并培育了中小企业

创业园帮助创业者解决了实际困难。在园区,创业者只要交纳部分租金,拥有必要的设备和流动资金就可以了,审批、中介等手续和相关服务都由创业园全方位提供,大大降低了创业门槛。

创业园帮助企业提升了竞争力。园区把众多企业,尤其是同一产业的企业,如机械制造加工产业聚集到一个地方生产,实现了资源共享,便于企业之间关联配套和专业化协作,便于企业走小而精、小而专之路,能够为企业降低生产成本,降低创业风险。

在创业园产业集聚力量的吸引下,矿工机械、油田机械、农业机械等机械行业已成为园区的主导产业,一些规模企业正带领众多小企业互动双赢,园区已经成功培育了一些特色产业。

2. 社会效益明显

众多小企业的高度聚集,消除了零散企业一家企业框一块地搞建设的现象,节约了土地资源,优化了城镇整体规划。

创业园建设有利于催生小企业,增加就业人口。据有关部门统计,每创办一个小企业,平均可以带动 6 个人就业,因此,小企业的数量和质量决定着一个地方的就业水平。创业园附近的西葛村已向园区培训输送劳动力近千名,全村人均年纯收入突破 7 600 元。至 2009 年,近湖镇有6 000 多名农民,分布在园区企业不同的工作岗位上,累计消化转移了建湖县周边乡镇劳动力近万人。现在不仅有近万名农民分布在园区内不同企业的工作岗位上,同时周边众多机械加工个体户也将创业园作为成就梦想的舞台。创业园的建设为建湖县新农村建设搭建了一个崭新的平台。

3. 成立创业园科协

创业园中的企业大多为小型家庭作坊式企业,产品科技含量低,职工素质不高,企业管理不规范,抵御市场风险能力不强,针对这一客观实际,创业园成立了创业园科协,以提高企业的科学技术为突破口,全力推进职工队伍素质建设。

园内科协首先结合企业实际,组织企业科技人员积极参加上级举办的各种技术培训及学术研讨活动,重点解决小企业科技信息不畅,技术人员水平不高的问题。其次是开展学术交流,把学术资源、科技人才引进企业,为企业创新、创业提供科技支撑,使企业在激烈的市场竞争中可以把握先机,赢得主动。

园区科协动员和组织科技人员围绕企业发展,进言献策,推动企业决策科学化、民主化;激励科技人员把实现企业发展目标转化为自觉行动,取得了丰硕成果。比如盐城金龙达机械制造有限公司科普小组常年奋战在生产第一线,与全体职工一起,坚持对公司主要产品钻采配件和进口装置的生产过程不断改进,为企业获取较大经济效益。该公司科普小组研发的一项高新技术项目——防喷器大修理,该项目采用的多项新技术、新工艺填补了国内空白,修复的防喷器符合 APISpec16A 规范尺寸精度,达到了原生产公司的要求,已得到钻井承包商的认可与一致好评。

此外,园区科协切实搞好科普活动,比如举办了以“节约能源资源,保护生态环境,保障安全健康”为主题的“科普活动日”活动,号召企业联合策划、相互协调和资源共享;以“建设生态型园区”为主题,与园区科协企业、重点企业进行联谊,达成了“全力打造品牌园区”的共识,促进园区又好又快发展。

4. 建立高技能人才培训基地

创业园内有个“园中园”——建湖高技能人才培训基地。

该基地占地 2 万平方米,拥有计算机、数控车床等设备 300 多套。园区选派业务水平高、实践能力强的教师到基地授课,进行创业培训。如今,该基地已成为江苏省技工院校省级培训基地、国家农业部“全国乡镇企业蓝色证书培训基地”、团省委“农村青年创业实践基地”。

创业园积极吸纳建湖县当地的专业技术人才。建湖县职业技术教育中心、建湖县技工学校分别是国家级重点中等职业学校、国家高级技工学校,两所学校每年培养1 500多名高级技工,已为建湖县特色产业源源不断地输送了几万名高素质的专业人才。建湖县职业学校为石油装备产业设置了数控、电子、模具等专业,开办了全国首家"绿色照明学校",采用多种方式进行技工和劳动力技能培训,为企业"量身定做"专门人才。

20.4　培育成功的典型企业案例——盐城得力飞机械有限公司

1. 公司简介

盐城得力飞机械有限公司(以下简称"得力飞")是万向传动轴、齿轮、齿轮箱等农业机械配件专业生产厂家,是一家现代化规模企业,产品通过了欧洲CE认证,远销欧美等近60个国家,以优质可靠和交货及时享誉国内外。

客户是企业的命脉,顾客的信赖是企业生存的基础。得力飞提倡"让顾客满意"的理念,以真诚的态度、优异的品质、完善的服务,满足客户要求、积累客户资源,实现顾客与公司均满意的双赢策略。

人才是企业最宝贵的资源。得力飞致力营造人事公开、机会平等、充满活力与和谐的工作环境,注重人才的培养与成长,在不断的定位自己、超越自己、完善自己的过程中实现自我价值,使人人爱岗敬业、各尽其能,将员工的人生规划与企业发展相结合。强调员工群体通力合作、知识共享、相互激励,不断提高自身素养。

科技创新是得力飞立于不败之地的资本。得力飞之所以能够将产品畅销全球多个厂家,原因在于公司拥有较强的自主创新能力。产品虽小,但每一款产品都有其独到之处。公司引进国外先进技术,参照欧美标准,又结合中国实际,独立研发了可配套10～200马力主机的20种渐开线型、二棱、三棱管型万向传动轴和按欧洲标准生产的大、中、小三种保护套及意大利厂家生产的农机齿轮。得力飞已形成年生产万向传动轴、齿轮50万套的生产能力,规模列全国同行之首。

有高端的产品,就会有广阔的市场。产品的创新使得公司产品市场得以打开,公司产品不仅在国内热销,配套中国农业工程院、东北机械研究院、新疆机械研究院以及国内各大知名主机厂,而且还出口远销韩国、德国、意大利等60多个国家。

2. 创业基地的作用

从2004年借钱建厂房,到把厂房从A区扩展到B区,再到成为"全县第一",得利飞的成长过程真正体现了创业园对企业培育的作用和效果。

公司的快速发展得益于良好的公司文化和经营方式,也离不开园区的培植和大力扶持。得力飞董事长葛万云对此深有感触:"很佩服园区领导的服务态度和为基地企业做的实事。"正是园区这种"还需要我做什么"的服务导向,像呵护种子一样鼓励得力飞入园,给政策、降低门槛,解难题、精心服务,为得力飞不断向前发展搭建了一个自由的平台。

创业园科协对企业的发展而言同样功不可没。园区科协经过几年的努力,已使"学科学、用科学"思想在全园区蔚然成风。正是这种良好的风气培育着得力飞以科技制胜的经营理念,企业科技人员不断探索创新,打造着自己的"小产品",做出大文章。园区领导和科协成员不断为企业出谋划策,使得力飞成功运用了网上营销这种新模式,通过网络平台,公司和欧美60余个国家的企业建立了贸易合作关系。

20.5 未来发展展望

国家副主席李源潮在任江苏省省委书记时,曾到近湖镇调研,当时,他曾给创业园这样的评价:"坚持富民优先,发展民营经济,近湖的做法很好,要鼓励人们创业,不怕他创不大,关键是要让这些种子先发芽发出来。"

创业园是哺育小企业创业成长的重要载体,是小企业创立、起步、发展的摇篮,也是财政收入和新增就业岗位的"孵化器"。

1. 未来规划

计划用3～5年时间,建成标准厂房200万平方米,吸纳进园企业800～1 000家,总投资50亿元,经济总量超100亿元,实现税收5亿元以上,对园区进行科学合理的布局和功能定位,打造成全省规模最大、功能最全、环境最优、效益最好的中小企业园。

2. 发展建议

思路决定出路,细节决定成败。创业园有今日之变,靠的是创新。今后,园区更应该以"服务创新"为发展方向,整合资源、通力合作,为小企业创业基地营造良好的建设环境。比如针对公交公司被私人承包,公交线路难以协调,公交车难以进入园区的问题,可以考虑以设置园区班车的形式,固定时间、固定地点接送企业员工,有效改善园区交通不便的困难局面。

由于园区内企业负责人多是农民出身,文化素养不够高,有"小农意识",对企业的管理事无巨细,不愿意放权,企业难以做大做强。因此,园区争取加强对企业管理层的管理培训。针对企业"培训难"的问题,园区考虑设置多媒体房间,组织企业管理层观看实用的管理讲座;也可将一些技术和样品进行现场推介,鼓励企业负责人勇于实践新的科学管理模式,在企业因此受益、尝到甜头后,进一步的管理培训就会容易深入。

创业园与有关部门通力合作,整合资源,把社会上有创业培训资质学校的创业培训、SIYB 培训与小企业创业基地紧密联系起来,形成从培训到创业一条龙的有效服务体系。此外,还要与商业银行、担保机构密切合作,争取更多支持,将一些金融产品引进小企业创业基地,为基地内的小企业提供融资服务,促其快速成长。

20.6　点评

1. 与区域经济相关联

建湖县已成为全国"石油装备制造业基地",油田机械是建湖县的一个重要产业,同时液压件生产在国内也具有较高知名度,因此县内相关企业发展迅速,还有县外大企业纷纷进驻。一个地区一旦有大企业发展,便必须有若干个小企业相配套,创业园的创建正好迎合了这种需要,形成了大企业带动小企业培育,小企业助推大企业发展的局面。

2. 各级党委、政府大力支持

为了扶持创业园的发展,近湖镇财政每年要拿出 3 000 万元以上资金用于基础配套设施建设,在时间安排上给予倾斜。近湖镇成立了以镇主要领导为核心的管理委员会,下设办公室,主要负责基地的日常工作。没有政府的支持就谈不上创业园的创建;没有足够人力、物力、财力的扶持,创业园便无法快速、健康地发展。

3. 发展方向

创业园以机械加工、机械制造产业为主导,发展方向基本与建湖县几大机械产业集群相配套。

在土地利用上,采取"三个一批"的办法,征用一批、复垦一批、储备一批,用好已批的、盘活闲置的、清理未用的,千方百计化解项目用地压力及用地瓶颈制约。

在厂房建设上,灵活采用园区自建、企业自征、单位共建三个途径共同建设,采取自征自建、垫资先建、整体出售、合同租赁等灵活多样的机制,有效解决企业用房困难,为进园企业最大程度的提供方便。园区厂房利用率达 100% 。

第21章　常州市长三角模具城的运营与管理

模具业号称百业之母,是现代制造业的基础,模具产业的发达与否,已成为衡量一个国家工业产品制造水平的重要标志之一。随着全球新一轮产业结构的调整,发达国家制造业正加速向我国转移,长江三角洲地区的上海、江苏、浙江已经发展成为强大的现代制造业基地,成为中国经济的主推引擎之一。长三角模具城的形成,带来了更大范围和规模的产业经济联动态势,扩展开来,将共同为区域经济发展带来强大动能。使企业间整合发展,集聚形成互相竞争、互相协作、互相依存的态势,从而推进行业的商品化、市场化、标准化;优化产业结构、提升产业层次,带来更大的经济效益和社会效应。

21.1　模具城概况

1. 发展背景

常州经济实力强劲,工业基础扎实,门类齐全,综合配套能力强,延伸发展空间大,是一个发达的制造业基地。制造业是常州工业经济的主体,是推动常州经济发展的中坚力量,也是常州国民经济的第一大支柱产业,约占全市经济总量的42%。

作为制造业的重要基础装备之一——模具,是工业化社会实现产品批量生产和新产品研发所不可缺少的工具。可以这样讲,模具是"工业之母",没有高水平的模具就不可能制造出高水平的工业产品,模具产业的技术水平已成为衡量国家和地区制造业水平的重要标志之一。同时,模具产业被称为"效益放大器",能够极大地带动相关产业和经济的发展规模。近年来,国内汽车覆盖件、精密冲压、精密塑料等模具需求量保持13%以上的增长,国外大企业的转移及跨国集团到中国采购的趋向也十分明显。根据常州市的"十一五"规划中关于发展先进制造业的方向和要求,以及国际制造业向长三角地区大规模转移的趋势,作为产业配套的模具产业将成为重要的条件、前提,承担起促进和支撑先进制造业基地建设的重大使命。

作为现代制造业的核心产业和高效生产工具,模具产业是无法回避的门槛。现代制造业中的产品构件成形加工,几乎都需要使用模具来完成。没有高水平的模具业,就不可能有高水平的制造业。产业的持续调整和升级,对模具的需求越来越大,对模具业的标准要求越来越高。很多产品升级换代到高档次,就需要高水准的模具配套。所以,模具城项目的建设对常州地区先进制造业基地的建设具有十分重要的战略意义。

目前,常州地区有模具生产、加工点2 000家,仅武进高新技术区内的鸣凰就集聚了400家,全市模具产值20亿元左右。常州是模具大市,但不是模具强市,与国内模具行业存在的一些问题相似,基本都是作坊式企业,小企业数量众多,约占全市模具企业的90%以上,产业集聚程度不高,技术设备更新落后,模具生产一贯沿用"五靠"模式,即:靠传统设备加工制造,靠实物测绘代替模具设计,靠师徒带教进行经验式培养,靠小作坊打天下,靠低价竞争求生存。众多模具中小企业蕴藏着大量的对技术应用、技术创新、信息服务、资源配套、产业升级、规模扩大的需求。

搭建常州市模具产业小企业创业基地的公共服务平台就是为了满足常州地区集聚的2 000多家中小模具企业的需求,包括常州市重点项目长三角模具城内广大的国内外中小模具企业的需求,整合、集成常州模具科技创新资源,提高模具生产专业化程度和地区协作配套能力,促进常州市先进制造业基地的建设发展。

长三角模具城的建设将科技创新的活动引向深入,更加全面地介入产业经济的发展,可以解决常州模具产业存在技术落后、管理能力和手段差、配套服务运行机制不全、产业集中度低、自主开发能力较弱等相关问题。例如,单件生产的技术及管理控制手段、CAD/CAE/CAM生产技术、高端数控设备的使用、改变作坊式经营、整体协作的规模经济、企业关键技术自主开发能力等,使常州及周边地区模具制造企业实现战略性的升级,促进模具中小型企业的发展转型,对江苏及国内的模具产业发展将起到示范作用。同时,将为社会培养大批的模具专业化人才,促进区域和行业的人力资源开发工作,为社会提供更多的就业岗位,帮助解决就业问题。

2. 长三角模具城规模简介

长三角模具城小企业创业基地位于江苏省常州市武进高新区武宜南

路 588 号,运营主体为江苏长三角模具城发展有限公司。基地于 2003 年 8 月开始正式建设,如图 21.1 所示。2008 年已经完成一期占地面积 216 亩,已建成工业及办公用房 19 幢,17 万平方米;总投资超过 3 亿元人民币。其中研发、设计及各种服务配套用房约 1 万平方米,其余均为工业厂房。工业厂房分为 400~600 平方米小型生产用房及 1 000~1 600 平方米标准工业厂房两种。具体情况见表 21.1。

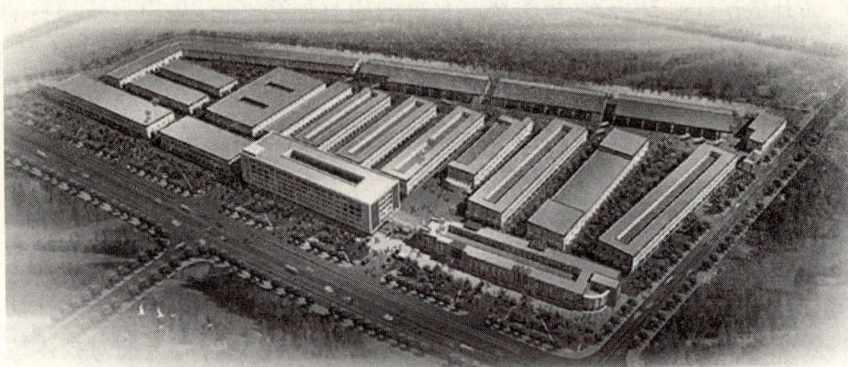

图 21.1 长三角模具城小企业创业基地俯瞰图

3. 入驻企业现状

截至 2008 年 9 月,基地已入驻企业 267 家,入驻率超过 80%(含租、售)。入驻企业 80% 为年销售额在 500 万元以下(规模以下)的小企业;20% 为规模以上企业。具体情况见表 21.2。

表 21.1 长三角模具城 2008 年基本规模表

企业数/家	260	规模以上企业数/家	35	上年新增规模以上企业数/家	10
上年新增企业数/家	59	就业人数/人	2 248	创业成功率/%	70
企业所属主要行业	模具及相关配套企业			主要行业集中度/%	95
营业收入/万元	9 479	利税总额/万元	1 326	实交税金/万元	923

备注:1. 基地占地面积、建筑面积等都是反映基地这个区域内的实际占用情况,不是反映依托的集聚区或园区的情况。
2. 所有数据以申报上年年底数据为准。

表21.2　长三角模具城2008年入驻企业情况表

基地名称	长三角区域(模具)小企业创业基地						
基地运营单位	江苏长三角模具城发展有限公司		地址		常州武宜南路588号		
注册时间	2003-08-14	注册资本/万元	3 000	单位性质		有限责任公司	
基地现有资产/万元	23 400	现有占地面积/亩	216	厂房租金标准/元(平方米·年)		120	
现有建筑面积/平方米	166 215	已售面积/平方米	73 931	厂房面积/平方米	150 000	公共服务面积/平方米	16 000
		已租面积/平方米	24 965				
备注:1. 基地占地面积、建筑面积等都是反映基地这个区域内的实际占用情况,不是反映依托的集聚区或园区的情况。 2. 所有数据以申报上年年底数据为准。							

这些企业涵盖了模具研发、设计、生产、加工,模具原材料、耗材、标准件、设备贸易,以及人力资源培训、专用软件开发销售、产品检测、设备维修等几乎所有产业环节。

长三角模具城内已经集聚了塑胶模具、五金模具、压铸模具、鞋业模具、汽车模具、铸造模具、挤出模具、冶金模具、锻造模具、玻璃模具、陶瓷模具、机械设计、模具材料等各种模具企业200多家。CNC编程、快速原型、CAD、CAXA、Rhino、MC、CATIA等软件在城内企业间应用广泛;加工工艺、成型工艺、产品开发均已达到国内领先水平。为国内外诸多名牌企业设计、制作了大量优质模具,如伊莱克斯、西门子、LG、JRM、Sanken、Enerpac等,交货周期和质量都得到了广大客户的广泛认可。团队现有运营管理、技术及顾问总计人员30人,其中包括著名模具及注塑工程专家徐昌煜教授、平台技术专家查鸿达总工程师。公司还与常州市模具工业协会联合为企业担保融资,目前授信额度达到1亿元人民币。第1期1 000万元人民币已经签订。

4. 服务模式与功能

长三角模具城对进驻企业负责,对产业发展负责,对股东和员工负责。正是本着这三大责任,长三角模具城以中小企业发展需求为宗旨,并通过院企共建、政企合建、企业自建模式,创造性地提出了"九大中心"的概念,搭建了一个前瞻性、高层次的公共服务平台。"九大中心"包括研发设计中心、信息中心、培训实习中心、科技成果转化中心、接单中心、展示交易中心、人力资源中心、客户服务中心、检测生产加工中心。具体服务内容见表21.3。

表21.3 长三角模具城服务内容表

序号	主要服务机构名称	服务内容
1	网络信息中心	以长三角模具网为中心平台,依托强大的客户数据库、专家库,结合模具城内外资源,使之成为行业内当仁不让的有形市场门户、无形市场翘楚。
2	研发设计中心	规划8 000平方米的研发设计中心(已建成3 000平方米),集中数十家有资质的模具研发、设计单位,提供1~3年免租金的办公用房。研发中心将联合上海交通大学、华中科技大学、华南理工大学、郑州大学、山东大学、台湾中原大学等业界顶尖高校内的模具工程技术研究中心,依托模具专家库为模具研发创新提供知识及技术支援。
3	生产加工中心	提供共享设备,创建共享服务模式,培育单个企业做专、做大、做强,避免单个企业投入过大,减少企业创业成本。
4	检测中心	提供质量检验、认证检查、验货服务等第三方质量检验技术服务。
5	接单中心	为入驻企业提供全方位的保姆式服务。为创业中的企业提供接待、洽谈、休闲等后勤服务;利用创新平台、网络信息优势,为入驻企业争取高附加值、高技术含量的订单。
6	客服中心	
7	人力资源中心	发挥企业化动作优势、集合常州科教城师资、设备优势,携手中国科学院常州分院、沈阳数控研究所、常州机电职业技术学院、常州轻工职业技术学院,为入驻模具企业培训、输送应用型人才,并建立灵活高效的人才交流机制。
8	培训实习中心	
9	展示交易中心	为入驻企业提供展示产品的专业空间;提供设备及原材料购置的交易平台。这将是入驻企业与上下游厂商广泛交流的大平台,让企业获得更多的市场和产业信息,推进模具产业的市场化、商品化、专业化,打造永不落幕的模具工业博览会。

　　九大中心互相支持、互相依托,"贸易、技术、工厂"一体化思路,全面辅助入驻企业的升级换代,推动企业做精、做专、做特、做强,促进行业的商品化、市场化、标准化,从而优化产业结构,提升产业层次。

21.2　成功经验

长三角模具城小企业创业基地是一个以模具及相关产业为特色的主题工业园区。在为模具小企业多年服务的过程中,所取得的主要成绩体现在以下几个方面:

1. 摸索出了一套符合模具行业特色的服务方法

总结起来,主要是坚持两个原则:

第一是坚持社会化和市场化的原则。长三角模具城是一个纯民营的小企业创业基地,服务对象也全部是民营企业。不坚持社会化和市场化两条道路,就无法实现资源配置的最优化,不能最大幅度地提升生产力。

第二是坚持技术导向和人才导向。模具是技术、经验、工艺和现场管理完美结合的产业。没有一批有丰富经验和高超技术的技师、工人,就没有高质量的产品。长三角模具城通过九大中心的建设,吸引和团结了一批资深的模具技术专家、管理人才,起到了良好的指引和带动作用。

2. 探索出了一条传统特色产业在网络化和全球化时代升级壮大的成功道路

长三角模具城小企业创业基地的建成,为模具这个常州传统特色产业打造了一个新型的集聚区。基地规划合理、环境整洁,大幅度改善和提升了创业环境。

九大服务中心的建设使基地内小企业第一次具备了计算机化、网络化研发和设计的能力,有了网络化培训平台和接单平台。

地方政府也给这个弱势产业以前所未有的支持。常州市、武进区科技系统为"模具行业创新服务平台"投入扶持资金100余万元。常州市生产力促进中心、武进区生产力促进中心派员常驻模具城,与常州市模具行业生产力促进中心共同为企业服务。服务内容主要为创业咨询、技术咨询、业内外交流联络、质量体系认证、专利申报等。

3. 取得了良好的社会和经济效益

全基地200多家小企业2007年完成产值约3.2亿元人民币,同比增长27%。新增就业岗位800余人,为常州地区模具产业的升级换代做出了重要贡献。

21.3 培育成功的典型企业案例——常州博赢精密模具有限公司

常州博赢精密模具有限公司创建于 2007 年,2008 年开始成为本平台重点服务对象,公司位于常州市武进高新技术开发区的长三角模具城内,交通便利,市场前景广阔。公司是一家专业制造各种以家用电器和汽车为主的精密、大型注塑模具厂。公司产品涵盖汽车产品(灯具、内饰件、外饰件、格栅等)、家电产品(彩电、空调、冰箱、洗衣机等)、IT 产品(电脑、数码相机等)、摩托车产品(灯具、覆盖件等)四大主要领域及其他各行各业产品。公司目前专为国内外大型企业进行模具配套,如:美的空调、科龙空调、三星、海尔、上汽、南汽等。公司成立以来,不断提高自身能力,通过几年的发展和壮大,已拥有了一批优秀的专业设计师及经验丰富的模具制造者,拥有模具高级技工 30 多名,高层管理人员 8 名,员工共有 50 多人。公司不断更新技术,拥有多台世界先进的模具制造设备,如三坐测量仪等设备。公司还配备了 UG、CATIA、DELCAM、CIMATRON、DYNAFORM 等模具加工及模具设计专业软件,具备了独立建型、塑料流动分析、3D 模具设计、实型制作、数控加工、模具的装配调试能力。公司已通过 ISO9001 质量体系认证,以"保证质量、客户满意"为指导思想,以"全心全意为客户服务"为宗旨,竭诚为广大客户提供满意的产品和优质的服务。在本平台服务下,从创立之初的 7 人、50 多万元产值发展为 50 余人、800 万余元产值,拥有大中型精密制造设备 30 多台。公司生产的精密注塑模具及产品已经打入了国内一线制造企业。在平台研发设计中心的直接技术支援下,公司利用平台提供的新型多层注塑模具及汽车组合模具专利授权,连续获得 2009 年省级科技创新基金及国家初创基金各一项。

21.4 存在的问题

作为被省、市经贸委和中小企业局确定的小企业创业示范基地,长三角模具城在经历了一年多的运行实践后深深感到,广大的小企业在创业发展过程中面临着许多现实的问题和困难。

1. 与国际先进水平相距甚远

模具企业数量多、规模小、生产效率低、技术装备落后,处于一种"小而全"的状态,与国际先进水平相距甚远,达不到规模经济的要求,专业化水平低,无力投入资金进行科研开发,产品技术落后,整体竞争力较弱。模具行业是技术密集、资金密集型行业,企业要提高产品技术含量和附加值,需要投入大量资金用于研究开发和技术创新。很多模具企业习惯于粗放式经营,关键技术基本上还是空白,只能从事低端、简易的模具生产。

2. 创业基地资金不足

小企业在创业过程中碰到的首要问题是资金不足、技术力量薄弱、管理不到位等,创业示范基地要帮助他们解决这些问题,需要有必要的资金支撑。比如,给小企业提供必要的资金帮助,帮助他们选择、培养技术骨干,提供必需的软、硬件技术,帮助他们培训管理人才,引进先进的管理模式,等等。目前,长三角模具城主要是依靠收取厂房租金来维持运行,虽然竭尽全力,但深感力不从心。

3. 专业人才缺乏

专业人才的缺乏是小企业在创业过程中遇到的另一困难。企业起步阶段,真可谓是举步维艰,企业条件差、待遇低、没有知名度,很难吸引优秀人才加入。对此,创业基地同样是心有余而力不足。

21.5 未来发展展望

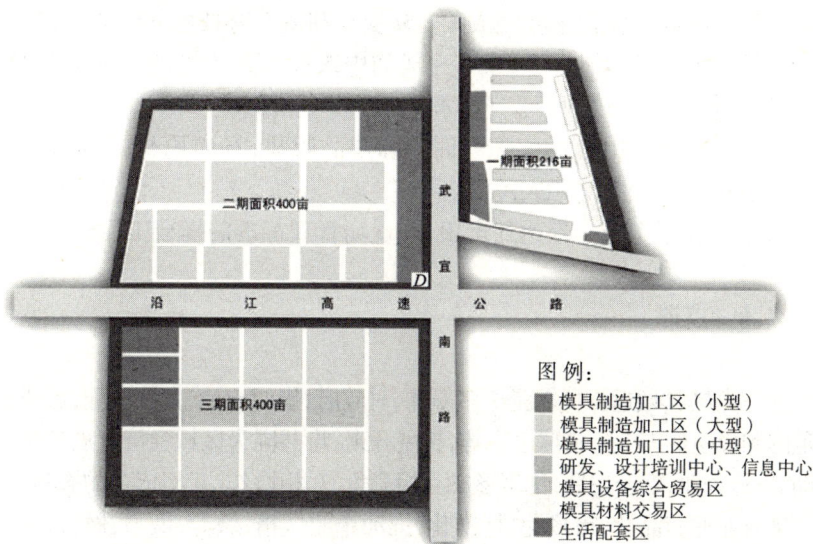

图 21.2 未来规划图

1. 运行管理机制的加强和完善

（1）运行管理机制在保持公益化特性的同时，计划用2~3年时间逐步加强企业化、市场化运营。各项公共服务要逐步实行契约化服务，逐步实现服务项目的收支平衡。尤其是人工开支要实现平衡，以稳定和壮大运营、管理、技术服务队伍。

（2）运用市场化、商业化手段和规范，进一步吸收社会化、市场化的服务机构和企业入驻平台，增加平台的服务内容，确保入驻服务企业和机构能够在平台上生存、发展、壮大。

（3）进一步吸收境内外本行业的管理、技术专家加入平台的运营管理平台，加强省内外及境外交流，尤其是港台地区类似平台的交流，进一步理顺机制、加强管理。

2. 公共服务方向及主要目标

（1）进一步加强研发设计中心的服务功能，计划拓展模具工艺分析、现场管理辅助等能力，将公共共享图库拓展至3 000套注塑及压铸模具设计图。

（2）加强网络信息中心建设，强化B2B功能和技术交流平台功能，两年内使注册用户数突破10 000人次。

（3）接单中心进入实质性运作阶段，3~5年内累计发单合同金额不低于3 000万元。

（4）科研成果转化中心完成8~10项专利或专有技术的转化或推广。

（5）人力资源、培训实习中心完成初中级技术人才培训不少于1 000人次，高级技术人才培训不少于200人次。

（6）展示交易中心加大陈列面积和展品收集，场内原材料、标准件、设备交易额不低于2亿元人民币。

（7）完成不少于4家达到丰田5S现场管理标准的样板工厂建设。

21.6 点评

长三角模具城运作成功是个多赢体，对政府，集约土地、发展产业，形成更大范围和规模的产业经济联动态势，扩展开来，将共同为区域经济发展带来强大动能；对企业，整合发展，集聚形成互相竞争、互相协作、互相依存的态势，从而推进行业的商品化、市场化、标准化，推动企业做精、做专、做强、做特，加快新产品的开发周期，降低成本，提高生产力；对产业，优化产业结构、提升产业层次；对模具城，提高区域内的知名度，带来更多的经济效益和社会效益。

第22章　南京江宁高新技术
创业服务中心的运营与管理

　　南京江宁高新技术创业服务中心(以下简称"中心")致力于打造优良的创业服务平台,营造良好环境,为入驻企业与政府之间搭建沟通的桥梁。中心通过培育新兴产业,以形成区域经济新的增长点,推进区域经济结构优化,促进高新技术成果转化,提高区域内科技成果的商品化率。中心的宗旨是为中小型科技企业发展提供优质高效的服务,促进科技成果转化,培养高新技术企业和企业家。中心的主要任务是打造创业服务平台,营造良好环境,为入驻企业与政府之间搭建沟通的桥梁。

22.1　中心概况

1. 发展历程

　　为了充分发挥江宁的区位优势,利用南京高校、科研院所众多的科技人才优势,进一步优化科技创新环境,吸引更多的科技人才和科技型企业来江宁创新创业,加速科技成果转化及产业化,2002年8月,经江宁区委区政府批准,在原有区科技情报站的基础上组建了南京江宁高新技术创业服务中心(以下简称"中心")。

　　自2004年以来,中心承担了国家火炬计划南京江宁电力自动化特色产业基地的建设和管理工作。

　　2005年,中心被南京市科技局认定为南京市电力自动化企业孵化器。

　　2006年12月,中心被省科技厅批准成为省级高新技术创业服务中心。

　　2008年8月,中心被南京市科技局批准筹建南京国际企业孵化器电力自动化孵化园;9月,被南京市促进就业委员会确定为南京市江宁区示范创业园;12月,被江苏省中小企业局认定为首批"江苏省小企业创业示范基地",被国家科技部认定为国家高新技术创业服务中心,这是对中心建设和培育成绩的一个肯定,同时也给中心的发展带来了前所未有的机遇和挑战。

2. 创新载体

中心采取自建与合建相结合的方式,先后投资 9 000 多万元建成了江宁科学园创业基地和江宁开发区创业基地,共有培育面积 21 713 平方米,其中直接用于企业培育的场地面积 18 713 平方米,占总面积的 86.2%,配套面积 3 000 平方米,共分为三个功能区:

(1) 公共服务区

由办事大厅、商务中心、会议中心、培训教室、信息网络中心组成,主要是为入驻企业提供会议、培训、接待、商务洽谈、成果展示等综合配套服务。

(2) 培育区

由高标准建设的研发、办公用房组成,培育场地水、电、电话、宽带网络等公共设施齐全,是科技型企业及科技人员从事项目研发培育的办公集中区。

(3) 生活配套区

由中餐厅、咖啡厅、茶吧等组成,主要是为入驻企业及人员提供生活配套服务。

中心现有管理人员 22 人,具有大专以上学历 18 人,占 81.8%,在管理咨询、职业培训、行政管理、财务金融等方面具有较丰富的专业知识和经验。中心的内部管理及创业服务已通过 ISO9001 国际质量管理体系认证。

3. 入驻企业

中心成立近 7 年来,培育了一批具有自主研发能力的企业群体,引进和培养了一批具有创新意识和能力的科技人才以及懂技术、会管理、善经营的企业家,为地方经济的发展注入了新的活力。中心累计引进培育企业 211 家,其中入驻企业 116 家,毕业企业 89 家,退出 6 家;引进人才近 1 200 人,其中博士 74 人,硕士 112 人,学士 536 人;为社会提供近 3 600 个就业岗位;入驻企业实现销售收入 2.4 亿元,利税 3 970 万元。近年来,入驻企业累计承担并实施市级以上科技计划 82 项;培育及毕业企业累计申请专利 412 件,其中发明专利 119 件;有 22 家企业被认定为省、市高新技术企业。中心对江宁的高新技术产业的发展起到催化剂的作用,全区电力自动化企业销售收入从 2002 年的 5.8 亿元增加到 2007 年的 60 亿元,全区高新技术产业销售收入由 2002 年的 88.4 亿元增加到 2007 年的 410 亿元。

4. 产业方向

中心已形成电子信息、电力自动化、软件、新能源、生物医药等为特色的科技中小企业聚集地。

22.2　服务特色

中心以健全的培育服务为手段,以"一切为企业着想、为企业创造价值、让企业百分之百满意"为目标,通过提供政务、资金、技术、信息、中介等一系列的服务,营造局部优化环境,降低中小型创业企业的创业风险和成本,提高创业成功率,提高全区的创新能力和持续发展能力。中心主要服务特色体现在以下几个方面:

1. 政务服务

中心为入驻企业提供代办工商注册、税务登记、银行开户、各类年检等"一站式"服务,帮助入驻企业申报高新技术产品和高新技术企业、软件产品和软件企业,协助、推荐入驻企业申报各级各类科技发展计划。

2. 资金服务

中心在积极帮助科技含量高、发展潜力大的中小型科技企业争取各级项目扶持资金的同时,致力于为中小型科技企业建立绿色融资通道,帮助其发展壮大,解决创业初期的资金"瓶颈"问题。中心已经与创业投资、担保机构及各大银行建立了广泛的业务联系,共同帮助入驻企业建立融资通道。

3. 技术服务

中心依托南京高校院所众多的人才优势,建立了以专家学者、成功企业家组成的专家咨询委员会,为入驻企业的发展提供诊断咨询和项目论证服务。同时,中心利用周边高校、科研院所的仪器设备资源,为入驻企业提供共享实验设施和开放实验室等技术研发支撑服务。

4. 信息服务

中心通过网站、信息刊物、宣传资料等宣传工具协助企业做好企业宣传、成果发布、人才招聘等工作,为创业者和创业企业提供全面的创业信息服务,帮助创业者提高创新创业能力。

5. 中介服务

为满足入驻企业需求,中心借助社会专业服务机构的资源,将社会的专业化服务引入创业基地,构建开放式、社会化的中介服务平台,为企业提供项目评估、投资咨询、企业管理、财会审计、法律咨询等中介服务。

22.3 孵化成功的典型企业案例——南京赛孚科技有限公司和南京协远科技实业有限公司

1. 南京赛孚科技有限公司

(1) 公司发展概况

南京赛孚科技有限公司是一家专业从事计算机安全管理和数据安全软件开发的企业。目前有员工 38 人,其中具有博士和硕士学位的占40%,具有高级工程师和工程师职称的占 75% 以上。2006 年底进驻中心创业。2007 年,公司销售收入达到 500 万元,2008 年,公司开发成功的、拥有自主知识产权的"赛孚 SafeSofts 数据安全系统"被认定为软件产品。

(2) 创业基地的作用

在南京赛孚科技有限公司的创业过程中,中心为该公司提供了以下几个方面的服务:

一是公司组建服务。为企业办理了相关的公司注册与入驻手续,联系培训机构为企业员工进行专业培训,并帮助企业规范内部管理,使企业尽快步入运营正轨。

二是技术研发服务。组织专家顾问帮助指导企业攻克技术难关,使该公司在 3 个月内顺利完成了项目研发工作。

三是知识产权服务。为企业联系免费的软件测试平台,并协助企业申请办理计算机软件著作权、软件产品和软件企业认证。

四是信息咨询服务。利用中心的信息网络平台,帮助公司加大产品的宣传力度,组织营销专家为企业开展咨询服务,为企业开拓市场。

2. 南京协远科技实业有限公司

(1) 公司发展概况

南京协远科技实业有限公司成立于 2005 年 5 月,主要从事于电力自动化控制系统的软硬件开发、设计、制造和销售。该公司于 2005 年 12 月进驻中心,2008 年底,该公司已成为拥有近 100 名员工,年销售收入近1 000 万元的科技型公司,技术水平和销售收入都走在了国内同行业的前列。公司的主打产品——电能质量测试分析仪在全国 21 个省、市、自治区的发电厂中得到广泛应用,并有多台产品远销海外。

(2)创业基地的作用

在南京协远科技实业有限公司一年多的创业过程中,中心为该公司提供了以下几个方面的服务:

一是技术研发服务。中心协助该公司在东南大学、南京工程学院聘请了专家顾问,攻克了其研发项目的技术难关。

二是科研创新服务。中心积极协助该企业申报区级科技计划项目,成功为其争取到江宁区中小企业创新基金 10 万元,解决了该公司的经费困难。

三是融资服务。中心通过江宁区担保公司协助,顺利为其贷款 200 万元,建立了生产基地。

四是宣传交流服务。中心及时推荐其加入国家火炬计划江宁电力自动化产业基地,使其成为成员单位,为该公司的对外宣传与交流提供了更好的平台。

22.4 存在的问题

中心在取得上述成绩的同时,在发展过程中也存在一些问题。主要表现在以下三个方面:一是政策扶持不配套,缺乏一些与园区企业发展相关的资金、技术、科研等方面的配套政策;二是缺乏资金支持,园区载体建设需要大量的资金;三是人才引进不足,缺乏一些园区发展所需的高素质专业人才。

22.5 未来发展展望

1. 整合创业培育资源,创新创业服务体系

中心作为培育江宁高新技术产业发展新增长点的重要载体,面临着新的机遇和挑战。中心在广泛调研、深入思考的基础上提出了以政府投入为引导,积极引进社会资源,按照"四个统一"的培育模式,建设"一个中心、多个基地"培育场地的发展思路。

(1)"四个统一"的培育模式

"四个统一"的培育模式是指统一入驻条件、统一扶持政策、统一服务内容、统一毕业标准的"四个统一"的培育方式。

（2）"一个中心、多个基地"的培育场地

"一个中心、多个基地"的培育场地是指以南京江宁高新技术创业服务中心为主体,开发区培育基地、科学园培育基地、高桥培育基地、滨江开发区留学归国人员创业培育基地和吉山软件园培育基地等五个各具特色的培育基地。

2. 加强中心内部改革,提升服务质量层次

中心将通过加强内部改革,积极引进企业化管理机制,引进优秀创业管理人才。在加强自身经营管理的同时,努力把对入驻企业的服务从以物业与政务服务为主的基础性常规服务,向以创业企业成长为核心的培育服务提升,努力打造具有江宁特色的创业服务品牌。

为此,中心将进一步整合创业资源,扩大创业服务的受益群体范围;进一步健全服务功能,拓展服务领域;进一步促进产学研合作,加快提升企业自主创新能力;进一步拓宽融资渠道,缓解企业发展的"资金瓶颈";进一步完善人才激励机制,广泛吸纳人才来江宁区创新创业;进一步推进"创业导师+专业培育"的孵育模式,打造以提高企业技术创新能力为核心的培育服务能力,提高培育质量与水平,为全区高新技术产业发展打造一个全方位的科技服务平台,提高区域核心竞争力,为江宁高新技术产业发展做出更大贡献。

22.6 点评

中心是隶属于江宁区科技局的全额拨款事业单位,是不以赢利为目的的科技事业服务机构。自2002年成立以来,凭借其优良的创业培育载体,优质的创业服务水平,累计成功培育企业86家,为社会提供近3 600个就业岗位,入驻企业实现销售收入2.4亿元,利税3 970万元,被评为国家高新技术创业服务中心、江苏省小企业创业示范基地、南京市江宁区示范创业园。中心的服务特色在于"一站式"政务服务,绿色融资通道,技术研发支撑服务,全面的创业信息服务和开放式、社会化的中介服务平台。中心发展存在的主要问题表现在政策扶持不配套,缺乏资金支持,人才引进不足三个方面。中心未来规划将致力于整合创业培育资源,创新创业服务体系,加强中心内部改革,提升服务质量层次。

第23章 丹阳市齐梁机械五金制造
创业园的运营与管理

丹阳市齐梁机械五金制造创业园(以下简称"创业园")坐落于丹阳市坪城镇工业集中区,是丹阳市政府批准的工业载体,成立于 2007 年 8 月,是处于起步发展阶段的特色产业创业基地。

23.1 创业园建设背景

1. 镇域发展问题

长期以来,坪城镇的企业都在各村发展,存在以下问题:一是不利于管理,二是浪费土地资源,三是严重影响周围居民生活,四是没有足够的发展空间,五是不利于能源的综合利用,六是不适应产业的发展规模。

为了全面贯彻落实科学发展观,建设社会主义新农村,按照坪城镇工业向园区集中、土地向规模经营集中、农民向集镇小区集中的"三集中"原则要求,坪城镇制订了工业集中区的总体规划,也为创业园的发展树立新目标、贯穿新理念。

2. 企业创业问题

长期以来,许多心怀"创业梦",想在坪城镇进行创业的人经常遇到如下的诸多困难:

(1) 资金不足,创业实施进度慢。

(2) 工业用地紧张,没有创业空间。

(3) 信息不够畅通,专业人员缺乏。

(4) 对科技创新、申报知识产权保护认识不够充分,怕技术泄露。

(5) 政府相关部门对此不够重视,没有创新意识。

23.2 创业园概况

在上述背景下,埠城镇开始着手打造、精心规划建设创业园。创业园目前的概况如下:

1. 区位优势

创业园位于长三角经济发达地区,沪宁城镇发展轴上。同时依托镇江新区、丹阳沿江地区、丹阳开发区,具有不可多得的区位优势。101 省道、沿江公路、通港大道、丹埠路在园区通过,方圆 20 公里内有机场和港口。园区交通便利,地理位置优越。

2. 建设思路与目标

埠城镇根据高起点规划、高标准建设的原则,依托现有产业优势,充分发挥支柱产业的集聚效应和连带作用,重点打造机械五金制造特色产业,努力延伸产业链条,培植产业集群;整合其他产业资源,充分吸纳本地和外来民营资本,通过硬件载体建设和服务软环境建设,把创业园建设成埠城镇特色产业的集聚平台、中小企业的创业平台、劳动力转移的就业平台、财源增长的拓展平台。

3. 基础设施建设

(1) 供水:自来水管网引长江水提供生活用水及工业用水,保证园区内企业正常生活和生产需要。

(2) 排水:投资了排水系统,采用雨、污分流体制。

(3) 供电:利用 10 千伏齐梁变电站,具备各电压等级供电能力。

(4) 修路:投资 800 万元修建了创业路、创新路、敬业路、创造路。

(5) 绿化:投资 100 万元对园区进行绿化工程建设。

(6) 亮化:投资 90 万元对园区进行亮化工程建设。

2010 年完成以上全部基础设施建设,总投资 20 000 万元,资金主要靠政府启动资金和注册成立公司投资、银行贷款。

4. 园区现状

创业园现有占地面积 800 亩,建筑面积 80 000 平方米,累计投资已达 15 000 万元,已建标准厂房 70 000 平方米,能为 60 家中小企业提供优越创业条件。创业园已有入园企业 38 家,其中规模以上企业有 4 家,2009 年新增企业 20 家,规模以上企业 2 家,就业人数达到 10 000 人。园区整体布局合理,符合本地区的总体发展规划。

5. 项目管理

（1）凡进入园区的投资项目，必须符合国家产业政策。高新技术产业以及其他国家鼓励类产业给予优先安排。

（2）进入园区的投资项目产业准入、用地面积、用地优惠价格等，由丹阳市齐梁投资发展有限公司进行初审。

（3）经批准进入园区的投资项目，由埤城镇政府与投资者签订合同，由丹阳市齐梁投资发展有限公司监督合同的执行。

23.3　创业园发展

1. 投资建设

创业园运营单位是丹阳市齐梁投资发展有限公司，这是一家集体企业，公司有工作人员10名，其中大专以上学历8人。

（1）埤城镇镇政府成立了创业园建设指挥部，由镇长任总指挥，由分管经济的镇领导任副总指挥。指挥部成员由镇财政所、经济服务中心、环卫所、科技协会、质检工作站、工商所、国税局、地税局、供电所、派出所等单位领导组成。建设指挥部负责指导、协调园区的开发建设工作。

（2）创业园的开发建设工作在建设指挥部的领导下，由丹阳市齐梁投资发展有限公司具体组织实施。该公司具体职责如下：拟定园区开发建设计划和实施方案；协调有关部门绘制施工图纸；组织编制园区实施工程预算、拟定招标方案，组织开展招投标工作，签订工程施工承包合同，负责工程施工项目施工、结算；负责园区专账的财务管理和建设项目资金管理；初审投资项目的用地面积和优惠价格；负责园区接待、业务洽谈等日常工作。

2. 运营状况

（1）有明确的公司章程和园区管理规定

丹阳市齐梁投资发展有限公司的公司章程规定了其经营范围：高新技术产业和优势产业的引进和开发，创业园基础设施建设、产业投资，社会经济技术的专业咨询与服务。

创业园的园区管理规定明确了园区财务和项目建设资金管理、园区基础实施工程项目管理、园区招商项目管理等与园区具体运营相关的管理条例。

（2）与服务配套企业签订合作协议

为加快地方经济发展,解决创业园的建设和入驻小企业面临的种种瓶颈制约,建立更加稳妥的合作交流环境,加快创业园内企业发展步伐,带动本地区经济的快速发展,园区与江苏鑫佳成物流有限公司、丹阳市埤城镇便民服务中心等服务机构签订协议,互惠发展。

丹阳市埤城镇便民服务中心是经江苏省丹阳市人民政府批准成立的行政事业单位,主要为园区内企业提供以下服务:联系企业、组织相关企业的政务代理;提供相关企业咨询;提供相关企业人员的培训;起草、审查、修改相关企业的经济活动方案;就园区与相关企业的合作项目进行相关的调查、见证、论证,出具相关的见证书、法律意见书。江苏鑫佳成物流公司根据企业的需要,将适时开辟新的线路,以满足园区内企业的发展。

23.4 培育成功的典型企业案例——丹阳市盛力机械有限公司

1. 企业简介

丹阳市盛力机械有限公司于 2008 年入驻创业园,现有厂房 15 600 平方米,员工 305 人,是专业从事研究、制造机械设备的企业。公司集铸造、机械加工、装配、调试于一体,主要产品有机械设备、机床和磨床等。

公司凭借过硬的产品质量和服务理念,深受用户欢迎。公司全自动钻头沟槽磨床是公司技术人员在调查原有机床在使用过程中存在问题的基础上经过改进、调试、总结后制造的新一代产品。公司的辅机产品有工字轮收放线机、象鼻收线机、对焊机、轧尖机。产品广泛应用于拉拔黑色、有色金属丝、焊条、CO_2 气体保护焊丝、轮胎钢丝、不锈钢钢丝、电线、电缆等金属制品行业。

2. 企业文化

（1）员工

认真负责、积极进取的员工是公司最大的财富。尊重知识、尊重个性、集体奋斗是公司事业持续成长的内在要求。

（2）技术

技术是公司的立足之本,时刻关注业界最新技术,用公司卓越的技术自立于信息服务之林。

（3）文化

资源会枯竭,唯有文化生生不息。公司尊重文化,尊重包括知识、技术、管理、情操和一切促进社会发展的元素。

（4）品质

公司的目标是把最优异的服务奉献给客户。产品的品质是公司自身的自尊心。

（5）创新

创新是公司发展的动力与源泉,没有创新的技术和服务就没有竞争力。

3. 园区作用

一方面,创业园为丹阳市盛力机械有限公司大大节省了创业和运营成本,为公司提供了一个良好的发展条件,营造了有利于公司健康成长的发展环境。该公司如果征地建房办厂,不计征地、建房费用,仅接通水、电及建造排污设施,就至少需要四五十万元的投入。现在,创业园有现成的生产厂房、配套的共享设施和综合服务功能,该公司只需购置必要的设备,就可以很快投入生产,大大降低了运营成本,得以迅速成长。创业园还为公司物色了一批会经营、懂管理的人才,组成一个良好的团队,在较短的时间内完成了公司的组建,投入正常运行。

另一方面,创业园促进了产业链的形成。多数企业入驻创业基地后,既分工,又合作,创业园有力地促进和延伸了上下游产业链,使产业优势得到有机组合,集聚效应得到了充分显现。盛力机械有限公司依托园区的特色产业集聚优势,实现了快速发展,2011 年,该公司全年营业收入达到 8 000 万元,实交税金 332 万元。

23.5　点评

1. 预期效益

创业园将突出产业特色,稳步发展,促进埤城镇的产业发展进一步提升,并能成为丹阳市具有鲜明特色的产业基地;进一步增强埤城镇经济的产业竞争力、企业协作配套能力和集聚吸纳能力,将带动埤城镇企业加速发展。

2. 发展对策

创业园的发展必须服从埤城镇总体发展需要和城市规划行政主管部门所进行的规划管理。创业园将规模化运作作为主要建设模式,充分体现规划的综合性、科学性、前瞻性,妥善协调近远期发展的关系,长远规划、分期实施、滚动开发、逐步完善。

第 24 章　常州市湖塘科技创业园的
运营与管理

　　常州市湖塘科技创业园(以下简称"创业园")自成立以来,按照社会化、专业化、市场化以及突出服务性的原则,紧抓中小企业公共服务体系建设规划,围绕"引资引智、创新创业、扶优扶新、育业育才",以重点打造一流的综合性创业基地、科技孵化器为目标,开展了一系列富有成效的工作,也取得了较好的成果,为湖塘向后工业化时代迈进起到辐射带动效应。创业园切实抓好小企业创业基地建设和管理,积极营造发展民营经济的强烈氛围,激发小企业做强做大的热情,鼓励和引导小企业优化投资方向、改善投资结构、创新体制机制、拓展发展领域、推动经济发展,同时完善配套政策、加大扶持力度、完善激励措施、提高服务效能、优化小企业发展环境。

24.1　创业园概况

1. 情况简介

　　创业园地理位置优越,坐落于常州市武进区中心城区,属于长江三角洲产业带核心区。对外交通便捷,5 分钟可以驶入高速公路网,20 分钟到达常州机场,2 小时可以到达上海和南京机场。项目规划总投资 2.5 亿元,占地 200 余亩,建设开发 25 栋 2 ~ 4 层的标准化厂房,一期工程已完成投资 1.5 亿元,占地面积 150 亩,建设标准厂房 15 栋,计 7 万平方米,另建公共服务配套场所 2.2 万平方米。建设设计完善,目前园区已经建成 15 幢 2 ~ 4 层的标准厂房,每层净高为 4.2 米、面积大约 1 000 平方米左右,每幢厂房配承重 2 吨的货梯一部、东西两头楼梯各一部,各幢楼内部实行封闭化管理。国内货物运输及对外商务往来便捷,科技型人才充足,能有效解决企业对技术型产业工人的需求。园区根据功能区分为培育区、产业区、服务区,并于 2008 年被江苏省科技厅认定为"江苏省级科技创业园",被江苏省中小企业局纳入"江苏省重点培育小企业创业基地"。2009年在湖塘镇政府的大力支持下,又在科创园成立了江苏首家乡镇创建的"常州市湖塘创业投资项目服务中心"。园内道路、水、电、绿化等配套设施实行统一规划、统一建设、统一管理,公共绿化种植、路灯照明系统、停车场所建设、标准化职工食堂、附设配餐中心、生活服务中心、其他公共服务设施(如公共会议室、写字楼、商务中心等)一应俱全,硬件配套设施已比较完善。

创业园以"创业、诚信、亲商"为宗旨,以建设一流园区,打造一流品牌为目标,按照政府投资、市场化运作的模式运行,专门注册成立了湖塘科技创业投资管理有限公司负责园区的运作和管理,为广大中小企业提供优质、高效、便捷的服务。创业园是高新技术产业创业基地,是广大中小企业的投资创业乐园。

2. 服务内容与企业入驻现状

创业园努力抓好小企业创业基地建设和管理,积极营造发展民营经济的强烈氛围,激发小企业做强做大的热情,鼓励和引导小企业优化投资方向,改善投资结构,创新体制机制,拓展发展领域,推动经济发展,同时完善配套政策,加大扶持力度,完善激励措施,提高服务效能,优化小企业发展环境。

创业园鼓励电子信息、精密机械、新材料等企业入园,同时积极吸引社会各类中介服务机构入驻,为入园企业提供下列全程服务项目:

(1)代办工商注册、税务登记、海关商检等政府有关部门手续,提供政策法规咨询等"全程一站式"高效服务;

(2)提供低价位配套的信息化服务平台、办公、会议、电子商务、星级酒店等商务便捷服务;

(3)提供科技创业咨询及配套的科技中介服务;

(4)常年为入园企业提供创业辅导、人员培训服务;

(5)享受园区税收、综合规费等方面的优惠政策;

(6)为进园企业提供卫生保洁、保安等配套物业管理服务;

(7)不定期开展园区科技经贸信息交流活动,为入园企业提供国内外产业发展趋势和市场供求信息。

创业园为入驻企业营造出局部优化的软硬环境,聚集了一批创业英才,吸引了许多高新技术项目进驻,在培育高新技术企业和企业家、促进科技成果转化、繁荣地方经济、调整产业结构、提供社会就业等方面做出了重要的贡献。2009 年,科创园内已有 38 家电子信息、先进装备制造、医疗器械、新材料、节能环保等五大产业企业,其中海归人才创业企业 3 家,毕业企业 3 家;企业申请专利 80 项,专利授权 45 项,其中国际专利 1 项,发明专利 5 项;引进高层次人才 11 名,其中博士 5 名,硕士 6 名;培育高新技术企业 3 家;企业承担国家创新基金 2 项,省创新基金 2 项,市创新基金 2 项,参与国家、行业标准制定 3 项;协助企业申报政府各级各类扶持资金 22 项;创业企业入驻率 85% 以上;培育成为规模企业 12 家;企业创业成功率 100%;就业人员 1 500 人;入园企业营业收入 1.86 亿元,利税 2 900 万元。

3. 组织结构

创业园由 2006 年 6 月 19 日注册成立的"常州市湖塘科创投资管理有限公司"全面负责园区的日常运营和管理。公司注册资本 3 000 万,内设招商部、服务部、办公室、物业部、财务部等五个部门,以"创业、诚信、亲商"为宗旨,以"建设一流园区、打造特色品牌"为目标,为企业提供全方位、优质、高效、便捷的创业服务。重点是利用科技孵化器的政策和功能优势,为企业提供科技创业的空间和资源,帮助企业降低创业成本和风险,促进科技成果商品化、产业化、市场化,努力推动入园企业依靠科技进步实现快速、健康、和谐成长。

24.2 经营管理特色

1. 狠抓招才引智,构筑科技创业人才高地

近年来,创业园以吸引海外留学人员归国创业和培育科技成果项目为重点,大力推进招才引智工作,积极引进海外高层次留学人员来园区创业。目前,已成功引进 6 名来自美国、德国、加拿大、澳大利亚等国家的留学博士、硕士,一批由海归人员和高层次人才创办的公司已崭露头角。

2. 狠抓硬件建设,为科技企业创新创业提供良好载体

创业园高度重视并切实加强硬件建设。一是扩大培育用房。经过一年的调整,园区的培育用房由成立初期的 16 000 余平方米标准厂房,扩大到目前的 35 000 平方米,为科技型中小企业的创业提供了较好的发展空间。2010 年,高标准培育用房即二期标准厂房破土动工,建设面积达 3 万平方米。二是完善配套设施。中心现有可容纳 120 人的多功能厅 1 个,30 人的小会议室 1 个,并配有健身室、餐厅、网络机房、商务中心、客房等

设施。

3. 狠抓平台建设,为提高企业创业成功率创造条件

创业园努力加强技术中介、投资融资、咨询服务、物业管理、创业文化等软环境建设,不断提高服务能力和质量。一是投融资平台的建设。园区与江苏投融资促进中心、优势资本(私募资金)有限公司、常州裕坤和投资有限公司等创投公司建立了长期合作关系,为入驻企业的融资提供了方便;同时正积极筹建风险投资公司,建成后将充分发挥民营资本的优势,更好地为入驻企业提供融资服务。此外,创业园还积极帮助入驻企业争取各级各类政府资金的支持,如培育基金、创新基金、人才基金等。二是与高校院所合作平台的建设。园区从企业实际出发,开展了一系列政产学研活动,与常州科教城结成联盟,正在与南京理工大学商谈设立湖塘服务站等。三是信息服务平台的建设。园区汇集入驻企业所需的市场、技术、政策、人才等多种信息,建立了企业技术需求数据库和人才数据库,为入驻企业提供了沟通和资源共享的平台。通过建立园区企业服务联络员机制,帮助入驻企业解决一系列创业中遇到的困难,起到了较好的桥梁作用。

4. 加快科技企业加速器建设步伐,为企业裂变式发展创造条件

经过近两三年的培育,园区已有部分企业进入了高速成长的扩张期,呈现出了"空间上搬家再搬家,人员上招聘再招聘,资本和服务需求并喷"的现象。为此,园区适时提出了建设科技企业加速器的发展思路,准备通过加速器建设和服务模式的创新,充分满足快速成长企业对空间、管理、服务、合作等方面的个性化需求。首期加速器将结合区镇共建园区,建设湖塘科技产业园。

5. 完善培训体系,为创新型企业服务

2010年,创业园全面启动科技型中小企业培训体系建设,重点围绕"一个主体",突出"两大内容",形成"三大体系",坚持"四个结合"。"一个主体"即以园区的创业者作为培训工作的主体。"两大内容"即:一是筹建网络在线培训系统建设,依托互联网,开辟在线培训专栏;二是开展创业培育现场培训,依托园区科创中心,邀请国内知名专家、学者进行现场宣讲,开设企业家重点课程现场培训与沙龙等。"三大体系"即:面向科技型中小企业的网络在线培训体系,现场培训体系及创业基地项目经理人培训交流体系。"四个结合"即:现场培训与网络在线培训相结合、面上动员培训与重点专题培训相结合、培训能力建设与培训专项服务相结合、加

强学习管理与突出机制建设相结合。

6. 狠抓自身建设,逐步提高服务水平和服务质量

园区在提高工作人员素质、完善工作机制等方面开展了一系列工作。一是制订创业园学习培训制度。针对入驻企业的管理、市场拓展、财务、法律等内容,创业园制订了详细的培训计划,规定工作人员必须定时自学、定时交流、并制订了严格的考核制度。二是建立园区工作人员岗位职责、绩效考评管理制度。创业园制订了工作人员岗位责任制,使人员分工明确,各司其职;将招才引智的目标任务全部分解到每一个工作人员,并实行公开考核、绩效奖惩,以充分调动工作人员的积极性和主动性;同时建立内部物业管理、企业挂钩结对帮扶机制,真正做到有章可循,科学管理。三是建立高素质的服务团队。园区始终坚持创造性地开展工作,按照一流创业基地的标准规范各项服务工作。工作人员普遍树立了"管理就是服务""人人都是投资环境"的指导思想并认真贯彻到日常的工作、管理与服务之中。

24.3 培育成功的典型企业案例——常州市久虹医疗器械有限公司

创业园自开园以来,竭诚为入园企业提供全方位、高品质的服务,为有发展潜力的中小企业提供多方位创业服务,在双方的不懈努力下取得了令人欣喜的成效,其中常州市久虹医疗器械有限公司就是一个缩影。

成立于2003年的常州市久虹医疗器械有限公司(以下简称"久虹"),在活体取样钳的生产中,除了南京、青岛的两家企业外,久虹位列该行业销售的探花。更难能可贵的是,在一次性使用活体取样钳的生产中,久虹生产的产品远销德国、加拿大以及澳洲等地,均属免检产品,作为一家医疗企业,能够在国外有如此待遇,在国内的医疗企业中实属凤毛麟角。

2009年,久虹的发展与其他企业成长过程一样,遭遇了瓶颈期,手工生产已经不能满足客户的要求。从2009年年初开始,久虹的产品订单已经订到了2010年的3月,从一个创业之初产值仅60万元的企业,到2009年产值超过2 000万元,销售额突破1 700万元,久虹开始"井喷"。实现自动化或者半自动化生产,成为摆在久虹掌舵人面前的一条出路。但是苦于没有联系人,企业还是一筹莫展。

创业园的工作人员第一时间得知了久虹发展的困难,于是,在全国范围内搜索在该领域比较知名的大专院校,寻找合作伙伴。2009年12月,

合肥工业大学教授应创业园邀请,来到久虹考察,参观了生产操作现场之后,双方越谈越有合作意向,决定开发自动化生产线,由久虹出资,合肥工业大学负责科技攻关。2010 年 1 月 25 日,合肥工业大学派遣 25 人的专业团队来到久虹,专业团队就该生产线的研发做前期调研,上半年便生产出样机。

久虹拥有 20 多项专利,包括德国、美国等欧美国家的授权专利项目,产品填补了国内一次性活体取样钳生产的空白,甚至打破了国外对中国的技术壁垒,既一举打进国外市场,也让国内市场有了一个更好的选择。如今,高速发展的久虹已经在创业园附近的鸣凰工业园区买下了 10 余亩地,在创业园的协调下,经过两年的时间,企业通过了德国 TUV、ISO13485、ISO9001、CE 认证。在产品技术创新方面,久虹拥有 11 项国家专利、1 项德国专利。该企业申请了高新技术企业资格,进入湖塘科技产业园进行"二次创业",2010 年销售产值过亿,正努力建设成为中国乃至世界最大的一次性活检钳生产基地。

24.4　局限性

创业园的建设虽然取得了一定成效,但也存在一些问题。首先是政策环境。创业园是由湖塘镇创办的,入园企业与国家级、省级开发区相比,优惠政策存在明显差异,主要集中在税收优惠和人才政策上,特别是已经落户的海归创业企业,由于无法享受同等待遇,有两位海归博士都分别将企业迁出,在一定程度上影响了企业的发展壮大和园区的发展。其次是服务环境。为提高创业人才服务能力,创业园按照服务"人性化、市场化"的原则,积极吸引一批社会中介服务机构。但从现状来看,园区处在创业服务有需求、无资金,服务机构有服务能力、无收入的两难境地,因此建议相关部门是否可以考虑实施创业服务外包政府买单,并进行适当引导。

24.5　创业园建设的思考

创业园是技术型小企业的聚集地,是"育苗造林"的重要载体,小企业是一个国家创新力量的主要构成,而技术型小企业是小企业的核心。各国 65% 左右的发明,85% 左右的新产品由小企业在技术创业过程中诞生。

1. 营造创业环境

结合本地实际,制订、完善创业园管理办法和扶持措施;对创新基金、风投引导资金、环境建设资金,给以配套扶持;取消或淡化创业园的直接经济指标,强化效益能力提升;探索政府购买培育服务,以财政转移支付方式弥补无偿服务;建立创业园管理团队激励机制,促进高效、持续、健康发展。

在政策引导下,推动创业园建立适合于企业生长的市场运行机制。鼓励创业园拓展服务功能、建立与创业企业利益共生的管理体制。

2. 拓展创业园功能

初创期(选种):基础(资源分析、前景评估、培训引导)

成长期(育苗):能力(创业辅导、专业培育、天使投资)

成熟期(造林):延伸(毕业表彰、拓展服务、品牌形象)

3. 提升创业服务手段

建立创业辅导体系,弥补培育器资源的匮乏,培育企业的社会责任感,提供合作、互补、兼并、共赢的机会。

(1)延伸创业服务功能。一是建立"预培育"机制。对早期技术、市场、资源信息进行分析判断;组织创业培训、辅导,规划企业发展战略。二是推进"加速器"效果,加速企业流动、弥补培育空间不足,巩固培育成效、满足毕业企业需求,吸引风险投资、形成上市企业摇篮,集聚成功企业、展现培育服务成就。

(2)探索"持股培育"模式。对于初创企业,创业期(生存)、成长期(发展)有迫切的资金需求,问题是存在技术研发风险、市场拓展风险。对于在创企业,有改善生存状况、追求持续发展的目标,企业优势是创业熟知度、项目判断力、风险控制力、利益关联度,如果持股培育,"创业基地(含团队)+风投+初创企业"形成利益共生关系。因此,要求企业在创业前期判断准、决策快、成本低;在创业后期有积极性、责任心、持续力。创业园管理团队要能做到推荐企业、跟踪服务、创业辅导、运行监管;吸引风投指导企业经营、开拓市场、战略发展、再融资设计实施。

(3)推动专业化创业园建设。创业园弊端表现为,难以建立公共需求的技术服务平台、容易形成培育资源浪费、培育成效低下、同质化竞争加剧的现象。这就要求创业园做到:一是分析创业资源,了解企业创业所需的研发设备、材料、人才、市场等环境条件。二是设计培育领域,围绕大企业技术升级和产品竞争需求,形成专业目标。三是建立专业平台,创业基地＋入驻企业＋外部机构共同出资,满足各方需求。四是形成创业生产链,形成创业研发、生产、销售为一体的培育企业"生长链"。

（4）促进网络培育。创业园要有组织地形成"培育网络",向深层服务"网络培育"发展。一是发展创新文化:组织创业者聚会、沙龙、论坛,进行技术、文化等团体交流,扩散创新思想与创业经验,形成"宽容失败、鼓励成功、谋取共赢"的创新文化。二是建立交流机制:整合各类中介服务资源,建立与入驻企业在资金、人才、技术、市场等创业要素方面的资源互补机制。三是建立产品采购链:通过全国或区域性网络组织,建立入驻企业的产品优先采购系统,以提升初创企业生存力,培育企业诚信度、责任感,完善产品质量保证体系。

24.6　未来发展展望

创业园正在积极推进二期开发建设,计划投入 1 亿元,使园区面积达到 15 万平方米。引进社会资金,建设商务大楼,为企业完善写字办公、高档公寓等设施。同时加强软环境建设,主要抓好以下几点:

（1）构建高层次服务平台,加强与科教城的联系沟通。入园企业利用科教城的技术和研发平台开展研究,减少开发成本,加快研发进程,创造便利条件。

（2）着力搭建一流平台,坚持品位特色,严格把关规划、设计、建设、选商、服务诸多环节,打造集科技研发、服务外包、总部经济于一体的精品园区,充分发挥省级创业园政策、紧邻商业街的独特优势,尽快实现经济效益和社会效益,力争成为高科技企业的培育中心、高技术产品的研发中心、高层次人才的集聚中心。

（3）提供集成化创业服务,吸引教育培训、管理咨询、人力资源等社会资源入园,提供政策、投融资、法律和市场推广等专业服务,使园区企业真正享受全方位、"一站式"服务。

（4）进一步坚持"服务为主"的方针,扩大服务范围,提升服务能力,提高综合服务素质和质量。创业园通过加强业务学习和内部专业培训,提高服务团队人员的业务能力和专业知识水平,不断提升服务能力和创新服务意识。特别是向入驻企业的创业者提供创业前期的商业模式咨询服务、投资融资服务;创业初期的管理咨询与培育服务、平台应用技术服务;创业中期的战略咨询与融资服务,国家、地方政府计划项目的组织申报与咨询服务,企业与高等院校、科研院所的技术合同人才培养服务;创业成长期的企业策划、商业模式与投融资咨询服务,企业自主产品的代理销售与系统应用方案开发服务,市场营销、融资策划等咨询与顾问服务。

24.7 点评

创业园是湖塘镇对加快产业结构调整的一种探索,对促进集体资产良性运作的一种创新,对集约高效利用土地的一种突破。在土地制约日益明显、环保要求日益严格的形势之下,创业园让我们看到了发展现代城市经济的广阔前景,并提供了诸多启示。在推进湖塘镇工业产业转型创新的进程中,创业园培育和发展了一批潜在的新兴产业和创新企业,为中心城区工业的发展提供充足的后备动力。创业园可以为新兴企业提供灵活、低成本的场地及租赁形式、较低的管理费用,提供共享服务、职业咨询和管理咨询,并帮助其获得启动资金、原始资本。创业园通过为入驻企业提供风险管理、企业保险、企业间合作机会以及企业发展战略指导等服务,实现入驻企业的低风险成长。

创业园努力为小企业创业营造良好的成长发展环境,通过政府相关政策的引导和支持,提供生产、经营的创业场地;提供通讯网络与商务办公环境等方面的共享设施和系统的现代企业管理培训;提供政策、投融资、法律以及市场推广等方面的咨询代理服务,以培育扶持小企业,为社会提供可持续发展的创新动力、利税来源和稳定增加的就业机会。创业园为繁荣地方经济、调整产业结构、提供社会就业等做出了积极重要的贡献。

第25章 宿迁市洋河镇中小企业
创业基地的运营与管理

25.1 创业基地概况

1. 发展背景

千年古镇洋河镇,坐落在宿迁市东南部。历史上就是商务繁忙之地,自隋朝开始酿酒,醇香的美酒使这里发展成为酒村闹市,康熙皇帝五下江南,两住洋河;乾隆皇帝留下了"飞鸟闻香化凤,游鱼得味成龙"的佳句。改革开放给古镇洋河注入了活力,以酒业为龙头的工业企业迅速发展,著名的社会学家费孝通把洋河称为酒都。洋河镇区位优势明显,资源十分丰富。北靠大运河,南接洪泽湖,距宿迁市18公里,高速公路洋河出口可直达京沪。即将建设的宿淮国家2级铁路将在洋河北侧建二级客货混合车站。

洋河镇的工业体系较为完备。闻名遐迩的洋河酒厂坐落在镇区,全镇有酒厂90余家。全镇现有工业企业300家,形成了酿酒、纺织、包装材料、木材加工、食品加工、建筑材料等6大产业群。洋河镇的服务设施比较齐全,市场体系完备,商贸流通繁荣,星级宾馆等服务设施一应俱全。2010年,洋河片区规划面积达30平方公里,建成区面积15平方公里,总人口发展至13万,其中城镇人口9万,城镇化水平达38%。预计至2020年,洋河片区规划面积将达160.8平方公里,建成区面积30平方公里,总人口发展至38.5万人,其中城镇人口18万人,城镇化水平达46.8%。一系列的基础设施为中小企业基地的发展奠定了良好的基础。

2. 创业基地简介

洋河镇中小企业创业基地(以下简称"创业基地")成立于2007年9月,隶属于洋河镇人民政府,注册资金30万元。截至2008年底,政府投资

1 680 万元,社会投资 102 152 万元,自筹资金 368 万元。资产的运营状况:至 2008 年底,固定资产净值达 9 730 万元,新增 132 万元。现有员工总数 2 780 人,其中本科 5 人,大专 10 人。创业基地已建面积为 13.28 万平方米,待建面积为 4.85 万平方米。

3. 入驻企业现状

截至 2008 年底,创业基地在培育的企业有 33 家,比 2007 年新增 5 家;在培育人员总数 2 780 人。入驻企业主要来自于电子信息行业、现代农业和很多私营酒厂。2008 年总收入达 16 530 万元,工业总产值达 17 420 万元,工业增加值 4 960 万元,净利润 1 749 万元,上缴税金 799 万元。

4. 组织结构

创业基地的组织结构为:办公室、科技招商部、企业发展部、劳资科、财务科。各部门主要职能如下:

办公室:负责主要领导与管委会分管领导的联络和协调工作;内部培训、考核工作;重大活动的策划、组织和协调工作;内部协调、上传下达、对外宣传、团队文化建设、党建管理、来宾接待、总务管理等工作。

科技招商部:科技项目引进、现代服务业申报、招商经费申报、项目统计上报。

企业发展部:企业投融资、产业化推进、园区企业管理、中介外包服务、项目申报组织、统计及档案、经济运行分析。

劳资科:资产物业管理;园区服务配套企业的日常协调、管理工作;员工劳资关系管理。

财务科:财务管理、资金调度、成本分析控制、银行融资等。

25.2 经营管理特色

1. 服务内容

创业基地为入驻企业提供五大服务功能:创业支持、项目支持、企业能力支援、融资担保、物业管理及商务服务,具体见表25.1。

表25.1 创业基地服务内容表

创业支持	1. 投资咨询；2. 注册登记代理服务；3. 财会代理服务；4. 成果推广；5. 人事档案管理；6. 法律事务代办；7. 技术交易服务；8. 其他服务。
项目支持	1. 落实相关政策；2. 组织申报各类科技计划；3. 组织项目跟踪监理及验收；4. 组织高新技术企业及高新技术产品的认定；5. 公共信息服务；6. 科技信息查询服务；7. 专项方案调研论证；8. 组织商务交流活动；9. 专业技术平台服务；10. 其他服务。
企业能力支援	1. 开展长期培训；2. 培训高级管理人才；3. 企业人员的技能培训；4. 举办产业发展及相关政策的讲座和研讨会；5. 其他服务。
融资与担保	1. 提供资金担保和中介；2. 专项培育资金；3. 直接对企业投资；4. 其他服务。
物业管理及商务服务	1. 提供办公(科研)场地；2. 提供活动场地；3. 提供物业管理；4. 信件收发；5. 打字、复印、收发传真、电话服务；6. 特快专递代理、报刊订阅、办公文具代售；7. 提供商贸洽谈、会议期间的翻译、记录，会议资料的整理、汇总和打印；8. 为企业提供接送客户、公务用车、食宿安排及票务服务；9. 其他服务。

2. 服务特色

积极组织有关服务机构为企业提供了各类培训增值服务,为初创型企业进行工商、税务、环保等法律法规培训、ISO9000 质量管理体系、ISO14000 环境管理体系等培训,还开展了包括政策、专业技术、专利及知识产权保护、项目申报、企业投融资及上市等培训。

25.3 局限性

1. 资金的缺乏

创业基地缺乏专业性的、能够为相关行业领域的企业提供共性技术服务的平台,公共服务平台的建设需要大量的资金投入。

2. 政策扶持不够

技术问题和管理科学规范等问题是小企业创业发展过程中必须跨越的难题。靠企业本身来解决,难度很大,很多企业会因为解决不了这个问题,最终只能自生自灭,倒在起跑线上。有的企业虽然全力奋斗,依然免不了中途倒下,让人扼腕。而仅仅依靠创业基地的帮助,难免势单力薄,不能从根本上解决问题。因此,要解决这些问题,需要政府出台进一步的扶持政策。从目前的情况来看,政策扶持的力度是不够的。

25.4　未来发展展望

1. 做大城镇规模,夯实创业发展基础

一是制订洋河片区工作方案。围绕"打造宿迁市南部新城,建设中心城市副中心"的目标,按照区委要求制订出洋河片区规划工作方案。规划范围:洋河镇和洋北镇全部,南蔡乡的黄桥村、苏黄村、果园村、兴跃村,仓集镇的王元村、李官庄村,总面积约 120 平方公里,人口约 12 万。规划结构:"一点、二环、三带"。"一点",即一个老镇区核心点。"二环",即新镇内设计内环与外环(内环就是目前洋河镇的镇区,约 12 平方公里;外环就是在目前镇区基础上向外扩张,达到 30 平方公里)。"三带",即打造运河产业带、古黄河观光带、便民路工业带。

2. 加快城镇建设,为创业提供动力

着力抓好三大工程建设:

(1)道路铺设工程。在镇区东侧,打通洋屠路,向北延伸至洋郑路;中大街向东延伸至洋屠路、向西延伸至洋青路。在镇区西侧,打通洋青路,向北延伸至中大街。形成洋青路、平安路、酒家路、米市街、小街路、洋屠路六条纵向大路,条堆路、中大街、酒家东西路、徐淮路、南大街五条横向大路,"六纵五横"的城区道路结构。

(2)旧城改造工程。占地 74 亩的旧城改造一期工程——酒街已经启动。住宅小区开发力度不断加大,已建成洋河花园、康佳花苑、酒都名苑、府苑小区 4 个建筑面积共约 15 万平方米的住宅小区。另外翡翠华庭、恒东家园、世纪明珠等 8 个小区共约 60 万平方米的建设工程全面启动,2009 年新增住宅小区建设面积 6.25 万平方米。

(3)新城建设工程。在镇区西侧,规划建设占地 717 亩的华夏酒都商贸城,启动建设占地 356 亩的洋河包装物流中心,形成商贸、物流新城。

3. 以酒工业突破为重点,做强创业基础经济实力

一是大力实施"工业强镇"战略。坚持招商引资不放松,把招商引资作为工业强镇的主抓手,发动全民招商,突出领导招商、以商招商和驻点招商。

二是提升三产服务发展水平。大力推进市场建设,先后建成了大圩农贸市场、南街酒瓶专业市场。

三是发展高效农业。广泛开展农业招商活动,吸引社会资金投资发展高效农业。

25.5　点评

根据入驻企业的实际运作要求和创业基地的实际管理要求,将中介支撑平台划分为三个阶段。一是基础服务类:为创业企业提供法律咨询、知识产权保护、财务咨询、环境认证等。二是延伸服务类:为创业企业提供管理咨询、质量认证、广告策划、语言培训等。三是核心服务类:为已经度过创业风险期的企业提供投融资咨询和运作管理、上市指导和运作咨询、科技申报咨询等。通过上述服务功能,创业基地形成了"以金融资本为纽带、产业联盟为抓手、公共平台为依托、人才战略为根本"的发展模式,保证入驻企业的创业成功率。

参考文献

[1] Dinyar lalkaka. New Economy Incubation in Advanced Developing Countries. NBIA Conference, 2001.

[2] Aruna Chandra, Wei He, Tim Fealey. Business Incubator in China: A Financial Services Perspective. Asia Pacific Business View, 2007(1).

[3] Anna Bergek, Charlotte Norrman. Incubator Best Practice: A Framework. Technovation, 2008(8).

[4] Smilor, R. W. and Gill, M. D. The New Business Incubator: Linking Talent, Technology, Capital, and Know-how, Heath and Company. Canada: D. C. Health & Co. , 1986.

[5] Zhigao Chen, Ling Ma, Xiangyun Chang. Knowledge Deployment and Knowledge Network: Critical Factors in Building Advantage of Business Incubator Knowledge Service. 2006 IEEE International Conference on Service Operations and Logistics, and Informatics, 2006.

[6] Cardodo R. An Experimental Study of Customer Effort, Expectation and Satisfaction. Journal of Marketing Research, 1965(2).

[7] Howard J. A. & J. N. Sheth. The Theory of Buyer Behavior. New York: John Willey and Sons, 1969.

[8] Flanagan, A. , and Fredrick, H. The Relationship Between Employee Perceived Service climate and Customer Satisfaction. Journal of Marketing, 1993(1).

[9] Czepiel, J. A. & Rosenberg, L. J. Perspective on Consumer Satisfaction. AMA Conference Proceedings, 1974.

[10] Day Ralph L. Extending the Concept of Consumer Satisfaction. Association for Consumer Reseach, 1977(4).

［11］ Handy，C. R and Pfaff，M. Consumer Satisfaction with Food Product and Marketing Service. Journal of Business Reseach，1975（11）.

［12］ Singh，G. Understanding the Structure of Consumers Satisfaction Evaluating of Service Delivery. Journal of the Academic of Marketing Science，1991（3）.

［13］《五年来中小企业和非公有制经济工作情况与 2008 年工作重点》，《中小企业简报》，2008 年第 1 期，http：∥www. smehen. gov. cn/ArtPaper/Show. aspx？id＝253935，2009（4）。

［14］《业界分析：中小企业发展状况影响就业容量》，http：∥news. china－b. com/itdt/20090307/600367_1. html. ，2008（10）。

［15］李志能：《企业新创——孵化的理论与组织管理》，复旦大学出版社，2001 年。

［16］钟卫东，孙大海，施立华：《创业自我效能感、外部环境支持与初创科技企业绩效的研究——基于孵化器在孵企业的实证研究》，《南开管理评论》，2007 年第 5 期。

［17］李岱松，王瑞丹，马欣：《我国孵化器产业发展的特征、问题和发展思路》，《北京交通大学学报》，2005 年第 1 期。

［18］王自更：《专业孵化器要有专业化的服务团队》，《中国孵化器》，2008 年第 4 期。

［19］沈金虎，杨辉明：《创业基地：扶持中小企业成长的好办法——浙江小企业创业基地建设的实践与思考》，《浙江经济》，2006 年第 18 期。

［20］井涛，许义：《浅谈我国企业孵化器的现状及存在问题》，《太原科技》，2006 年第 7 期。

［21］梅强，谢振宇，赵观兵：《创业辅导体系建设及其绩效考核研究》，《中国科技论坛》，2007 年第 2 期。

［22］国家发展改革委中小企业司，英国国际政府发展部：《中小企业服务体系国际经验比较》，中国经济出版社，2003 年。

［23］刘佳：《孵化器对高新技术中小企业集群发展的作用：理论与案例研究》，中国海洋大学 2005 年硕士学位论文。

［24］姜爱林：《近年来中国企业孵化器若干问题研究综述》，《湖南文理学院学报（社会科学版）》，2008 年第 1 期。

［25］路富裕：《解放思想，开拓创新，把创业辅导基地建设做实做好做

快》,《中小企业管理与科技》,2006 年第 4 期。

[26] 罗公利,边伟军,肖焰恒:《论科技企业孵化器的创新机制》,《经济问
题》,2007 年第 10 期。

[27] 欧庭高:《企业孵化器促进技术创新社会生成的研究》,《科技管理研
究》,2006 年第 2 期。

[28] 张震宇,史本山:《对科技企业孵化器促进企业加速成长功能的思
考》,《科学管理研究》,2007 年第 2 期。

[29] 路富裕:《尽快把中小企业局建成服务局——'2006 在全省创业辅导
基地建设工作经验交流会上的讲话》,《中小企业管理与科技》,2006
年第 5 期。

[30] 王振明:《运用结构方程模式探讨品牌权益、服务品质、顾客满意度、
关系品质与顾客忠诚度之关系——以桃园县加油站为例》,台湾东
华大学 2006 年硕士学位论文。

[31] 王东:《我国企业技术进步的过程演变与历史阶段划分》,《中国工业
经济》,1999 年第 11 期。

[32] 王建伟:《企业孵化器的理论综述及近期研究重点》,《西安交通大学
学报(增刊)》,2001 年第 1 期。

[33] 黄涛:《我国科技企业孵化器产业化研究》,武汉大学 2005 年博士学
位论文。

[34] 卢锐,盛昭翰,袁建中:《海峡两岸企业孵化器的创办形式比较研
究》,《科学学与科学技术管理》,2001 年第 4 期。

[35] 林强,姜彦福:《中国科技企业的发展及新趋势》,《科学学研究》,
2002 年第 2 期。

[36] 张冬弟,范伟军,吴寿仁,张炜,陈愚,刑潇,邬晓燕:《中国科技企业
孵化器问题研究报告》,厦门科技企业孵化器研究中心,2005 年。

[37] 《中国创业中心发展评估报告》,http://www.incubation.cn/gb/files/
ml05.pdf,2009(4)。

[38] 李布:《企业孵化器绩效分析》,中国人民大学 2002 年博士学位
论文。

[39] 陈伟民:《科技企业孵化器孵化服务的实证分析——来自江苏的问
卷调查》,《南京邮电大学学报》,2008 年第 4 期。

[40] 刘明:《科技企业孵化器的运作与管理研究》,大庆石油学院 2006 年
硕士学位论文。

［41］符晟,曾国平:《政府运用企业激励机制的适应性研究》,《重庆职业技术学院学报》,2006 年第 9 期。

［42］杨瑞:《科技企业孵化器的发展研究》,华中科技大学 2004 年硕士学位论文。

［43］孙凤海,刘涟:《浅论企业孵化器及其运行机制》,《沈阳建筑工程学院学报(社会科学版)》,2001 年第 3 期。

［44］程艳:《科技企业孵化器的运行机制研究》,武汉理工大学 2004 年硕士学位论文。

［45］张景安:《中国风险投资发展报告》,中国市场出版社,2006 年。

［46］周明伟:《孵化器在孵企业间接融资探讨》,《发展研究》,2005 年第 5 期。

［47］范玉珍:《企业孵化器运行机制研究》,中国海洋大学 2007 年硕士学位论文。

［48］徐晔,陶建平:《风险投资与孵化器有效"联姻"》,《商业时代(理论版)》,2005 年第 21 期。

［49］钟卫东,张伟:《孵化器与风险投资"联姻":障碍分析语策略选择》,《经济问题探索》,2006 年第 5 期。

［50］周庆行,王洪增:《孵化器企业化运作的核心机制及对策研究》,《现代管理科学》,2005 年第 7 期。

［51］颜振军:《中国孵化器理论》,北京社会科学出版社,2002 年。

［52］侯云章,王晓灵,于庆东:《企业孵化器评价研究综述》,《未来与发展》,2007 年第 4 期。

［53］孙梅:《我国孵化器的企业化运作模式和政府作用研究》,河海大学 2004 年硕士学位论文。

［54］张惠萍:《政府在科技企业孵化器发展中的角色定位》,《现代企业》,2005 年第 12 期。

［55］朱启环:《政府在企业孵化器进一步发展中角色的调整》,《科技与管理》,2006 年第 3 期。

［56］高正平:《政府在风险投资中作用的研究》,北京出版社,2003 年。

［57］柳莺:《我国政府在孵化器风险机制中的角色定位》,《科技进步与对策》,2000 年第 12 期。

［58］卢锐:《企业孵化器理论及其发展研究》,安徽大学出版社,2006 年。

［59］吴寿仁：《企业孵化器市场化运作探讨》，《中国科技论坛》，2002 年第 2 期。

［60］陈娟：《我国企业孵化器市场化发展趋势研究》，《当代经理人》，2006 年第 21 期。

附录　江苏省创业基地调查问卷

您好:

　　首先感谢您在百忙之中抽时间参与本问卷的调查! 本问卷旨在考察您对创业基地服务措施的评价,对于问卷中的每一道题目,答案无所谓对错,只要反映您个人的真实意向即可。本调查采用不记名方式处理,问卷仅作统计分析使用,不会将填答内容公开,请您根据自身真实感受放心填写,我们最关心的是您的真实想法,所有问题只需在符合您情况的选项上划勾(若无特别说明,均为单选)。

　　衷心感谢您的支持和配合!

江苏大学中小企业学院

一、您的基本资料

1. 您的性别

① 男　　　　　② 女

2. 您的年龄

① 30 岁及以下　② 31~40 岁　③ 41~50 岁　④ 50 岁以上

3. 您的文化程度

① 初中及以下　② 高中　　　③ 大专　　　④ 本科及以上

4. 您在本企业工作的年限

① 1 年以内　　② 1~3 年　　③ 3~5 年　　④ 5 年以上

5. 您目前的职务

① 企业高层管理者　　　　　② 企业中层管理者

③ 企业基层管理者　　　　　④ 一般员工

二、企业基本情况

1. 所属行业类型(选⑧的请将具体行业填在横线上)

① 通讯　　　② 能源环保　③ 光电　　　④ 化工材料

⑤ 生物医药　　　⑥ 机械制造　　⑦ 轻工业(食品、纺织、服装等)

⑧ 其他_____

2. 企业进入创业基地的时间

① 1 年以内　　② 1~3 年　　③ 3~5 年　　④ 5 年以上

3. 企业生产规模

① 100 人以下　　② 101~300 人　③ 301~500 人　④ 500 人以上

4. 企业经营规模

① 100 万及以下　　　　　② 101 万~500 万

③ 501 万~1 000 万　　　　④ 1 000 万以上

　　三、对于下面问卷中的陈述有 **5** 种可能的反应,请在 **5** 种反应中最符合您自身感受的那种反应所对应数字下方的框内打钩。例如,如果您认为"非常充分",则在数字"**5**"下方的框内打钩。

　　1. 空间与设备服务

请针对下列问题选取适当的答案,1~5 是一种程度的概念,请选出能代表您意见的选项(单选)	非常不充分 1	不充分 2	一般 3	充分 4	非常充分 5
(1) 场地租赁(相对于市价而言,场地的租赁费用较低)	☐	☐	☐	☐	☐
(2) 生产设备(提供生产机械及配套设备)	☐	☐	☐	☐	☐
(3) 办公设施(提供会议室、研讨室、办公室、电话、宽带网络等)	☐	☐	☐	☐	☐
(4) 生活设施(提供食堂、宿舍及相关休闲场所)	☐	☐	☐	☐	☐

　　2. 技术支持服务

请针对下列问题选取适当的答案,1~5 是一种程度的概念,请选出能代表您意见的选项(单选)	非常不充分 1	不充分 2	一般 3	充分 4	非常充分 5
(5) 技术转移(协助企业进行技术引进与转移,引进国内外的最新技术)	☐	☐	☐	☐	☐
(6) 产品开发与辅助设计(协助企业进行新产品、新工艺的研发工作)	☐	☐	☐	☐	☐

续表

请针对下列问题选取适当的答案，1~5是一种程度的概念，请选出能代表您意见的选项(单选)	非常不充分 1	不充分 2	一般 3	充分 4	非常充分 5
(7) 技术咨询(提供专业的技术顾问,为企业解决技术方面的困难)	☐	☐	☐	☐	☐
(8) 建立与研发单位的合作(协助企业取得产研合作的机会)	☐	☐	☐	☐	☐

3. 商务支持服务

请针对下列问题选取适当的答案，1~5是一种程度的概念，请选出能代表您意见的选项(单选)	非常不充分 1	不充分 2	一般 3	充分 4	非常充分 5
(9) 经营咨询(提供经营管理相关方面知识的咨询服务)	☐	☐	☐	☐	☐
(10) 人员培训(协助企业开展对员工的专业培训工作)	☐	☐	☐	☐	☐
(11) 营销服务(协助企业进行营销推广、市场调研和分析)	☐	☐	☐	☐	☐
(12) 资金服务(协助企业取得投融资及贷款的渠道)	☐	☐	☐	☐	☐
(13) 财会服务(协助企业进行财会账目的登记与检查)	☐	☐	☐	☐	☐

4. 信息资讯服务

请针对下列问题选取适当的答案，1~5是一种程度的概念，请选出能代表您意见的选项(单选)	非常不充分 1	不充分 2	一般 3	充分 4	非常充分 5
(14) 政府信息(提供政府的相关优惠政策信息并协助企业取得政府优惠政策的支持)	☐	☐	☐	☐	☐
(15) 行业信息(提供同行业技术、市场等方面的信息)	☐	☐	☐	☐	☐
(16) 内部合作网络(提供入驻企业间市场、营销、投融资服务等内部合作的信息网络)	☐	☐	☐	☐	☐

续表

请针对下列问题选取适当的答案，1~5 是一种程度的概念，请选出能代表您意见的选项（单选）	非常不充分 1	不充分 2	一般 3	充分 4	非常充分 5
(17) 外部合作网络（提供研究机构、工会、行业协会等各种外部机构的合作网络）	□	□	□	□	□
(18) 毕业后的发展空间（掌握园区或工业区等有关信息资料与申请模式，协助企业解决在创业基地中毕业后的发展空间问题）	□	□	□	□	□

5. 行政支持服务

请针对下列问题选取适当的答案，1~5 是一种程度的概念，请选出能代表您意见的选项（单选）	非常不充分 1	不充分 2	一般 3	充分 4	非常充分 5
(19) 商业登记（协助企业与工商部门、税务部门、银行、会计事务所之间的沟通以进行工商登记）	□	□	□	□	□
(20) 编写商业计划书（指导企业编写商业计划书及营运计划书）	□	□	□	□	□
(21) 申请专利（协助企业进行专利申请与保护工作）	□	□	□	□	□
(22) 签订协约（指导企业进行对内、对外的协约签订）	□	□	□	□	□
(23) 软硬件设施维护（创业基地内部软硬件设施的日常管理和维护）	□	□	□	□	□

6. 入驻企业的整体满意度

请针对下列问题选取适当的答案，1~5 是一种程度的概念，请选出能代表您意见的选项（单选）	非常不满意 1	不满意 2	一般 3	满意 4	非常满意 5
(24) 对创业基地空间与设备服务的满意情况	□	□	□	□	□
(25) 对创业基地技术支持服务的满意情况	□	□	□	□	□

续表

请针对下列问题选取适当的答案，1～5是一种程度的概念，请选出能代表您意见的选项(单选)	非常不满意 1	不满意 2	一般 3	满意 4	非常满意 5
(26) 对创业基地商务支持服务的满意情况	☐	☐	☐	☐	☐
(27) 对创业基地信息咨询服务的满意情况	☐	☐	☐	☐	☐
(28) 对创业基地行政支持服务的满意情况	☐	☐	☐	☐	☐
(29) 对创业基地整体服务措施的满意情况	☐	☐	☐	☐	☐

再次感谢您的合作！